高山晶 著

Pierre Barboutau

un orientaliste méconnu

ピエール・バルブトー

知られざるオリエンタリスト

慶應義塾大学出版会

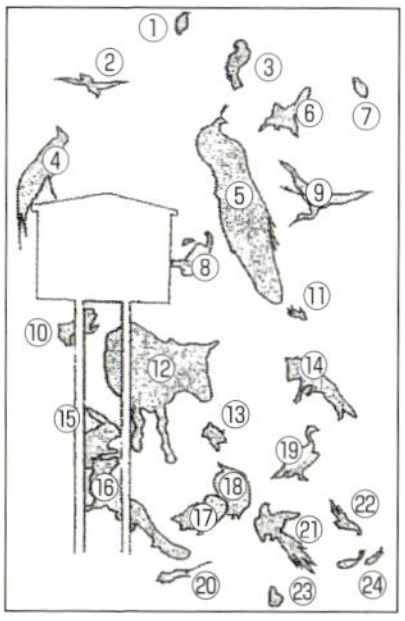

1（上）『ラ・フォンテーヌ寓話選——東京最良の絵師団による挿絵付き』（*Fables choisies de La Fontaine*）1894年、表紙（梶田半古画）
（左）①鳥（雀？）②鳶 ③鳥（鳩？）④雄鶏 ⑤孔雀 ⑥烏 ⑦鳩 ⑧猿 ⑨コウノトリ ⑩猫 ⑪燕 ⑫牛 ⑬亀 ⑭狼 ⑮兎 ⑯狐 ⑰鴨 ⑱鷺 ⑲鵜 ⑳鼠 ㉑カケス ㉒ザリガニ ㉓蛙 ㉔魚

＊口絵の番号は、本文の初出に対応しているため、順序が前後する場合がある。

2「蟬と蟻」
（ラ・フォンテーヌ第１巻Ｉ　梶田半古画）

3「燕と小鳥たち」
（ラ・フォンテーヌ第１巻III　河鍋暁翠画）

4「牛と同じくらい大きくなりたかった蛙」
（ラ・フォンテーヌ第１巻Ⅳ　岡倉秋水画）

5「矢に傷ついた鳥」
（ラ・フォンテーヌ第１巻XI　河鍋暁翠画）

6「鳩と蟻」
（ラ・フォンテーヌ第2巻Ⅴ　河鍋暁翠画）

7「太陽と蛙たち」
（ラ・フォンテーヌ第2巻Ⅷ　梶田半古画）

8「亀と 2 羽の鴨」
（ラ・フォンテーヌ第 2 巻 XIII　梶田半古画）

9「魚たちと鵜」
（ラ・フォンテーヌ第 2 巻 XIV　狩野友信画）

10『J.-P. クラリス・ド・フロリアン寓話選――日本人絵師による挿絵付き』（*Fables choisies de Florian*）1895 年、表紙、A 版第 1 巻（梶田半古画）

11『フロリアン寓話選』表紙、A 版第 2 巻（久保田桃水画）

12『フロリアン寓話選』表紙、C版第1巻
（梶田半古画）

13『フロリアン寓話選』表紙、C版第2巻
（久保田桃水画）

14右　「浮気女と蜜蜂」（フロリアンB版第1巻II　梶田半古画）
左　テキスト頁

16右　「若者と老人」（フロリアンB版第1巻IV　狩野友信画）
左　テキスト頁

II

LA COQUETTE ET L'ABEILLE

Chloé, jeune, jolie, et surtout fort coquette,
Tous les matins, en se levant,
Se mettoit au travail, j'entends à sa toilette ;
Et là, souriant, minaudant,
Elle disoit à son cher confident
Les peines, les plaisirs, les projets de son âme.
Une abeille étourdie arrive en bourdonnant.
« Au secours ! au secours ! crie aussitôt la dame.
Venez, Lise, Marton, accourez promptement :
Chassez ce monstre ailé. » Le monstre insolemment
Aux lèvres de Chloé se pose.
Chloé s'évanouit, et Marton en fureur
Saisit l'abeille et se dispose
A l'écraser. « Hélas ! lui dit avec douceur
L'insecte malheureux, pardonnez mon erreur :
La bouche de Chloé me semblait une rose,
Et j'ai cru... » Ce seul mot à Chloé rend ses sens !
« Faisons grâce, dit-elle, à son aveu sincère.
D'ailleurs sa piqûre est légère ;
Depuis qu'elle te parle, à peine je la sens. »
Que ne fait-on passer avec un peu d'encens !

IV

LE JEUNE HOMME
ET LE VIEILLARD

« De grâce, apprenez-moi comment l'on fait fortune,
Demandoit à son père un jeune ambitieux.
— Il est, dit le vieillard, un chemin glorieux :
C'est de se rendre utile à la cause commune,
De prodiguer ses jours, ses veilles, ses talents,
Au service de la patrie.
— Oh ! trop pénible est cette vie ;
Je veux des moyens moins brillants.
— Il en est de plus sûrs, l'intrigue... — Elle est trop vile.
Sans vice et sans travail je voudrois m'enrichir.
— Eh bien ! sois un simple imbécile,
J'en ai vu beaucoup réussir. »

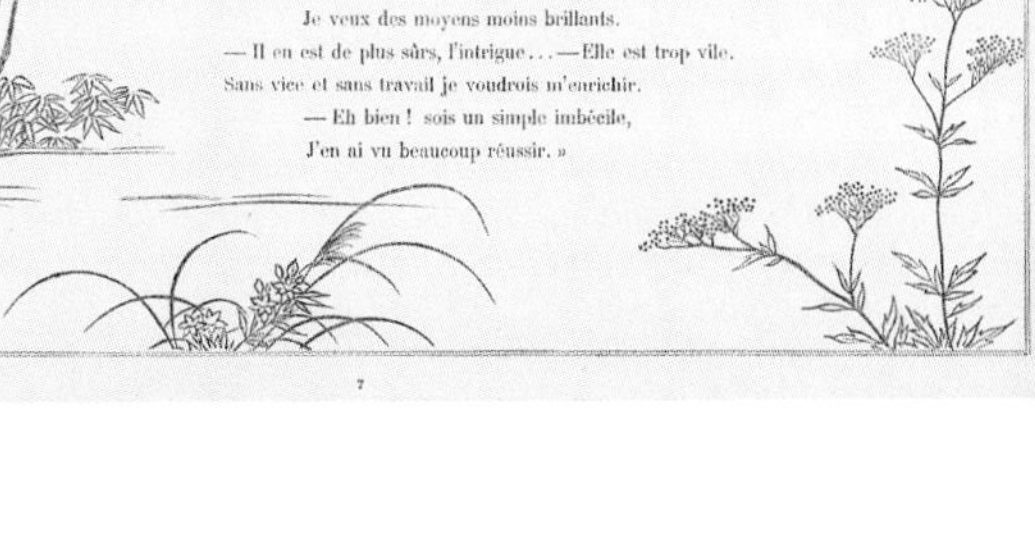

15「猫と鏡」
（フロリアン B 版第 1 巻 III　梶田半古画）

17「ナイチンゲールと若君」
（フロリアン B 版第 1 巻 VI　狩野友信画）

18「幻灯を見せる猿」
（フロリアン B 版第 1 巻 VII　梶田半古画）

20「２匹の猫」
（フロリアン B 版第 1 巻 XIV　梶田半古画）

19右　「コオロギ」（フロリアンB版第1巻IX　梶田半古画）
左　テキスト頁

22右　「香具師」（フロリアンB版第2巻VI　梶田半古画）
左　テキスト頁

IX

LE GRILLON

Un pauvre petit grillon
Caché dans l'herbe fleurie
Regardoit un papillon
Voltigeant dans la prairie.
L'insecte ailé brilloit des plus vives couleurs :
L'azur, le pourpre et l'or éclatoient sur ses ailes.
Jeune, beau, petit-maître, il court de fleurs en fleurs,
Prenant et quittant les plus belles.
« Ah ! disoit le grillon, que son sort et le mien
Sont différents ! Dame nature
Pour lui fit tout, et pour moi rien.
Je n'ai point de talent, encor moins de figure ;
Nul ne prend garde à moi, l'on m'ignore ici-bas !
Autant vaudroit n'exister pas. »
Comme il parloit, dans la prairie
Arrive une troupe d'enfants.
Aussitôt les voilà courants
Après ce papillon dont ils ont tous envie :
Chapeaux, mouchoirs, bonnets, servent à l'attraper.
L'insecte vainement cherche à leur échapper,
Il devient bientôt leur conquête.
L'un le saisit par l'aile, un autre par le corps ;
Un troisième survient, et le prend par la tête :
Il ne falloit pas tant d'efforts
Pour déchirer la pauvre bête.
« Oh, oh ! dit le grillon, je ne suis plus fâché ;
Il en coûte trop cher pour briller dans le monde.
Combien je vais aimer ma retraite profonde ! »
Pour vivre heureux, vivons caché.

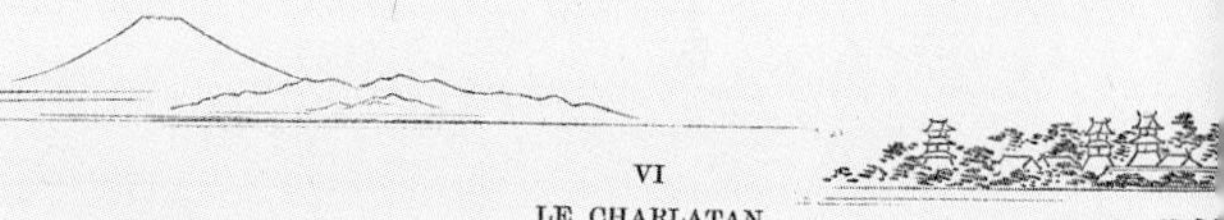

VI

LE CHARLATAN

Sur le Pont-Neuf, entouré de badauds,
Un charlatan crioit à pleine tête :
« Venez, Messieurs ; accourez faire emplette
Du grand remède à tous les maux :
C'est une poudre admirable
Qui donne de l'esprit aux sots,
De l'honneur aux fripons, l'innocence aux coupables,
Aux vieilles femmes des amants,
Au vieillard amoureux une jeune maîtresse,
Aux fous le prix de la sagesse,
Et la science aux ignorants.
Avec ma poudre, il n'est rien dans la vie
Dont bientôt on ne vienne à bout ;
Par elle on obtient tout, on sait tout, on fait tout ;
C'est la grande encyclopédie. »
Vite je m'approchai pour voir ce beau trésor...
C'étoit un peu de poudre d'or.

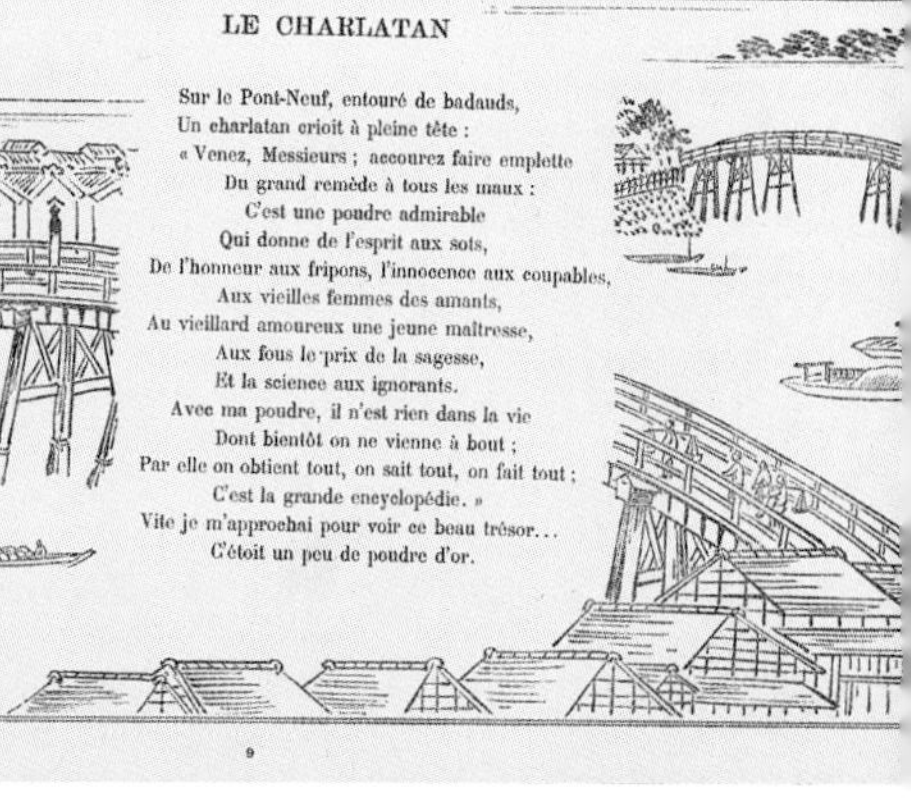

21「兎とマガモ」
（フロリアン B 版第 2 巻 III　狩野友信画）

23「哲学者とフクロウ」
（フロリアン B 版第 2 巻 XIII　狩野友信画）

24『日清戦争版画集――半古、米僊他による』(*Guerre sino-japonaise, Recueil d'estampes par Bei-sen, Han-ko, etc.*) 1896 年、表紙（梶田半古画）

25「金州城郭の景観」
（日清戦争版画集 IX　久保田米僊画）

26 見返し絵
（日清戦争版画集 巻尾　作者不詳［容斎派］）

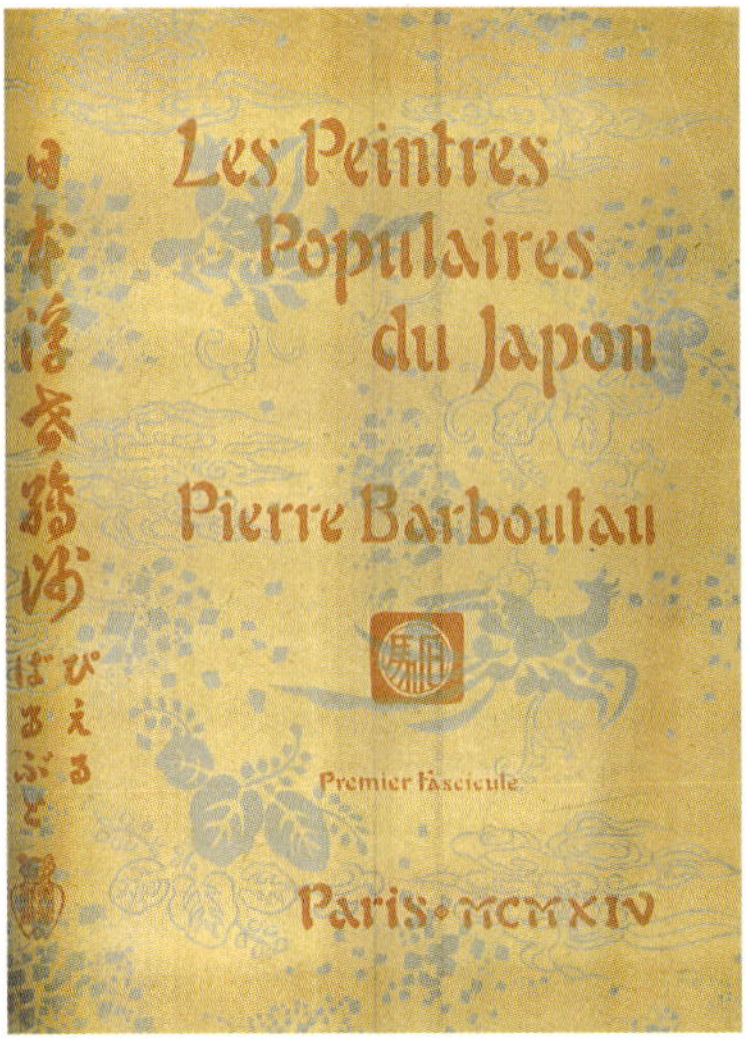

27『日本浮世絵師』
（*Les Peintres populaires du Japon*）1914 年、表紙

はじめに

「ピエール・バルブトーとはいったいどんな人物なのか?」この疑問につまずいたのにはわけがある。当初、筆者の研究テーマは十七世紀フランス文学の古典『ラ・フォンテーヌ寓話』の挿絵本の変遷にあった。ところが、三百数十年以来現在にいたるまで、様々なかたちで出版されてきた夥しい数の『ラ・フォンテーヌ寓話』の刊本のなかに、テキストはフランス語のまま、浮世絵版画の挿絵をつけた和本装丁の書物がある。明治時代の日本でこのような書物が出版されていたことにも驚いたが、さらに、十年ほど前にその書物を手にしたとき、そこには強烈な違和感と同時に不思議な魅力があった。この書物のプロデューサーが「佛國人　馬留武黨」、つまりピエール・バルブトー Pierre Barboutau であった。この人物が、明治二十七年刊行の『ラ・フォンテーヌ寓話選』に加えて、翌年には『フロリアン寓話選』の原文テキストに日本人絵師の挿絵をつけたものを東京で制作させていたこと、さらに翌二十九年には『日清戦争版画集』を編纂して築地居留地内で出版していたこともわかった。十九世紀末から二十世紀初頭にかけてのフランスは、「ジャポニスム」の潮流が満ちて、そろそろひきはじめた頃と言われる。そういう時代にはるばる日本にやってきて、これらのハイブリッド挿絵本を制作させたバルブトーとはいったいどういう人物だったのだろう？

はじめは、こんな素朴な疑問の答えは百科事典のなかに簡単に見つかると考えた。ところが、事典類に記述がないうえに先行研究は皆無に近く、この人物に関する資料は驚くほど少ない。同時代人にまで「バルブトーとは何者なのか？」と書簡のなかに書かれていたりする。どうも当時のフランス社会からは認知されていなかった無名の人のようだ。結局、手探りで一つ一つの記録をたぐり寄せて検証し、彼の残したけっこうボリュームのある仕事を順次調べてゆく以外に方法はなかった。

まずはじめは（フランス国立図書館だけでは埒があかずに）、パリ第四区役所の「身分登録簿」を扱う窓口に出向くことであった。バルブトーの最後の仕事となった刊行物、『日本浮世絵師』*Les Peintres populaires du Japon* の出版された住所が第四区にあったからである。そのときたまたまパリ第四区役所で、親切で暇のある謄本類窓口係の女性にめぐり会えて、ピエール・バルブトーの「死亡証書」のコピーを入手することができた。バルブトーの没年もわからず、亡くなったのがパリかどうかもわからない状態だったので、運がよかったといえる。その後も、フランス国立図書館、国立美術史研究所図書館はもちろんだが、ジロンド県サン＝スラン＝シュル＝リルの町役場（ここからはバルブトーの「出生証書」を送っていただいた）、パリ市文書館、パリの公営競売場オテル・ドゥルオの資料室、ギメ美術館図書室、ロンドンの美術大学図書館、横浜開港資料館等々といった具合に調べ歩き、手探りの状態は最後まで続いた。そのようなわけで、まだ見落としもあるし勘違いもあるかもしれない。写真一枚入手できていない。が、ともかく、多くの疑問符を付けられていたこの人物の、漠然とした輪郭を描くことはできたのではないか、と思っている。以上述べてきたような経緯で、本書は数年前から順次書き進めてきた小論を加筆訂正してまとめたものである。

十九世紀後半から二十世紀にかけて日仏の文化交流には、ちょっと意外な人々の出会いもあったようだ。交流ではなく接点の可能性にすぎないが、永井荷風が日本美術蒐集家バルブトーのコレクション売立てに言及していたりする。今後さまざまの資料が発掘されて、さほど遠い昔のことではないにもかかわらず、すでに忘られている交流の有様が少しずつでも解明されることを期待したい。

ところで、この無名無冠の日本美術愛好家には「オリエンタリスト」という肩書きが与えられている。フランス国立図書館所蔵の『フランス書誌総合目録』(*Catalogue générale de la Librairie française*, Paris, Hachette, tome XVIII, 1908, p.94) が、バルブトーを「オリエンタリスト」と位置づけているからである。

ここで、『フランス書誌総合目録』の著者D・ジョルデルがバルブトーに与えた「オリエンタリスト」"orientaliste"という言葉にこだわって少し詳しく調べてみると、「オリエンタリスト」は、『広辞苑』(第五版) によれば、「東洋学者、東洋語学者」の意である。『広辞苑』の定義は、フランスの辞書『フランス語トレゾール』(*Trésor de la langue française*, Paris, Gallimard, tome XII, 1986, p.631) を参照すると、"orientaliste"の項目、定義Aの「東洋の言語と文明のスペシャリスト」

“Spécialiste des langues et des civilisations orientales”に照応している。しかしこの語は、『広辞苑』が記していないもう少し広い意味もコノテーションとして含んでいる。『フランス語トレゾール』の「オリエンタリズム」“orientalisme”の項目、定義Bには、「オリエント関連事象への趣向」“Goût pour ce qui touche à l'Orient”という意味も記載されているからである。「東洋学者、東洋語学者」といった定義を無条件にこの人物にあてはめるのには、一抹の躊躇をおぼえるのだが、彼がこの時代のフランスにおける隠れた日本語スペシャリストであったことは（彼の手になる日本語文献のフランス語訳がかなり水準の高いものであったことから）認めることができる。バルブトーの生涯は、オリエント趣向をもつ一介の美術愛好家・蒐集家から、未完に終わった最後の仕事『日本浮世絵師』の著者にみられる、本格的な「オリエンタリスト・日本美術研究家」への変貌の軌跡であった、と言うことができるかもしれない。

ともかく、ピエール・バルブトーは、知られざる「オリエンタリスト」であった。さらに限定すれば「日本美術と浮世絵の蒐集家・研究家」であったが、彼のような庶民階層出身の一途なオリエンタリストの存在は、当時のフランスでは稀なケースのようである。なぜなら、十九世紀末から二十世紀初頭にかけてのフランスにおける「オリエンタリズム」ひいては「ジャポニスム」は、主としてエリート層の外交官や知識階級、芸術家の間で流行っていたと言われているからである。しかしモーパッサンは、一八八〇年十二月三日の『ル・ゴーロワ』紙に載せた記事のなかで、次のように書いている。

日本が流行っている。パリではどんな街を歩いても、きっと日本趣味の品々を売る店がある。きれいな女の居室やサロンには、日本の骨董や工芸品が所狭しと置かれている。日本の花瓶、日本の壁掛け、日本の絹製品、日本の玩具、マッチ入れ、インク壺、茶器、皿、ドレス、髪飾り、宝石から腰掛の類まで、昨今はすべてが日本からやってくる。侵入なんてなまやさしいものではない。趣味の地方分散なのである。膨大な量の日本の骨董や工芸品が雪崩のように押し寄せてきて、フランスのものを駆逐してしまったのだ。

日本は流行っていたのだ。大工の息子であった一八六二年生まれのバルブトーも、そんなパリの街の空気を吸って育ったにちがいない。そして、何かのきっかけで一八八六（明治十九）年の日本にやってきて、日本と日本美術に「一目惚れ」することになる。

バルブトーの没後九十余年の歳月がすぎている。日仏の文化交流は、グローバリゼーションが当り前になった今日では、地球規模の多種多様な無数の交流の一片にすぎない。しかし日仏の交流の密度と速度には、双方向とも目をみはらせるものがある。日本を源流とする流れを「二十一世紀のジャポニスム」と呼ぶことになるかどうかは、将来が決めることだろう。いつの時代にもどこの国にも、伝統文化に飽きたらずキッチュなものに惹かれる心情はあるが、最近のフランスにおける日本文化の存在感は、ときには「日本発」であることを忘れさせるくらい重みを増し定着しつつある。かなりマイナーな作家までフランス語に翻訳されている日本文学、「スーパーフラット」な日本のアート、子どもたちが日本の作品とは知らずに見たり遊んだりしているアニメやゲーム、玩具にプリントされたキャラクター、すでにフランス語の語彙となった「マンガ」、そしてサブカルチャー系メイド・イン・ジャパンの「オタク」や「コスプレ」、衣類のデザインから、日本料理は言うまでもなく、「フトン」を使う居住空間まで、衣食住にわたるライフスタイル等々、をあげることができる。このような状況のなか、百年ほど前の草の根の交流のひとこまを書きとめておくことは、歴史の教科書には決して載ることのない無数の（雑）草の根の交流があって文化は広まっていくのであり、ポップカルチャーのカルチャーへの脱皮もそうした伝播の過程で起こる可能性がある、ということに気づく手立てとなるかもしれない。なぜなら、バルブトーの愛した「浮世絵」もまた、百年前の日本ではポップアート、ポップカルチャーの一つだったからである。

最後に、Pierre Barboutau の日本語表記について。彼の自著『日本浮世絵師』の表紙には、「ぴえる　ばるぶと」と平仮名で「描かれて」いる（口絵27）。彼自身が考え抜いて、描かせた（書かせた）にちがいない。事実、「ピエル・バルブト」がフランス語の発音に最も忠実なカナ表記である。しかし、日本では一般に Pierre という名前の表記としては、長音記号の入る「ピエール」が定着していること、さらに他の人名表記との整合性を考慮して、「ピエール・バルブトー」としたことをお断りしておきたい。日本語文献をフランス語に翻訳する仕事のなかで、浮世絵師たちの名前を正確にアルファベットで表記するために、百年も前に散々頭を悩ませていた「ぴえる　ばるぶと」氏からはお叱りを受ける覚悟である。

ピエール・バルブトー――知られざるオリエンタリスト　目次

ピエール・バルブトー——知られざるオリエンタリスト

第Ⅰ部　フランス寓話と浮世絵

「寓話」というジャンルには、「テキスト」に加えて「挿絵」を必要とする伝統がある。プレイヤッド版『ラ・フォンテーヌ全集』のなかでJ・-P・コリネが指摘しているように、(1) フランスでも中世の時代から寓話はそのテキストに、かたちはごく小さなものから大きなものまで様々あるが、挿絵が付けられてはじめて書物として完成するものであった。したがって寓話選集は、必然的に「読む書物」であると同時に「見る書物」でもある。(2) 寓話は、画家がテキストに挿絵を描いて新たに出版される度に生まれ変わることのできる「文学×美術」作品、言葉と絵画のクロスオーバーなのである。寓話のテキストに挿絵が描かれるということは、二次元の空間芸術が言語の芸術に新しい命を吹き込むことになる、と言うことができるのかもしれない。テキストの視点に立てば、何世紀にもわたって数多くの挿絵が描かれて出版されることで復活をくりかえしてきたものは、各々の時代の画家たちの想像力を喚起して新たな「文学×美術」作品の誕生を促すようなエネルギーを秘めていたというわけである。そして、そこに生み出された作品は、刊行されたそれぞれの時代と、その時代を生きた人々について証言し続けてきたということにもなる。当然その証言は、テキストの作者と挿絵を描いた画家・絵師のみならず、その「文学×美術」作品、その「書物」を編纂し上梓した「人」、つまり、テキストと挿絵の出会いを演出して「読む×見る」書物をプロデュースした人物をも表し、物語っているにちがいない(3)。

ここに、フランス語で書かれた寓話のテキストと浮世絵挿絵の出会いから十九世紀末に日本で産声をあげた書物がある。第I部は、文学・テキストの側から攻めても、美術・挿絵として観ても、西洋からアプローチしても、東洋・日本から近づいてもなかなか攻めきれないこれらの書物をめぐって、観察ノートを記すことからはじめてみたい。

第1章　『ラ・フォンテーヌ寓話選』

ジャン・ド・ラ・フォンテーヌの『韻文で書かれた寓話詩』は、フランス文学作品のなかで、最も多くの挿絵が描かれた作品ではないかと言われている。一六六八年にパリで刊行された初版[4]（図1）以来、主な版のみをあげてみても、フランソワ・ショヴォー、ジャン＝バティスト・ウドリー、J・‐J・グランヴィル、ギュスターヴ・ドレ、ブテ・ド・モンヴェル、そして二十世紀にはバンジャマン・ラビエ、ジュール・シャデル、ジャン・リュルサ、マルク・シャガール、マリー・ユーゴなどが挿絵を描いていて、網羅するにはその数はあまりにも多い。ここでは、数多くの『ラ・フォンテーヌ寓話選』のなかでもひときわ異彩を放つ、十九世紀末に日本で生まれた版が主役となる。

A・‐M・バシーはその著書『ラ・フォンテーヌ寓話――挿絵の四世紀』のなかで、この版を「とりわけ独創的な版」と語り[5]、後述するようにその紹介と分析にかなりの頁数を割いている。さらに、世界中の寓話本のコレクターであるG・I・カールソンは、彼自身の所蔵していた二五〇〇点にのぼる寓話集コレクションのなかから選び抜いた、九点の特筆すべき出版物の一つとしてあげている(6)。

ハイブリッドなラ・フォンテーヌ寓話

一八九四（明治二十七）年は、すでに七月から日清戦争が始まっていた。その年の秋、東京市京橋区築地の印刷所から、ピエール・バルブトー監修の『ラ・フォンテーヌ寓話選――東京最良の絵師団による挿絵付き』が出版される。テキストはフランス語で、二十八のラ・フォンテーヌの寓話に、五人の日本人絵師による二十八枚の挿絵が付けられている。束ねた絹糸で「大和綴」に綴じられた、二巻からなる左開きの欧文和装本である(7)。

まず、この書物の輪郭をなぞってみよう。タイトル・ページは次のようになっている（図2）。

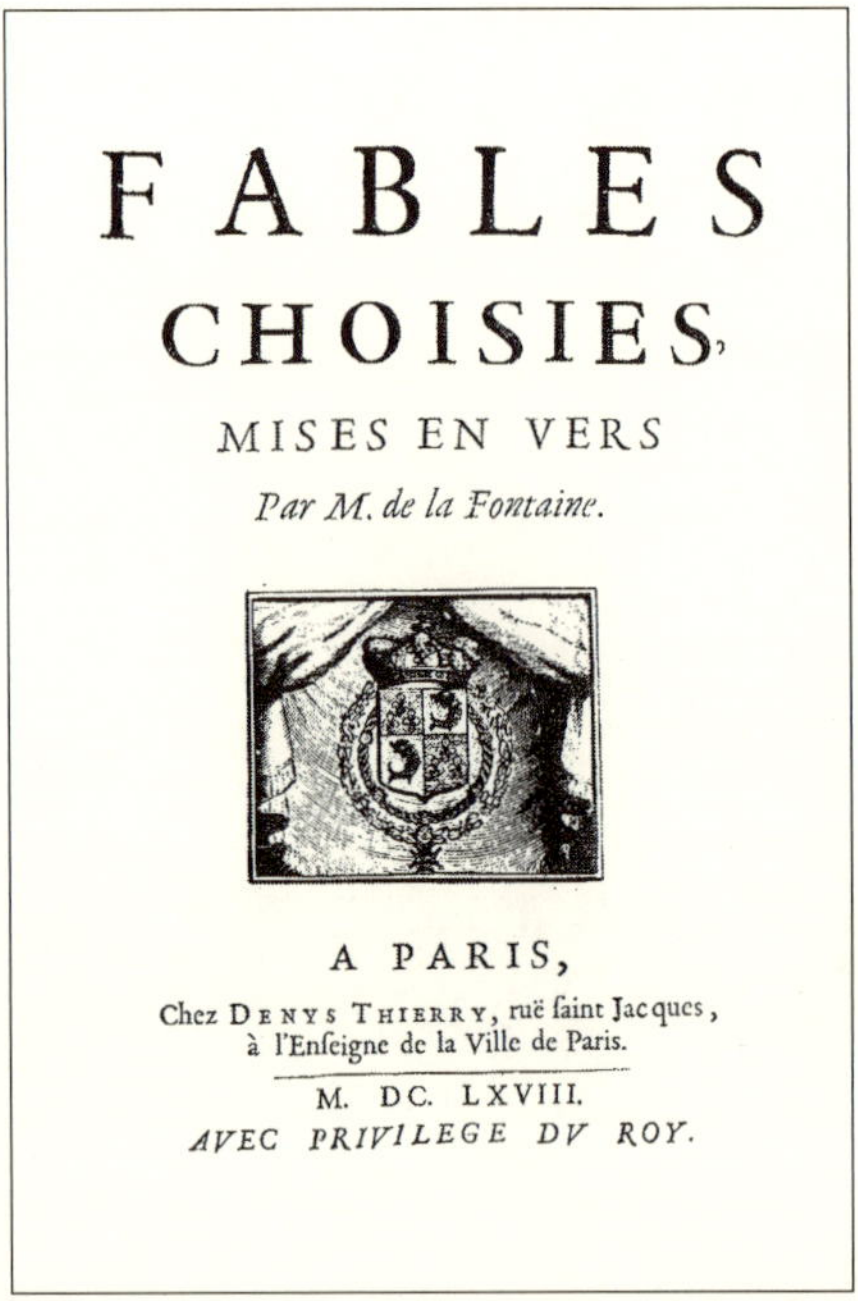
FABLES
CHOISIES,
MISES EN VERS
Par M. de la Fontaine.

A PARIS,
Chez DENYS THIERRY, ruë ſaint Jacques,
à l'Enſeigne de la Ville de Paris.
M. DC. LXVIII.
AVEC PRIVILEGE DV ROY.

1 ラ・フォンテーヌ『韻文で書かれた寓話詩』1668年初版、タイトル・ページ（慶應義塾大学図書館）

『ラ・フォンテーヌ寓話選——東京最良の絵師団による挿絵付き』
ピエール・バルブトー監修、東京、一八九四、東京築地印刷所、発行者 曲田成
（*CHOIX DE FABLES / DE / LA FONTAINE / ILLUSTRÉES PAR UN GROUPE / DES / MEILLEURS ARTISTES / DE TOKIO.* / sous la direction / de / P. BARBOUTAU. / TOKIO / MDCCC XCIV. / Imprimerie de Tsoukidji-Tokio, / S. MAGATA, Directeur）

CHOIX DE FABLES
DE
LA FONTAINE
ILLUSTRÉES PAR UN GROUPE
DES
MEILLEURS ARTISTES
DE TOKIO.
SOUS LA DIRECTION
DE
P. BARBOUTAU.
TOME PREMIER.
TOKIO
M DCCC XCIV.
Imprimerie de Tsoukidji-Tokio,
S. MAGATA, Directeur.

2『ラ・フォンテーヌ寓話選』1894年、第1巻タイトル・ページ

表紙（口絵1）

フランス文学のテキストであることをすっかり忘れさせるその表紙には、第一巻、第二巻とも梶田半古の同じ絵が使われている。第二巻の表紙は左上に二つ星印が入っているがこれが唯一の相違点である。その絵には、前景に小川が流れ、遠景には富士らしき山が描かれていて、“FABLES

CHOISIES DE LA FONTAINE"と書かれた「立て札」が書名を示している。左下にはE. FLAMMARION Éditeurと入っていて、この版にはフラマリオン社が一枚嚙んでいたことがわかるが、フラマリオンの名は、扉にも奥付にもなくこの部分にしか出てこない(8)。半古の表紙絵のいちばんの特徴は、そこに夥しい数の動物が描かれていることである。蛙、魚、ザリガニ、カケス、鴨、鷺、鵜、燕、孔雀、雄鶏、鳥、鳩、雀、コウノトリ、鳶、他の鳥たち。さらに、亀、兎、狐、狼、そして中央に牛。よく見ると鼠もいるし、猫は木に登り、猿も木にしがみついている。蝉と蟻も描き込まれているようにも見える。海の景色がないのでイルカと牡蠣は見当らないが、まさにこの『寓話選』のテキストに登場する動物たち全員集合の感がある。しかし、人間は描かれていない。後にふれるが、この表紙絵はこの版の大きな特徴を象徴的に表しているようだ。

見返しを見ると、ナンバー入りの版は鳥の子紙と奉書紙に全部で三五〇部刷られたと記されている。さらにその下に、和紙はその紙質から両面印刷ができない等、ことわり書きが付けられている(9)。

奥付（図3）

明治廿七年九月二十日印刷
明治廿七年九月三十日發行
著作者　佛國人　馬留武黨　東京市築地居留地五十一番館

編輯者
發行者
印刷者　　曲田成　東京市京橋區築地二丁目十七番地

監督者　　野村宗十郎　東京市京橋區築地一丁目二十番地

印刷所　　株式會社　東京築地活版製造所　東京市京橋區築地二丁目十七番地

畫　工　　梶田半古
　　　　　狩野友信
　　　　　岡倉秋水
　　　　　河鍋暁翠
　　　　　枝貞彦

木版工　　木村徳太郎

実は、この欧文和装本には少なくとも三種類の異なった型とサイズのものが確認されている。「平紙本」の版と「縮緬本」の版である。（本書でとりあげた平紙本のサイズはおよそ二十五×十八・五センチ、縮緬本は二十×十五センチ）そして、ここにあげた印刷・発行の日付は、平紙本全二巻および、縮緬本第一巻のもので、縮緬本の第二巻は「明治廿七年十月十日印刷　明治廿七年十月二十日發行」となっており、印刷、発行の日付が二十日ほど遅れている。

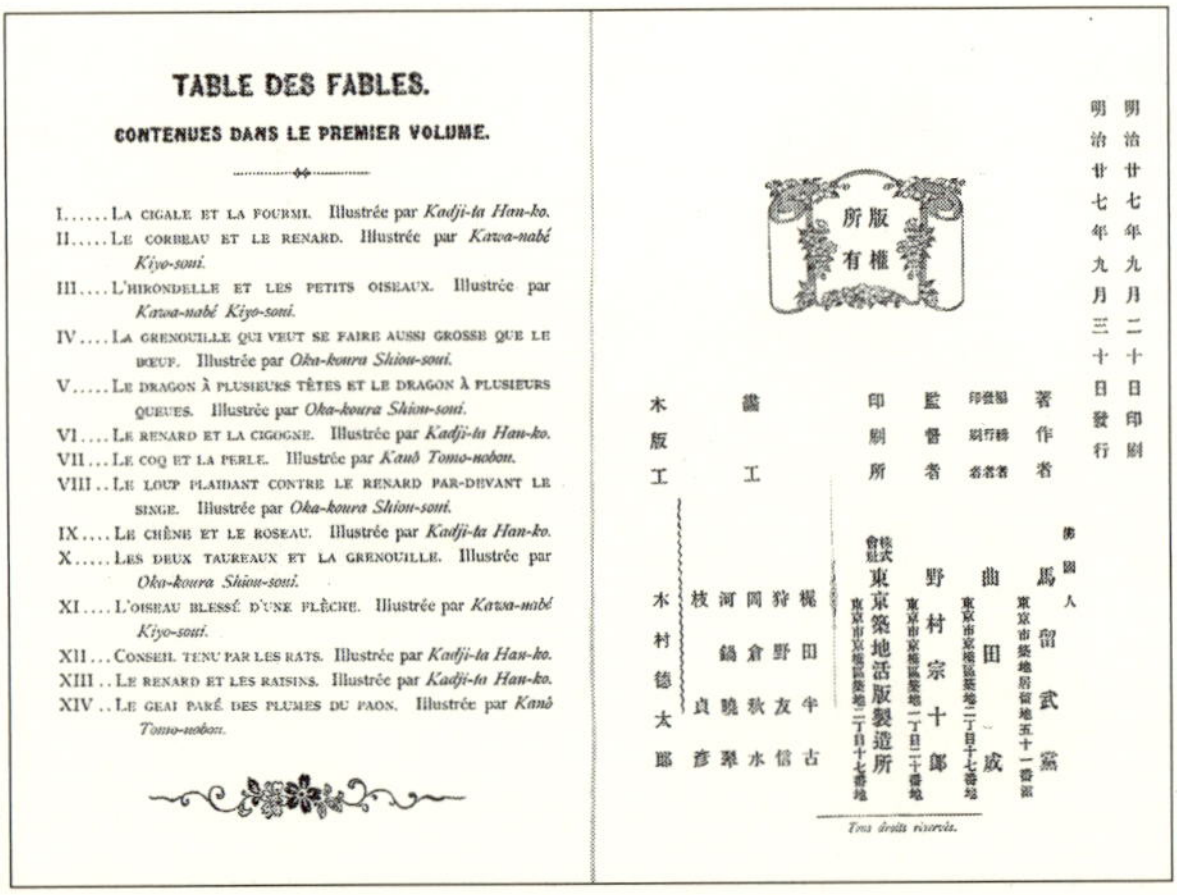

TABLE DES FABLES.

CONTENUES DANS LE PREMIER VOLUME.

I……La cigale et la fourmi. Illustrée par *Kadji-ta Han-ko.*
II……Le corbeau et le renard. Illustrée par *Kawa-nabé Kiyo-soui.*
III……L'hirondelle et les petits oiseaux. Illustrée par *Kawa-nabé Kiyo-soui.*
IV……La grenouille qui veut se faire aussi grosse que le bœuf. Illustrée par *Oka-koura Shiou-soui.*
V……Le dragon à plusieurs têtes et le dragon à plusieurs queues. Illustrée par *Oka-koura Shiou-soui.*
VI……Le renard et la cigogne. Illustrée par *Kadji-ta Han-ko.*
VII……Le coq et la perle. Illustrée par *Kanô Tomo-nobou.*
VIII……Le loup plaidant contre le renard par-devant le singe. Illustrée par *Oka-koura Shiou-soui.*
IX……Le chêne et le roseau. Illustrée par *Kadji-ta Han-ko.*
X……Les deux taureaux et la grenouille. Illustrée par *Oka-koura Shiou-soui.*
XI……L'oiseau blessé d'une flèche. Illustrée par *Kawa-nabé Kiyo-soui.*
XII……Conseil tenu par les rats. Illustrée par *Kadji-ta Han-ko.*
XIII……Le renard et les raisins. Illustrée par *Kadji-ta Han-ko.*
XIV……Le geai paré des plumes du paon. Illustrée par *Kanô Tomo-nobou.*

明治廿七年九月二十日印刷
明治廿七年九月三十日發行

版權所有

著作者 佛國人 馬留武黨 東京市築地居留地五十一番館
編輯者 發行者 印刷者 曲田成 東京市京橋區築地二丁目十七番地
監督者 野村宗十郎 東京市京橋區築地二丁目二十番地
印刷所 株式會社東京築地活版製造所 東京市京橋區築地二丁目十七番地
畫工 梶田半古 狩野友信 岡倉秋水 河鍋曉翠 枝貞彦
木版工 木村徳太郎

Tous droits réservés.

3『ラ・フォンテーヌ寓話選』1894年、第1巻目次、奥付

縮緬本《ちりめん》

ここで、「縮緬本」についての説明が必要となるので、アン・ヘリング著「縮緬本雑考」「続縮緬本雑考」[10]から引用、要約する。まず、「縮緬」とは絹の布のことではなく、縮緬に似た感触を与えるように加工された紙（縮緬紙＝crepe paper＝crépon）のことである。このように加工をほどこされた紙で作った本が「縮緬本」であるが、このような本の多くは明治十八年以降に発行された輸出むけの欧文和本であった。そのなかで最もよく知られているのが、長谷川武次郎の「日本昔噺」シリーズなので、このへんから「縮緬本」すなわち「日本昔噺の横文字再話」、という思い込みが生じてしまう。その結果、縮緬紙製ではないにもかかわらず、このジャンルの出版物を「縮緬本」と呼ぶことがある。したがって、このような広義の「縮緬本」には少なくとも次の四種類の異なっ

たタイプのものが含まれる。

（A）表紙、本文とも色摺りで、総縮緬仕立てのもの（サイズは縮めた分小さくなる）
（B）総色摺りであるが、地紙は縮緬加工されていないもの
（C）表紙、裏表紙のみ色摺りで本文は墨摺りのもの
（D）表紙も無地で、本文も墨摺りの質素なもの

狭義の本格的「縮緬本」は（A）のみで、いわばデラックス版である。（B）（C）（D）は縮緬加工とは無関係である。（D）は日本国内で外国語の教材などに使用されたらしい。「日本昔噺」シリーズは（C）（D）にあたる「非縮緬本」のほうが数は多く、アン・ヘリングはその連載を「縮緬本雑考」ではなく「明治欧文草双紙雑考」とするべきであったかもしれない、と書いているくらいである。(11)

さて、問題の『ラ・フォンテーヌ寓話選』は言うまでもなく「日本昔噺の横文字再話」ではないが、外形からこの分類に当てはめてみると、少なくとも次のような版が現存する。ほぼ（A）型に相当する「本格的な総縮緬仕上げで、表紙と挿絵は色摺り、テキスト部分は墨摺り」の版と、（B）と（C）の中間型ともいえる「非縮緬本、つまり平紙本であるが、表紙、挿絵とも色摺り、テキスト部分は墨摺り」の版である。これらの相違点は、平紙であるか縮緬紙であるかという、縮

緬加工の有無である。無論この相違のため、前記したようにサイズは縮緬本のほうが小さくなっている。ほぼ（A）型の総縮緬本に関しては、フランス国立図書館で参照した版と他に複数参照した版に大きな違いは見つからない。しかし、このような和装本には、型・サイズ・摺り・紙質の異なったものが数種類残されていることがある（『ラ・フォンテーヌ寓話選』の平紙本にも表紙絵に縁取りのある版が確認されている）。ところで、縮緬本の版第二巻に見られる印刷日と発行日の二十日間の遅れは、おそらく、まず（表紙縁取りのない）平紙本の版が刷られ、そのあとで特殊加工をほどこして縮緬本の版が作られたが、縮緬本の第一巻まで完成してから、何らかの事情で間隔が開いてしまって、第二巻の印刷・発行の日付を遅らせた奥付が摺られたのであろう。いずれにしても、平紙本よりも縮緬本のほうがあとで制作されたのではないか。この時代の出版物は必ずしも、印刷、発行の日付が正確ではないが[12]、この場合、すぐ後でふれる序文の日付が「一八九四年九月」となっていることから、信憑性が高いと考えられる。

序文

ここまでは、この書物を外側から、表紙、見返し、扉、そして奥付と観察してきたが、そろそろ頁をめくってみよう。第一巻には序文が付いている。この序文に著者名はないが、奥付の「著作者馬留武黨」つまりピエール・バルブトーであることはまず間違いない。少し長くなるが、謎の多いこの出版物について多少なりとも情報を与えてくれる序文なので、冒頭と最後の部分をここに引いておきたい。[13]

この度、皆様にお届けするラ・フォンテーヌ寓話選集を編纂するにあたっては、とりわけ次のような事情があった。その事情とは、寓話に挿絵を描くことに賛同してくれた日本の芸術家・絵師たちに寓話の意味を理解してもらうのが、多かれ少なかれ難しかったということである。日本の絵師たちは、それぞれが所属する流派の流儀に従って挿絵を描いているが、筆者はこれらの絵師たちのもとに長く滞在したことがあり、彼らを高く評価している。（中略[14]）

この初めての試みを、フランスの偉大な寓話作家（ラ・フォンテーヌ）と、挿絵を付ける協力を得られた卓越した日本の芸術家の皆様にふさわしい作品に仕上げて、美術愛好家の方々にお届けするという目標達成のためには、いかなる犠牲をもはらう覚悟であったことは言うまでもない。ここに日本の芸術家の皆様に心より謝意と賛辞を表したい。

この出版の意図は、素描芸術という興味のつきない分野に関心をお持ちの方々に、日本の輝かしい芸術家集団の独壇場とも言うべきジャンルをご紹介することにある。日本の芸術家のなかでは、遡れば、雪舟とその流派、狩野派、光琳とその流れをくむ絵師たち、そして我々の時代に少し近づくと、応挙、歌麿、北斎、広重を、それぞれの流派の主導者としてあげることができるのだが、これらの絵師たちの傑出した作品は、近年ますます、世界各国の、そしてあらゆる流派の芸術家から高い評価を与えられている。

東京、一八九四年九月

この『寓話選』のためには、全二巻であわせて二十八の寓話が選ばれている。ラ・フォンテーヌの寓話はおよそ二四〇あるので、そのなかから厳選されていることになる。選択理由の一つは、序文冒頭に記されている「事情」にあったのだろう。選ばれた寓話の特徴については後述するが、挿絵を付ける絵師に内容を理解してもらえるような寓話を選ぶ必要のあったことは納得がゆく。

次に、序文中には「これらの絵師たちのもとでの（筆者の）長い滞在」という記述がある。バルブトーは一八八六年の初来日から、[15] 一九一三年の四回目で最後の日本滞在まで、[16] 計七年間日本に滞在しているが、[17] 一八九三年にはパリで『ピエール・バルブトー日本旅行関連美術品コレクション明細目録』を出版している。[18] この目録の刊行にはかなり長い準備期間を必要としたと考えられるので、刊行年の一八九三年よりは大分以前にフランスに帰国していたはずである。一八九四年春には二度目の来日をして、一八九六年五月三十一日に横浜港を出航したフランス汽船の乗客名簿にバルブトーの名前が載っている。[19] 序文の書かれたのは「一八九四年九月、東京」とあるので、バルブトーが絵師たちのもとに滞在できたのは、一八八六年の初来日の間か、あるいは一八九四年の二度目の来日中の春から秋の間ということになる。しかし、どの絵師のもとに滞在したのか、どの程度の期間だったのかは、資料が見つかっていない。

なお、この企画がたんなる「児童書」や「横浜みやげ」の類ではなく、フランスの美術愛好家にむけてのものであったことは、序文の最終段落にもはっきり書かれているが、序文中程の、挿絵を付けた絵師の一人である狩野友信の紹介部分で使われている言葉（Amateurs d'Art）もそれを裏づけている。

この序文最後の部分は、室町時代の画僧から始めて狩野派、琳派、円山派と日本絵画史を概観してみせているが、「歌麿、北斎、広重」と続く三つの名前が「浮世絵」に重点がおかれていることを示唆している。ラ・フォンテーヌのテキストのほうは、日本の絵画を紹介するためのきっかけにすぎなかったのではないか、という印象さえ与える。一九一四年に出版されることになるバルブトーの著書『日本浮世絵師』（*Les Peintres populaires du Japon*）の序文にヴェヴェールが書いている「彼（バルブトー）のお気にいりの（浮世）絵師たち」は二十年間変わらなかったようである。

目次

では、ラ・フォンテーヌ寓話のなかから、どのような寓話がこの版のために選ばれたのか、どの絵師が挿絵を描いているのか、巻末の目次を見てみよう。(20)

第一巻目次

Ⅰ「蝉と蟻」　梶田半古画（口絵2）

Ⅱ「烏と狐」　河鍋暁翠画

Ⅲ「燕と小鳥たち」　河鍋暁翠画（口絵3）
Ⅳ「牛と同じくらい大きくなりたかった蛙」　岡倉秋水画（口絵4）
Ⅴ「多くの頭をもつ龍と多くの尻尾をもつ龍」　岡倉秋水画
Ⅵ「狐とコウノトリ」　梶田半古画
Ⅶ「雄鶏と真珠」　狩野友信画
Ⅷ「猿の前で争う狼と狐」　岡倉秋水画
Ⅸ「樫の木と葦」　梶田半古画
Ⅹ「二頭の雄牛と蛙」　岡倉秋水画
Ⅺ「矢に傷ついた鳥」　河鍋暁翠画（口絵5）
Ⅻ「鼠の会議」　梶田半古画
XIII「狐とブドウ」　梶田半古画
XIV「孔雀の羽を身につけたカケス」　狩野友信画

第二巻目次

Ⅰ「雄鶏と狐」　梶田半古画
Ⅱ「兎と蛙たち」　岡倉秋水画
Ⅲ「猿とイルカ」　岡倉秋水画

Ⅳ「狼とコウノトリ」 梶田半古画
Ⅴ「鳩と蟻」 河鍋暁翠画（口絵6）
Ⅵ「蛙と鼠」 狩野友信画
Ⅶ「尻尾を切られた狐」 梶田半古画
Ⅷ「太陽と蛙たち」 梶田半古画（口絵7）
Ⅸ「鼠と牡蠣」 枝貞彦画
Ⅹ「鷺」 狩野友信画
Ⅺ「ザリガニとその娘」 枝貞彦画
Ⅻ「狐と猫」 梶田半古画
XIII「亀と二羽の鴨」 梶田半古画（口絵8）
XIV「魚たちと鵜」 狩野友信画（口絵9）

この目次に登場するのは、第一巻Ⅸの「樫の木と葦」、第二巻Ⅷ「太陽と蛙たち」の「太陽」を除くと、（第一巻Ⅴの「龍」のような想像上の動物もいるが）すべて動物である。「動物大集合」の目次なのだ。このような動物づくしの寓話の選択が、梶田半古の表紙絵に象徴的に描き出されていたというわけである。

ところで、日本では「寓話」というジャンルには、擬人化された動物の登場が当然のようなイメージがあるが、ラ・フォンテーヌの『寓話詩』に関する限りそう言い切れるわけではない。巻の一から巻の十二まで、およそ二四〇の寓話が数えられるが、そのうち動物の姿を借りずに「人間」が登場する寓話は、「神々」を含めると百近くになる。つまり総数の約四十パーセントに「人間」がダイレクトに登場していて、人間くさいお話がけっこう多いのだ。

ところが、この日本生まれの「バルブトー版」ラ・フォンテーヌの目次には、人間は一人として載っていない。人間があまり登場しない寓話のみが選ばれている。このような選択がバルブトーのものなのか、それとも挿絵を付けた日本人絵師のものなのかは興味深い問題であるが、序文中の河鍋暁翠の紹介部分に、暁翠が「鳥と狐」の挿絵を描くことを「選んだ」とあったことを考えると、両者の折り合った結果なのだろう。序文冒頭でバルブトーが書いているように、寓話の意味を挿絵の描き手に理解してもらうのが多かれ少なかれ難しかったのであるから、絵師が話の筋を納得できるような寓話だけを選ばなければならなかったことは前述したとおりである。

薄い人影

このように、日本人絵師と「佛国人　馬留武黨」の二重の選択の結果、動物が圧倒的な比重を占める寓話が採用されたことが、まずこの版の決定的な特徴となったが、それらの寓話に付けられた挿絵のなかでも、自然のなりゆきとして、人間の影は薄い。人影の描かれている挿絵は全部で七枚あるが、主人公の動物たちを傷つける敵役であったり（第一巻XI「矢に傷ついた鳥」、第二巻V「鳩と蟻」)、寓話の筋の展開を説明するために小さく、ときには米粒ほど小さく描かれた人影だったり(第一巻Ⅲ「燕と小鳥たち」、第二巻Ⅱ「兎と蛙たち」、Ⅲ「猿とイルカ」、XII「狐と猫」)、あるいは、第二巻XIII「亀と二羽の鴨」のように、主役の動物たちを口をあんぐり開けて眺めている群衆だったりする。およそ主役には程遠い存在なのである。

次に、バルブトー版に採用された寓話のうち「人間」のイメージが描かれている挿絵を中心に、初版の挿絵画家ショヴォーの挿絵と、バルブトー版の日本人絵師の挿絵を比べてみたい(ショヴォーの挿絵はCh.、バルブトー版の挿絵はBar.と略す)。

第一巻Ⅰ「蟬と蟻」

Ch.　テキストには登場しない「人間」が三人描かれ、焚火を囲んでいる。コリネによれば、これらの人影は人間界の「セミ」をあらわしている[21](図4)。

Bar.　人間は描かれていない(口絵2)。

第一巻Ⅲ「燕と小鳥たち」

Ch.　ほぼ画面中央に種まく人がいて、鳥たちの姿は小さい(図5)。

Bar.　河鍋暁翠の挿絵では、数多い小鳥が前面に配され、人影は遠い(口絵3)。

第一巻Ⅴ「多くの頭をもつ龍と多くの尻尾をもつ龍」

Ch.　右上の砦の上に小さく人影。

LA CIGALE ET LA FOURMI

4「蟬と蟻」（ラ・フォンテーヌ初版、Livre I-I　ショヴォー画）

L'HIRONDELLE ET LES PETITS OISEAUX

5「燕と小鳥たち」（ラ・フォンテーヌ初版、Livre I-VIII　ショヴォー画）

Bar.　人影なし。

第一巻VI「狐とコウノトリ」

Ch.　動物たちの前におかれた、ナフキン上の皿とナイフが、人のにおいを感じさせる。

Bar.　梶田半古の挿絵に人の気配はない。

第一巻VIII「猿の前で争う狼と狐」

Ch.　「猿」は人に尾を付けただけで、人間のイメージに近い。

Bar.　岡倉秋水の挿絵には「動物」らしい「猿」が描かれている。
第一巻XI「矢に傷ついた鳥」
Ch.　右前景に矢を射る人。鳥は遠く空に飛ばせている（図6）。
Bar.　暁翠の挿絵にも射手は登場するが「傷ついた鳥」が前景に大きくクローズアップされている（口絵5）。
第二巻II「兎と蛙たち」

L'OISEAU BLESSÉ D'UNE FLÈCHE

6「矢に傷ついた鳥」（ラ・フォンテーヌ初版、Livre II-VI　ショヴォー画）

LA COLOMBE ET LA FOURMI

7「鳩と蟻」（ラ・フォンテーヌ初版、Livre II-XII　ショヴォー画）

Ch.　人間は登場しない。
Bar.　秋水の挿絵にはごく小さいが人と犬が見える。この挿絵が、初版のショヴォーの挿絵にない人影がバルブトー版のほうに描かれている唯一の例外である。

第二巻Ⅲ「猿とイルカ」
Ch.　遠くの岸辺に人が数人。
Bar.　秋水の挿絵には、溺れている人が三人。

第二巻Ⅴ「鳩と蟻」
Ch.　左側に大きく、弓に矢をつがえる人（図7）。
Bar.　暁翠の挿絵にも「鳩」の敵役の人間は登場するが、Ch.よりもはるかに小さい（口絵6）。

第二巻Ⅷ「太陽と蛙たち」
Ch.　「太陽」は神の姿となり、女神とともに何頭もの馬に引かせた二輪車に乗って空をかけている。神が、人間の姿を基に作られたイメージであるなら、最も高いヒエラルキーの人影が圧倒的な迫力をもって描かれていることになる（図8）。
Bar.　半古の挿絵に人影はなく、何匹もの蛙が照りつける「太陽」を眺めている（口絵7）。

第二巻Ⅸ「鼠と牡蠣」
Ch.　浜辺に人間が二人、海上の舟にも数人の人影。
Bar.　人影なし。

第二巻XII　Bar.「狐と猫」（Ch.「猫と狐」）
Ch.　左上に狩りをする人が数人描かれている。
Bar.　半古の挿絵にも狩人は登場するが小さい。
第二巻XIII「亀と二羽の鴨」
Ch.　五人の人間が空を見上げて「亀と二羽の鴨」を見ている（図9）。
Bar.　人数としては半古の挿絵のほうが多いが、群衆として描かれているので、「人間」の存在

LE SOLEIL ET LES GRENOUILLES

8「太陽と蛙たち」（ラ・フォンテーヌ初版、Livre VI-XII　ショヴォー画）

LA TORTUE ET LES DEUX CANARDS

9「亀と2羽の鴨」（ラ・フォンテーヌ初版、Livre X-II　ショヴォー画）

感はCh.よりも軽やかな印象を与える（口絵8）。

以上見てきたように、テキストに「人間」がほとんど登場しない寓話に付けられた挿絵であるにもかかわらず、一六六八年の初版では、人のイメージがかなりの比重を占めていて、「人間を、ラ・フォンテーヌの世界の中心、自然のヒエラルキーの揺るぎない頂点に据えている」[22] ショヴォーの視点がわかる。と同時に、挿絵に描かれた対象を通して、ルイ十四世治下の揺るぎの少ないヒエラルキーが透いて見えるようだ。この初版の対蹠地にあるのがバルブトー版である。寓話の挿絵研究者であるA・-M・バシーは、人間のイメージが、一八八〇年頃から十九世紀末までに出版されたラ・フォンテーヌ寓話の挿絵から消えてしまうことに注目して、これを「人間の危機」（la crise de l'homme）と呼び、バルブトー版をその最も顕著な現われとしてとらえている。バシーは、二十八枚の挿絵に登場する動物を数えあげ、分類して（哺乳類・四十六、鳥類・五十七、魚類・爬虫類・水辺に住む生き物・七十九、昆虫類・三）、「人間から最も遠い生命の形態」つまり「鳥類および魚類・爬虫類・水辺に住む生き物」の圧倒的な数に着目して、この版に「人間の危機」の頂点を見ている。[23] そこでは挿絵に描かれたイメージに関する伝統的な（キリスト教圏、欧米の）ヒエラルキーが崩壊して、いわば下剋上が起こっているのだ。このように、人間の影が限りなく薄くなり、哺乳類ですらない動物たちに占領されてしまって、妙に静かな佇まいを見せる『ラ・フォンテーヌ寓話選』は、初版以来フランスで出版され続けてきた数えきれないほどの版に見られる、人間中心の、おせっかいで、弁舌さわやかなラ・フォンテーヌ寓話のイメージからはずいぶんと遠ざかってしまっていることは確かである。どのような方角に向かって遠ざかったのか？ 言うまでもなく、東の方角。そのときのキーワードは「ジャポニスム」なのかもしれない[24]。そして、東に向かう『ラ・フォンテーヌ寓話選』の航海の水先案内人は、「日本美術に惚れ込んだために、人生がすっかり変ってしまった」フランス人、ピエール・バルブトーであった[25]。

次章では、ラ・フォンテーヌの場合と同様、奥付に「著作者」として「佛国人　馬留武黨」と記されているフロリアンの『寓話選』を紹介するとともに、これらの「書物」の誕生を演出した「人」についても、限られた資料の範囲内であるが、ふれてみたいと思う。

第2章　『フロリアン寓話選』

第1章で述べたように、欧文和装本『ラ・フォンテーヌ寓話選』全二巻が一八九四（明治二十七）年に東京市京橋区築地で出版されている。テキストはフランス語で、計二十八の寓話のすべてに、五人の日本人絵師によって描かれた挿絵が付けられ、少なくとも三種類の異なる版のある書物であった。そして、翌一八九五年の七月から十月にかけて、もう一つの『寓話選』が、同じく東京市京橋区で印刷・発行されている。それはどのような書物だったのか？

本章では、ラ・フォンテーヌの場合と同様に全二巻からなる欧文和装本、フロリアンの『寓話選』をとりあげて検討するとともに、二つの日本生まれの『寓話選』のもっていた意味を考え、これらの書物を編纂、上梓したフランス人、ピエール・バルブトーの足跡も少し拾ってみたい。

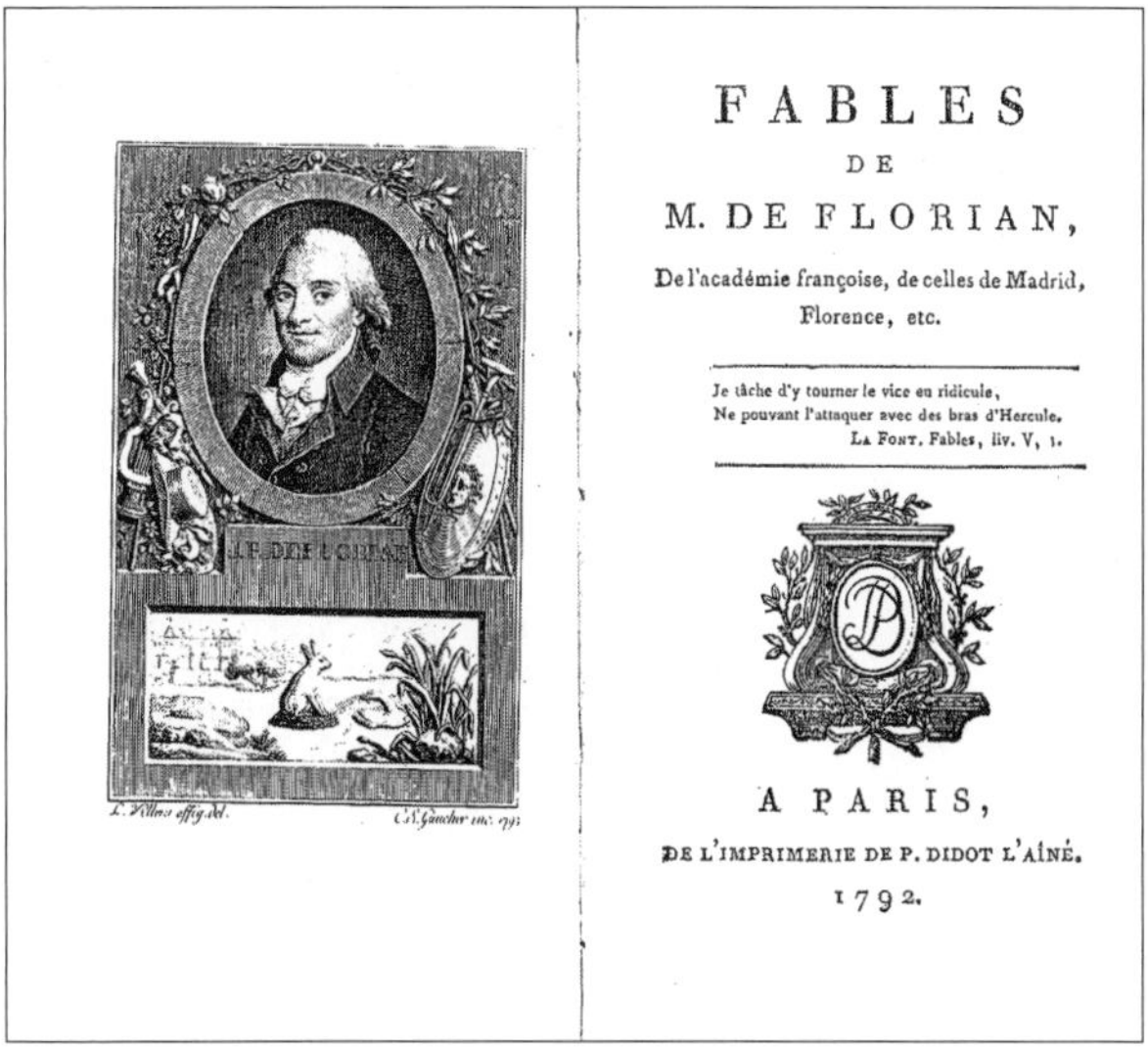

10 フロリアン『寓話選』1792年初版、見返し絵、タイトル・ページ

ジャン＝ピエール・クラリス・ド・フロリアン

原作者、ジャン＝ピエール・クラリス・ド・フロリアンは一七五五年にセヴェンヌ地方で生まれた。啓蒙思想家ヴォルテールの遠縁にあたり、幼少時には六十歳も年上のヴォルテールに可愛がられたというエピソードがある。劇作家であったが、小説、詩、寓話を残している。フロリアンの名前を人々が思い出すのは、寓話作家としてでもあるが、ジャン＝ポール・マルティニの曲で知られたシャンソン「恋の歓び」の歌詞の原作者としてかもしれない。「恋の歓びは一瞬のもの　恋の哀みは生涯続く」という一節で始まる、日本でも有名になったシャンソンである。ルイ十四世の孫にあたるパンティエーヴル公に仕え、アカデミ

ー・フランセーズの会員にも選ばれて、その生涯は順風満帆に見えたが、時代はフランス革命期に入る。恐怖政治の下で嫌疑を受けて投獄され、それが原因で釈放された後に一七九四年に三十九歳の若さで亡くなっている。

本題に入る前に、フロリアンの『寓話集』、『寓話選』の出版について、ごく簡略にふれておく。フロリアンの『寓話集』初版は一七九二年に出版されている(1)（図10）。この年はバスティーユ襲撃から三年目になる。十二月にはルイ十六世の裁判が開始され、翌一七九三年には、ルイ十六世の処刑、革命史上最も血なまぐさい衝突といわれるヴァンデの反乱、そして恐怖政治が始まろうとしていた。『寓話集』初版には百の寓話が収められているが、挿絵は巻の一から巻の五まで各巻冒頭の寓話にのみ付けられている（図11・図12・図13・図14・図15）。つまり、挿絵は全部で五枚しかなく(2)、しかもそれらを描いた画家の名前はあまり知られていない。一六六八年に出版された『ラ・フォンテーヌ寓話詩』の初版には、計一一八の挿絵が付けられていて、画家F・ショヴォーの名もよく知られているのとは対照的である。このような、挿絵の少なさと画家の名も知られていないことは、『フロリアン寓話集』初版の出版された年代が、フランス革命さなかの大激動期で、小さな寓話集に付けられる挿絵にまで人々の注意が向かう余裕のなかった時代を物語っているのだろう。例えばここに、初版からは八、九年後になるのだが、共和暦九年（AN IX）に出版された *FABLES DE FLORIAN* があるが、型は in-16（十四×十九センチ）の小さなもので、紙質も粗く、挿絵は、初版の五枚の挿絵を真似て縮小し、見返し絵（frontispice）一頁にまとめて入れた、質素な書物である(3)

(図16)。このようなフロリアン寓話の出版状況は、十九世紀の半ば近くになってヴィクトル・アダンやJ・-J・グランヴィルの挿絵入りの、もっと大型の版が出版される頃まで続いていたようである。[4]

フランス文学史上「寓話」といえば、フロリアンは、ラ・フォンテーヌに次ぐものではないかと推測できる。ではその出版された頻度はどの程度のものだったのか？ フランス国立図書館の目録

11

12

13

14

15

11「寓話と真実」(フロリアン初版、Livre I-I)(BnF)、12「母親と子供とオポッサム」(フロリアン初版、Livre II-I)(BnF)、13「猿と豹」(フロリアン初版、Livre III-I)(BnF)、14「物知りと農場主」(フロリアン初版、Livre IV-I)(BnF)、15「羊飼いとナイチンゲール」(フロリアン初版、Livre V-I)(BnF)

16 フロリアン『寓話選』共和暦９年（1800年あるいは1801年）版、見返し絵、タイトル・ページ

を“florian”“fables”で検索すると、二八六の書誌（notices）が選択肢として提示されるのに対して、“la fontaine”“fables”では一九二六件の提示がある。もちろんこれは大変ラフな数字であるし、初版の出版された年がフロリアンよりラ・フォンテーヌのほうが一二〇年以上も前であることを考慮に入れる必要があるが、これら二つの『寓話集』『寓話選』の出版された割合を、おおよそは摑むことができるのではないか(5)。

このように、知名度、人気という点ではラ・フォンテーヌに数倍の大差をつけられているが、サント゠ブーヴがその才能を、「非常に高尚でも、非常に力強くもない。非常に広がりがあるわけでもない。しかし、控え目で、自然で、真摯、そして、陽気で、軽快で、豊かで、心地よく、繊細な……」(6)

と形容したフロリアンは、何よりも『寓話集』の作家であり、その寓話は綿々と語り継がれているのだ。なぜなら、二十一世紀に入っても新しい版が出版されて、「文学×美術」作品として甦っているからである。(7)

さてこの辺で、日本で生まれた『フロリアン寓話選』に入ろう。

扉

まず、この書物のタイトル・ページから見てゆく。

『J・-P・クラリス・ド・フロリアン寓話選――日本人絵師による挿絵付き』

P・バルブトー監修、東京、マルポン&フラマリオン社、パリ

(*FABLES CHOISIES / DE J.-P. CLARIS / DE FLORIAN / ILLUSTRÉES PAR DES ARTISTES / JAPONAIS* / sous la direction / de / P. BARBOUTAU / TOKIO / Librairie Marpon & Flammarion / E. Flammarion Succ^{r}. / 26, Rue Racine, Près l'Odéon / Paris)

『ラ・フォンテーヌ寓話選』のタイトル・ページとの違いがいくつか見られる。まず題名の表記が、ラ・フォンテーヌのときには *FABLES CHOISIES* ではなく *CHOIX DE FABLES* となっていたこと（ただし、『ラ・フォンテーヌ寓話選』も表紙では *FABLES CHOISIES* となっている）。次に、出版

の年号が欠けていること。このことが原因で、奥付には日本語で「明治廿八年」と記されているにもかかわらず、フランス国立図書館の蔵書目録では「刊行年不詳」(s.d.) の扱いになっている。そして、一番大きな違いは、ラ・フォンテーヌでは、「東京築地印刷所、発行者 S・曲田」(Imprimerie de Tsoukidji-Tokio, S. MAGATA, Directeur) と東京の編集・発行・印刷者の名前が入っているのに対して、フロリアンのほうは、そのような表記がなく、かわりにパリの「マルポン&フラマリオン社」(Librairie Marpon & Flammarion) の名が住所入りで刷られていることである。

版いろいろ

ところで、『ラ・フォンテーヌ寓話選』には少なくとも三種類の、紙質とサイズの異なる版があったが、『フロリアン寓話選』のほうは、少なくとも四種類の紙質やサイズの異なる版が印刷・発行されている。いずれも左開きで、絹糸の束で綴じた全二巻の和装本であるが、それらの違いを観察してみることにする。(8)

(A) 横長の版　26 × 35cm.
(B) 横長の版　24.5 × 34cm.
(C) 縦長の版 (平紙本)　26 × 20cm.
(D) 縦長の版 (縮緬本)　20.5 × 15cm.

（A）と（B）の違いは、紙質と縦横一〜二センチのサイズの違いに加えて、（表紙絵そのものは同じであるが）表紙絵の縁取りの有無にある。（A）には縁取りがあるが（B）にはない。しかし、（A）（B）ともに横に長い版で、目次（寓話と挿絵の順番）は同じである。（A）（B）グループと（C）（D）グループの間には大きな違いがいくつも見られる。まずサイズが大きく異なる。さらに（A）（B）は横長なのに対して、（C）（D）は縦長である。（A）（B）はテキストも挿絵も一頁（つまり一枚の紙）に刷られているが、（C）（D）では挿絵が見開き二頁にわたって刷られている。そして、後で詳しくふれるが、表紙絵そのものが（A）（B）のグループと（C）（D）では異なっているうえに、同じ寓話のテキストと挿絵が選ばれていて、数も同じだが順番が徹底的に違っている。したがって目次も違ってくる。つまり一見したところ、（A）と（B）は同じ本に見えるが、（C）（D）とはまるで違う本なのだ。（C）は「平紙本」、（D）は「縮緬加工」の版である。ただし、縮緬本（D）の表紙絵は（C）版の表紙から縁取りを除いたものが使われている。フランス国立図書館所蔵本は（D）縮緬本である。(9)

前章で、この時代に日本で出版された「（広義の）縮緬本＝日本昔噺の横文字再話」という思い込みがあることにふれたが、典型的な、長谷川武次郎の弘文社版「日本昔噺」シリーズは、そのサイズがおよそ十五×十センチでかなり小さいものが多い。(10) それに比べると、ラ・フォンテーヌとフロリアンの『寓話選』（特にフロリアンの横長の版）は大型の書物である。なお、ラ・フォンテーヌと同様に（A）（B）（C）（D）版すべてが、表紙と挿絵は色摺りで、テキストのページは、ヴィニエット（小さな挿絵）を含めて、墨摺りである。

表紙もいろいろ

次に、表紙絵の謎解きをしてみたい。

梶田半古の描いた『ラ・フォンテーヌ寓話選』の表紙には人間は一人も登場せず、夥しい数の動物たちが描かれていて、その表紙絵が象徴的にこの書物の特徴を語っていた。では、フロリアンではどうなのか。この問いに答えるには、四種類の版を（A）（B）のグループと（C）（D）のグループに分けて考えなければならない。前述したように、縁取り装飾の有無[11]を除くと（A）と（B）は同じ表紙絵なのに対して、（C）（D）には（A）（B）とは、まるで異なった絵が使われているからである。

（A）版第一巻（口絵10）および（B）版第一巻

ラ・フォンテーヌと同じく表紙を描いているのは半古である。そこには、子どもを含めて十六人の人間のイメージしか描かれていない。やや上方中央の「衝立障子」に“*FABLES CHOISIES DE FLORIAN*”と書名が書かれていて、「衝立」のすぐ右側に立って、書名を棒で指している袴姿の人物がいる。この人を除くと、あとはすべてこの巻の挿絵に登場する人物である。右まわりに照合してみよう。第四話「若者と老人」の若者と老人、第六話「ナイチンゲールと若君」の若君と養育掛、次の女性二人は、第二話「浮気女と蜜蜂」のクロエとマルトン、後ろ姿の黒羽織の男は、第十四話「二匹の猫」の猫の主人、その左手の僧は、第十二話「修行僧と鳥と鷹」の（イスラムの托鉢）僧、その上に、第十一話「猪とナイチンゲール」の金持と庭師、続いて第一話「目の見えない人と歩けない人」の目の見えない人と歩けない人、第九話「コオロギ」の三人の子どもたち、以上十五人である。ここで袴姿の人物にもどろう。この人だけはどう探してもこの巻の挿絵の中には登場していない。この謎は、後でふれる序文の一節にかくされている、と考えることもできる。つまり、黒紋付に袴姿で、衝立障子上の書名“*FABLES CHOISIES DE FLORIAN*”を棒で指しているのは、「寓話の作者がフランス人ではなく、日本人であった」と仮定して、半古のイメージした寓話の作者、フロリアンなのかもしれない。がしかし、この人物は、やはり半古の描いている第二巻第六話の「香具師」にも似ている。「不思議の妙薬」を売っている香具師は、紋付は着ていないし、袴の柄も微妙に異なるが、薬効の図解を棒で指して見物人に示しているポーズは似通っているところがある。フロリアンなのか？　それとも香具師なのか？　(C) 版第一巻表紙のユーモアのセンスを見ると、半古はイメージをダブらせて謎かけをし、楽しんでいたのかもしれない、とも思う。

(A) 版第二巻（口絵11）**および (B) 版第二巻**

絵師は久保田桃水に替わるが、人物しか描かれていないことは第一巻と同じである。中央に一人の人物が硯を右に置いて、筆を手に座り、大きな紙の上に“*FABLES CHOISIES DE FLORIAN*”と墨で書いたところだ。この人物は、第十三話「哲学者とフクロウ」の友信の挿絵に登場する哲学者である。書名を墨書きする役に抜擢された哲学者は、テキスト中では、歯に衣を着せぬ物言いのせいで故郷を追われ、（夜でも目が見えるために、他の鳥たちからいじめられている）「フクロウ」に自らの境遇を重ね合わせている人物である。ところで、この『寓話選』に選ばれている寓話には「フロリアンの作品は陽気で軽快」というサント＝ブーヴの指摘にもかかわらず、「人間不信」「厭世観」のただよっているテキストが印象に残る。「訳された」寓話を読んでいた絵師、桃水は原作者フロリアンのイメージを哲学者に見ていたのかもしれない。この表紙に描き込まれているのは総計二十三人、全員この巻の挿絵に描かれている人物である。(12) それにしても桃水はなぜ、友信の挿絵では小さく、後ろむきにしか描かれていない第三話「兎とマガモ」の領主（テキストでは、主人公である「兎とマガモ」の敵役）を、目立つ右上に置いたのだろうか。

（A）（B）版、第一、二巻の表紙絵に共通しているのは、「動物づくし」だった『ラ・フォンテーヌ寓話選』の表紙絵に反して、今度は徹底して「人物づくし」だということである。フロリアン（A）（B）版一、二巻の表紙には、合計三十九人の人物が描き込まれている。テキストに動物が登場しないわけでもなく、挿絵にも動物が描かれているのに、表紙には動物の影すらないし、背景はほとんど描かれていない。もっぱら登場人物の集団肖像画なのだ。これは、成功かどうかは別として、十分にその効果を意識した編集方針の転換である。なお（A）（B）一、二巻とも、フランスの出版社名がタイトル・ページと同様に表紙に刷られている。

（C）版第一巻（口絵12）**および（D）版第一巻**

表紙絵は半古が描いている。第七話「幻灯を見せる猿」のシーンが使われているが、この寓話に付けられた挿絵とは違う絵である。幻灯を映して見せているつもりの猿、それを見にきた観客はテキストに出てくる動物（犬、猫、雌鶏、七面鳥、豚）の他にも、兎、モグラ、猪、鳶（鷹？）、鳩、ナイチンゲール、コオロギ、蜜蜂からフェニックス（らしき鳥）まで、第一巻に登場する動物たちが丹念に描き込んである。そして、「猿の幻灯」の光が、寓話の筋書きでは（猿は立派な口上は述べたが、幻灯をつけるのを忘れていたので）何も映っていないはずのスクリーン上に『フロリアン寓話選』（*FABLES CHOISIES DE FLORIAN*）と書名を映し出している。描いた絵師も楽しんだような気のする、見方によっては皮肉たっぷりの表紙なのだ。パリの出版社名も（C）（D）ともに左下に（A）（B）版と同じく刷られている。なお、「平紙本」である（C）版表紙には植物柄の茶系の縁取りがつけられているが「縮緬本」（D）版には縁取りがない。

（C）版第二巻（口絵13）**および（D）版第二巻**

表紙は桃水。一匹の猿が床の間に立って、書名の書かれた掛け物を広げ、他の二匹がそれを指し示している。眺めている動物たちは、兎、マガモ、孔雀、ミミズク、鷺鳥、水鳥、ヤマウズラの一家、その他鳥類が多く、計十八匹（羽）。（C）版には青灰色の縁取りがあるが（D）版には見られない。パリの出版社名第は一巻と同じく入っている。

このように、（C）（D）版、第一、二巻の表紙絵は、「人物づくし」だった（A）（B）版とは異なり、なんと計三十五匹（羽）の動物や鳥、昆虫の描かれている「動物づくし」なのである。しかしそこには、『ラ・フォンテーヌ寓話選』表紙絵の「動物づくし」とは根本的な違いがある。ラ・フォンテーヌのときには、山や川を背景にした自然のなかで見られる動物が描かれていた。[13]ところがフロリアン（C）（D）版の表紙の動物たちは、まるで国芳の戯画に出てくる動物たちなのだ。もっともらしい様子で、着物を着て帯を締め、羽織をはおったり、紋付袴姿のものまでいる。そして、背景は日本家屋の室内である。このような、動物たちの徹底した擬人化と、床の間、掛け軸、生け花、襖といった日本的なインテリアが描かれていることで、とても「人間くさい」イメージになっている。ここに、一見正反対に見える、（C）（D）版表紙の「動物づくし」と（A）（B）版の表紙の「人間づくし」との共通項があって、それは「人間」（のイメージ）である。そして、その背景は日本のインテリアと日本の風物、つまり序文にある「日本の生活情景」となっている。表紙絵にはこうした意図が凝縮されて描かれており、このバルブトー版『フロリアン寓話選』の特徴を象徴的に表しているようである。

次に、見返しを見てみると、ナンバー入りの版は鳥の子紙に一九〇部、奉書に二〇〇部刷られて

いて、この部数はラ・フォンテーヌの場合よりも合計で四十部多い。(14)

奥付

今度は、第一巻奥付を見る。

明治廿八年七月八日印刷
明治廿八年七月十一日發行
著作者　佛國人　馬留武黨　東京市築地居留地五十一番館
發行者　金光正男　仝市麴町區飯田町四丁目廿一番地
印刷者　山本鋏次郎　仝市京橋區西紺屋町廿六七番地　秀英舍々員
印刷所　株式會社　秀英舍　仝市京橋區西紺屋町廿六七番地
書　工　狩野友信
　　　　梶田半古
木　版　製文堂

右記印刷および発行の日付は、(A)(B)(C)(D)すべての版に共通で第一巻のもので、第二巻は、これも四種類の版すべて、印刷は「明治廿八年十月十三日」、発行は「明治廿八年十月十五日」となっている。発行者、印刷者、印刷所ともラ・フォンテーヌのときとは異なる。画工に関しては、『ラ・フォンテーヌ寓話選』の「岡倉秋水、河鍋暁翠、枝貞彦」が抜けて、フロリアン第一巻には引き続き「狩野友信、梶田半古」が協力し、第二巻では、「久保田桃水」が加わって三人になる。

序文

次に序文を読む。第一巻、第二巻ともに序文が付けられている。(15) 特に第一巻の序文からは、ラ・フォンテーヌの序文が書かれたときとは状況の変化のあったことを読みとることができる。

この種の刊行物としては初めての企画であった、東京の絵師グループによる日本風挿絵付き『ラ・フォンテーヌ寓話選』は好評をもって迎えられた。『フロリアン寓話選』も同様に、読者の皆様から高く評価されることを期待している。

幸運にも、前作でご協力いただけた芸術家のうちお二人に、今回の仕事もお願いできることになった。狩野友信、梶田半古の両氏である。狩野友信氏は彼の先祖の一人が礎を築いた狩野派の代表者の一人であり、梶田半古氏は写実的な流派である容斎派の統率者の一人である。容斎は、今上天皇から「日本書士」すなわち、日本の有職故実に詳しい学識ある絵師との意味であるが、「日本書士」と名乗ることを許された著名な巨匠であり、そのような名誉を許された最初の人物とのことである。同国人からその才能を高く評価されているこれらの芸術家、狩野友信、梶田半古の両氏は、仕事にとりかかるにあたって、あたかも寓話の作者フロリアンがフランス人ではなく日本人であったのと同じくらい巧みに、ありのままに日本の生活情景を挿絵に表現できるように、わざわざ日本語に訳されたこれらの寓話の精神を深く理解してくれた。(16)

これらの芸術家の才能は、皆様からも我々の最初の刊行物『ラ・フォンテーヌ寓話選』によってお認めいただけたのであるが、その才能が当然受けるべき敬意をここに表すことができて幸甚である。二人の絵師が、彫師、摺師も含めて、前作に優るとも劣らない腕を見せていることの刊行物も同じように好評を博して迎えられること、そしてさらに、恵まれたごく少数の人々にしか未だその真価が知られていない日本の優れた絵画芸術をフランスで広めるために、この本の出版が少しでも役に立つことを期待したい。

序文第二段落には、ラ・フォンテーヌとフロリアンの両方に挿絵を描いている、狩野友信、梶田半古が紹介された後に、これらの絵師が、「仕事にとりかかるにあたって(…)わざわざ日本語に訳されたこれらの寓話の精神を深く理解してくれた」と書かれている。ここに、挿絵を付ける日本の絵師たちに、「寓話の意味を理解してもらうのが多かれ少なかれ困難であった」という主旨の記述のあった、『ラ・フォンテーヌ寓話選』の序文との大きな違いがある。今回は、寓話のテキストがこの出版のために「わざわざ日本語に訳された」ので、画家は挿絵を描く前に寓話の意味を良く理解していた、わけである。ということは、『フロリアン寓話選』の寓話の選定は事前になされていたことになり、ラ・フォンテーヌ序文の、河鍋暁翠が「烏と狐」の挿絵を描くことを「選んだ」という記述とは出版状況が変化していた、と考えることができるのではないか。ラ・フォンテーヌのときにも、すでに寓話の選定はあらかじめ決まっていて、限られた選択肢のなかから「選んだ」のなら、この「暁翠の選択」という記述を深読みすることは避けるべきであるが、ラ・フォンテーヌに付けられた序文の第一段落には寓話の選択そのものへの迷い（主として挿絵画家に寓話の意味を識ってもらうことの困難さに由来する迷い）を読み取ることができるだけに、「最初の試み」であったラ・フォンテーヌ出版時からわずかおよそ一年後にすぎないのだが、状況の変化が感じられる序文である。この変化にはフランスの出版社も関与していたかもしれない。ラ・フォンテーヌには見られなかったタイトル・ページ上のフランスの出版社名「マルポン＆フラマリオン社」（Librairie Marpon & Flammarion）の記載も考慮に入れると、「最初の試み」が好評だったことで、フランスの出版社が乗り出してきたとしても不思議ではない。「日本の生活情景をリアルに表現した挿絵」を入れるようにという要望がマルポン＆フラマリオン社から出されたのかもしれないし、後述するように「著作者　佛國人　馬留武黨」自身が『ラ・フォンテーヌ寓話選』の「動物づくし」を行き詰まりと感じて、「人間」イメージの復権を計ったこともあるかもしれない。二作目の『寓話選』を目新しいものにする必要もあっただろう。それには「日本の生活情景」はフランスの読者・挿絵鑑賞者を惹きつけるには打ってつけの小道具である。

なお、この序文の書かれた場所、日付は記されていない。

目次

次に、どのような寓話によってこの『フロリアン寓話選』が編まれているのか、そして、それらの寓話に挿絵を付けた絵師の名を見てみよう。(17)

第一巻目次

Ⅰ「目の見えない人と歩けない人」　狩野友信画
Ⅱ「浮気女と蜜蜂」　梶田半古画（口絵14）
Ⅲ「猫と鏡」　梶田半古画（口絵15）
Ⅳ「若者と老人」　狩野友信画（口絵16）
Ⅴ「モグラと兎」　梶田半古画
Ⅵ「ナイチンゲールと若君」　狩野友信画（口絵17）
Ⅶ「幻灯を見せる猿」　梶田半古画（口絵18）
Ⅷ「鯉とその子どもたち」　梶田半古画
Ⅸ「コオロギ」　梶田半古画（口絵19）
Ⅹ「フェニックス」　狩野友信画

XI「猪とナイチンゲール」　梶田半古画
XII「修行僧と烏と鷹」　狩野友信画
XIII「鳶と鳩」　狩野友信画
XIV「二匹の猫」　梶田半古画（口絵20）

第二巻目次

I「二人の禿頭」　梶田半古画
II「子どもと鏡」　久保田桃水画
III「兎とマガモ」　狩野友信画（口絵21）
IV「二人の百姓と雲」　梶田半古画
V「ミミズクと鳩」　狩野友信画
VI「香具師」　梶田半古画（口絵22）
VII「欲張りとその息子」　久保田桃水画
VIII「孔雀と二羽の若い鵞鳥とアビ」　狩野友信画
IX「二人の旅人」　久保田桃水画
X「子どもたちとヤマウズラ」　狩野友信画
XI「百姓と川」　狩野友信画

XII「古木と庭師」　久保田桃水画
XIII「哲学者とフクロウ」　狩野友信画（口絵23）
XIV「雌猿と猿と胡桃」　梶田半古画

ここにあげたのは（A）（B）版の目次である。前に述べたように、同じ寓話が同じ数だけ選ばれているのだが、（C）（D）版では順番が大幅に入れ替っている。[18]

人間へのこだわり

さて、バルブトー監修日本版に選ばれた、これらの寓話にはどのような傾向があるのだろうか。表紙絵の「人間づくし」を手がかりに、目次に人間が登場する割合を見てみる。もちろん、目次のタイトルとテキストの内容は常に一致しているわけではないが、おおよその傾向、特徴を摑むことはできると考えられる。フロリアンの『寓話集』には一一〇から一一二の寓話が収められている版が多いが、[19] これら『寓話集』の目次には、「人間」は約四十パーセントの割合で登場している。[20] この数字はラ・フォンテーヌの場合とほぼ同じであるが、日本版『ラ・フォンテーヌ寓話選』に選ばれた寓話のタイトルには「人間」の登場は皆無であった。では、日本版フロリアンではどうなのか。第一巻は十四分の五、つまり三十五・七パーセント、第二巻では十四分の十、七十一・四パーセントとなり、平均で五十三・六パーセントとなる。ラ・フォンテーヌのときとは一転して、「人間」

へのこだわりが、日本版『フロリアン寓話選』の寓話の選択には見られるのである。このような傾向は、第一巻序文の第二段落後半にあった、「日本の生活情景をありのままに挿絵に表現する」という一節とも表裏一体をなしている。たしかに、テキストに動物しか登場しない寓話でも、動物を擬人化して描けば――事実、第一巻Ⅶ「幻灯を見せる猿」と（C）版表紙絵では擬人化されている――人間のイメージ以上に「人間くさい」イメージをつくることは不可能ではない。しかし、自然のなかに動物だけが登場するような寓話では「日本の生活情景」を描くのはちょっと難しい。絵師にそのような挿絵を描いてもらうためには、やはり人間の登場する寓話を選ぶことが必要だったのだろう。

日本の生活情景

では、実際に描かれた挿絵では「人間」と「日本の生活情景」のイメージはどのように扱われているのか？　この二つの要素を挿絵のなかに拾ってみる。

第一巻

Ⅰ　少々日本風というよりオリエンタル調かと思われる部分もあるが、「目の見えない人と歩けない人」を中心に街路が描かれ、九人の通行人もバラエティに富んでいて「生活情景」のひとこまと言えるだろう。

Ⅱ　クロエとマルトン、つまり「浮気女」とその侍女が日本髪を結って、花柄や矢絣の和服を着ている。舞台は和室で、襖絵、鏡台、小引き出し、小函など丹念に描かれていて、「人間」「日本の生活情景」ともたっぷりと堪能できる。一方の主人公であるはずの「蜜蜂」（動物イメージ）は捜さないと見つからないくらい小さい（口絵14）。

Ⅲ　鏡台に上って鏡につめを立てる「猫」。人間はいないし、動物の擬人化もないが、「日本の生活情景」はある。鏡台に描かれた漆絵の風景は日本的な水辺の景色や梅の花で、障子、床の間の掛け軸と生け花、そこに置かれている小函の木目にいたるまで描かれている（口絵15）。

Ⅳ　「若者と老人」は袴姿で日本庭園に立っている。灯籠や松の枝ぶり、秋の花々、遠景の城など「日本の情景」（口絵16）。

Ⅴ　「人間」なし。「生活情景」なし。

Ⅵ　「若君」と養育掛は烏帽子をかぶった、公家のような服装。動物イメージの「ナイチンゲール」は梅に鶯という日本的なモチーフのなかに小さく描き込まれている（口絵17）。

Ⅶ　「人間」のイメージはないが、徹底した擬人化が見られる。人間の真似をして幻灯機をあやつる「猿」は紋付を着て、見物する動物たちも全員着物を着ている。日本版フロリアン一、二巻を通じて、挿絵の動物が服を着ている唯一の例である（口絵18）。前述したように、この挿絵が下絵となって、（C）（D）版第一巻の表紙絵に使われている（口絵12）。

Ⅷ　「人間」なし。「生活情景」なし。

Ⅸ　タイトルは「コオロギ」であるが、テキストに出てくる、蝶を追いかける子どもたちが挿絵には大きく登場。子どもたちの着ている着物の柄が、細かく三人三様に描かれていて「日本の生活情景」にもなる。動物イメージの「コオロギ」は草叢に小さく描いてある（口絵19）。
Ⅹ　「人間」なし。「生活情景」なし。
Ⅺ　タイトルは「猪とナイチンゲール」だが、テキストに出てくる「人間」二人は和服を着た金持と庭師として登場。遠景に桜が咲いている。
Ⅻ　修行僧が一人。しいてあげれば、遠景の藁葺きの民家が「日本の生活情景」か。
XIII　「人間」なし。「生活情景」なし。
XIV　「二匹の猫」のテキストは終始、兄弟猫の対話で、人間は直接は登場しない。挿絵では、猫のイメージ自体は擬人化されてもいないし、服も着ていない。が、猫の主人とその日常生活情景がクローズアップされ、微細に描写されている。和室に座った主人はお膳を前に食事中。箸で何やらつまんで、ゴマスリの上手な太った兄貴猫に今にもえさをやるところ。一方、窓から見える瓦屋根の上では痩せた弟猫が鼠を追いかけている。室内には火鉢が置かれ、女性がお給仕をしていて、床の間、掛け物、襖絵まで小道具も揃っていて、挿絵が「日本の生活情景」を背景に、「人物」イメージに焦点を移動した典型的な例である[21]（口絵20）。

このように、第一巻では目次に人間の登場する割合は平均より少なかったが、Ⅲ「猫と鏡」、Ⅸ「コオロギ」、Ⅺ「猪とナイチンゲール」、そして特にXIV「二匹の猫」のように、タイトルは動物でも、挿絵には「人間」が「日本の生活情景」のなかに描き込まれているケースがかなりある。日本版ラ・フォンテーヌに多く見られた、自然のなかに動物のイメージのみの挿絵は四枚（Ⅴ、Ⅷ、Ⅹ、ⅩⅢ）だけである。

第二巻

Ⅰ　象牙の櫛を取り合って、つかみ合いのけんかをしている和服姿の「二人の禿頭」。テキストでは、櫛は「片隅の目立たないところに」とあるだけで、場所の特定はないのだが、シーンは和室に設定して、文机の上には手箱や和綴じの手帳が置かれている。「日本の生活情景」である。

Ⅱ　「子ども」や母親の着物の柄、鏡台、床の間、布袋様の掛け軸、生け花等、第一巻の「猫と鏡」に似たモチーフである。タイトルが「子ども」でも「猫」でも、「鏡」をきっかけにして「日本の生活情景」を描き出していることがわかる。

Ⅲ　「兎とマガモ」は擬人化されてはいない。日本的な景色のなか、五人の狩人たちが一日目の殺戮を終えて、殺した兎を棒にぶらさげて引き上げていく。遠くに城と松、前景に紅葉、夕日が沈もうとしている。五人の狩人の一人は、この庭園の持ち主の領主で、（A）（B）版第二巻の表紙絵で扇子をかざしている人物である（口絵21）。なお、この寓話のテーマは、初版の見返し絵（frontispice）でフロリアンの肖像の下に小さく入れられているが、描かれているのは主人公の動物たちだけで人間はいない（図10）。

Ⅳ「二人の百姓」は手ぬぐいをかむったり、肩にかけたり、わらじをはいていたり、「日本の生活情景」のひとこまになっている。

Ⅴ「人間」なし。「生活情景」なし。

Ⅵ「香具師」は（A）（B）版第一巻の表紙で、書名を指している人物にちょっと似ている。シーンは橋の上（テキストではセーヌ河にかかるポン・ヌフ上）で、（A）（B）版では左頁のヴィニェットに太鼓橋を描いて場面設定をしてある。わざわざゴザを敷いてその上に机を置き、「不思議の妙薬」を売っている香具師の出で立ちは、袴に白足袋。二十人以上いる老若男女の野次馬の描写も細かい。パリのポン・ヌフ（橋）の光景を「日本の情景」にすると、こんな風になるようだ（口絵22）。

Ⅶ「欲張りとその息子」そして息子の友だち二人。「人物」イメージには事欠かないし、室内の様子、登場人物の服装も「日本の生活情景」である。

Ⅷ「人間」なし。「生活情景」なし。

Ⅸ「二人の旅人」も追剥ぎたちも、「日本の生活情景」の一つかもしれない。

Ⅹ「子どもたち」と父親の農夫、左上に日本の農家。「人物」と「日本の生活情景」の二点が忠実に描かれている。（C）（D）版第二巻表紙絵とは異なり、「ヤマウズラ」は擬人化されていない。

Ⅺ テキストでは「セーヌ河」という設定の河のほとりに腰をおろして、キセルをふかしている「百姓」も、散歩をしながら対話をしている「友人と私」も、遠くの家並みも、そこに「生活」のにおいはないが「日本の風景」ではある。

XII　斧を手にしている「庭師」、さりげなく置いてある木の桶、日本の農家の風景。「人物」「日本の生活情景」を充たしている。

XIII　友信の描く「哲学者」は靴をはいて、服装も日本的というよりも、オリエンタルな雰囲気である。「日本の情景か？」と問われると、肯定するにはためらいを感じる挿絵になっている。「ジャポニスムはオリエンタリズムの延長線上の現象[22]」であれば当然のことかもしれないが、この種のブレのあまり見られない書物なので、余計気になるのであろう。絵師が友信であるから、狩野派の伝統も考慮に入れる必要がある。桃水は（A）（B）版第二巻の表紙絵で、この「哲学者」を中央に置き、書名を墨で書かせている。第一巻の表紙絵に半古の描いた「香具師に似た人物」のように、もしも桃水が、友信の描いた「哲学者」に寓話の作者の役を与えていたとするならば、日本人絵師から見て「異国情緒」を感じさせる人物像なので、かえって原作者フロリアンのイメージに重ねやすかったのかもしれない（口絵23）。

XIV　「人間」なし。「生活情景」なし。

第二巻では、タイトルに「人間」の登場しない寓話は、十四のうち四つあったが、挿絵では三枚（V、VIII、XIV）のみである。

これまで見てきたように、『フロリアン寓話選』には一、二巻を通して「人間づくし」の傾向が色濃く見られる。テキストに人間がほとんど登場しない寓話であっても、挿絵には人間のイメージが大きくクローズアップされている場合さえある。そしてその背景には、序文にあったように「日本の生活情景」が意図的に描き込まれていた。ラ・フォンテーヌの、主として自然を背景にした「動物づくし」とは全面的にテーマが変わってしまっているのだ。

ブック・アートのジャポニスム

明治時代に出版された欧文挿絵本（いわゆる、広義の「縮緬本」）は、「日本昔噺」シリーズに代表されるように、日本（あるいは東洋）のテキストを英語、ドイツ語、フランス語、スペイン語などに翻訳し、そこに日本の絵師が挿絵を付けているものが多い。しかし、ラ・フォンテーヌとフロリアンの『寓話選』の場合、フランス文学の古典的なテキストをそのまま持ってきて、そこに日本人の絵師が挿絵を描いている。欧文草双紙のなかでも「異色の一例[23]」とされる所以であろう。しかし、たとえテキストが「日本もの」あるいは「オリエンタルもの」の西欧言語訳でなくとも、日本の絵師が挿絵を付けたこのような書物が上梓されたこと自体、十九世紀後半の「ジャポニスム」現象の一つの表れであることは否定できないであろう。事実、ラ・フォンテーヌにおいてもフロリアンにおいても、第一巻「序文」の最終段落には、日本の絵画芸術を紹介し、広めることが出版の目的である、との主旨が謳われている。これらの刊行物全体を「文学×美術」作品として、ブック・アートの分野におけるジャポニスムの一例と捉えることができるかもしれない。

そして、イメージの領域にジャポニスムの種類といったものがありうるとしたら、この二つの『寓話選』は結果としてそれぞれが異なった種類のジャポニスムになっている。ヨーロッパ絵画で伝統的にヒエラルキーの高いイメージであった「人間」のイメージ[24]が極端に希薄になっている『ラ・フォンテーヌ寓話選』は、日本人絵師の裁量にかなりの程度まかせておいたらそうなってしまった（のではないか、と推測できる）「無意識のジャポニスム」、あるいは、ヒエラルキーの低い動物や自然は言語を持たないから「沈黙のジャポニスム」の書物とでも呼びたくなる風情を持っている。これに対してフロリアンのほうは、タイトル・ページから東京の編集・発行・印刷者名が消えて、パリの出版社名が刷られていることにも表れているが、テキストに「人間」の登場がなくても挿絵には「人間」イメージを登場させて、「日本の生活情景」という小道具を描き込んだ「意識され、演出されたジャポニスム」「能弁なジャポニスム」である。そしてさらに、もしジャポニスムに濃度があるとしたら、明らかにラ・フォンテーヌのほうが濃密である。「人間の危機[25]」、つまり「人間イメージの消失」が、そこでは何気なく、音もなく進行してしまうのであるから。一方フロリアンのほうは、人間が登場して一生懸命説明をしている程度の濃度である。言語化しないと気が済まない、という文化を感じさせる書物になっている。このような濃度の差も感じさせる二つの『寓話選』である。

プロデューサー「馬留武篤」

ところで、明治二十七年、二十八年頃に、フランス語テキストの書物が日本で出版される場合、編纂者は大きな裁定権をもつことになっただろう。フランスの出版社の意向はそれなりにあったにちがいないが、日本はとにかく遠く、意志の疎通もままならぬ相手である。「馬留武黨」の場合、奥付に日本語で「著作者」と記されているのは、もしかすると一種の誤解の産物で、便宜上そのまま印刷されてしまったのかもしれない。書籍登録のためのフランス語訳では「刊行者」(Auteur de la Publication)となっている。[26] ふつうの日本語の意味で「著作者」でないことは明白であるが、バルブトーの果した役割はたんなる「刊行者」や「編纂者」というより、「プロデューサー」のようなものだったのではないか。

『寓話選』を制作中の彼の住所は「京橋區築地居留地五十一番館」となっている。現在の中央区明石町のあたりにあった居留地からは、ラ・フォンテーヌの印刷をした東京築地活版製造所の所在地「京橋區築地二丁目十七」(現在の中央区築地一丁目、祝橋の近く)は、簡単に歩いて行ける距離にある。フロリアンの印刷を行った秀英舎も「京橋區西紺屋町廿六七番地」(現在の中央区銀座四丁目、数寄屋橋近辺)にあって、築地居留地から遠くない。このプロデューサーが、頻繁に至近距離から、これらの書物の工程を、彫りや摺りから装丁・製本に至るまで監督し、それぞれに紙質やサイズを変化させて、多様な作品に仕上げていたことは想像がつく。しかし、日本語がある程度できたとしても、ラ・フォンテーヌ序文にあったように、意志の疎通にはやはり困難が伴っていたのであるから、バルブトーが、はじめから意図してこれらの出版物の二つの相反する傾向を決めていた、とはちょっと考えにくい。むしろ、「最初の試み」であった『ラ・フォンテーヌ寓話選』が、結果として徹底した「動物づくし」になったことで、「東の方角」「ジャポニスムの方角」に向かって、行き着くところまで辿り着いてしまって、フロリアンのときにはそこから先は引き返す以外に道がなかったのではないか、とも思う。引き返すこと（「人間」イメージの復活）への一抹の躊躇から生まれたのが、フロリアン（C）（D）版の表紙絵に見られる動物の擬人化、「動物」イメージと「人間」イメージの折衷案、妥協だったのかもしれない。

しかしもう一つ考えられる。「動物」イメージと「人間」イメージを対立項とみなせば、たしかに二つの『寓話選』は対極にある出版物であるが、これらの書物を一つのペアと考えると、そこには、ある調和を見い出すことができる。「最初の試み」（『ラ・フォンテーヌ寓話選』）に欠けていたものを「第二の試み」（『フロリアン寓話選』）が補って完成した、ということである。欠けていたもの、それは「人間」のイメージであり、「人」が描かれるときには、その人々の生活の情景も描かれることになる。

ところで、これらの書物のテキストと挿絵の出会いを演出した人物、ピエール・バルブトーは日本美術の蒐集をしていた。一八八六年の初来日の目的は判然としないが、少なくとも、日本に来てからは、蒐集家になったらしい。彼のコレクションは後に、パリとアムステルダムで数回売立てが行われている。一八九三年にもコレクションのカタログ[27]が出版されているが、一九〇四年に出版された、二巻からなる分厚い大型カタログ[28]だけでも、計一三八〇点の記載がある大コレクションだったようだ。つまり、日本版『ラ・フォンテーヌ寓話選』と『フロリアン寓話選』は、蒐集家のプロデュースした書物なのだ。そのなかに「イメージのコレクション」があったとしても不思議はないだろう。ラ・フォンテーヌとフロリアンの寓話をテーマにした、日本の絵師たちによるイメージのコレクション。表紙絵の「動物づくし」と「人物づくし」はそのコレクションのカタログ。「佛國人　馬留武黨」の演出によって、日本で生まれたこれらの美しい『寓話選』は、そんな書物ではなかったのだろうか。

第Ⅱ部　無名無冠のオリエンタリスト

第Ⅰ部では、日本で明治時代に刊行されたハイブリッド挿絵本、『ラ・フォンテーヌ寓話選』『フロリアン寓話選』というユニークな書物に着目してきた。これらの書物は、監修者ピエール・バルブトーの欧文草双紙プロデューサーという側面を表している。しかし、この知られざるオリエンタリスト・日本美術愛好家の仕事はそこにとどまらない。第Ⅱ部では、公的証書類や同時代人の証言を手がかりにしてその人物像の輪郭を描き、蒐集家そしてオリエンタリストとしての側面――東洋・日本美術品の蒐集、コレクション・カタログの制作、浮世絵師の伝記に関する日本語資料の翻訳・研究・紹介等――を年代順にたどりながら、バルブトーの足跡を追ってみたい。足跡をたどる過程で、日本とフランスの文化交流の渦のなかに埋もれていた、いくつかのささやかな出来事とそこに登場する人々にわずかな光をあてることになるだろう。時代は明治から大正にかけて、舞台は、横浜港から出航したフランス汽船上、東京、京都、アムステルダム、フランスでは、ジロンド県の小邑サン゠スラン゠シュル゠リル、そしてパリである。

第1章　バルブトー関連証書——出生証書、両親の婚姻証書、死亡証書

織田萬の序文

バルブトーをめぐる公的証書類の解読に入る前に、まず、一九一三（大正二）年秋に京都で書かれた次の文を読んでおきたい。というのはこの文章が、ピエール・バルブトーについて語っている日本語で書かれた数少ない大切な証言となっているからである。この資料は、京都帝国大学教授、同学長、ハーグ常設国際司法裁判所判事等を歴任して第二次大戦中に東京大空襲で亡くなられた行政法学者、織田萬[1]の筆になるものである。一九一四年にパリで出版された、ピエール・バルブトー著『日本浮世絵師』（Pierre Barboutau, *Les Peintres populaires du Japon*）に、文字通り筆書きのままの複写版が、序文として綴じ込まれている[2]（図17）。この序文をできるかぎり判読して、行送り、頁送りをそのままに活字に起こしてみた。

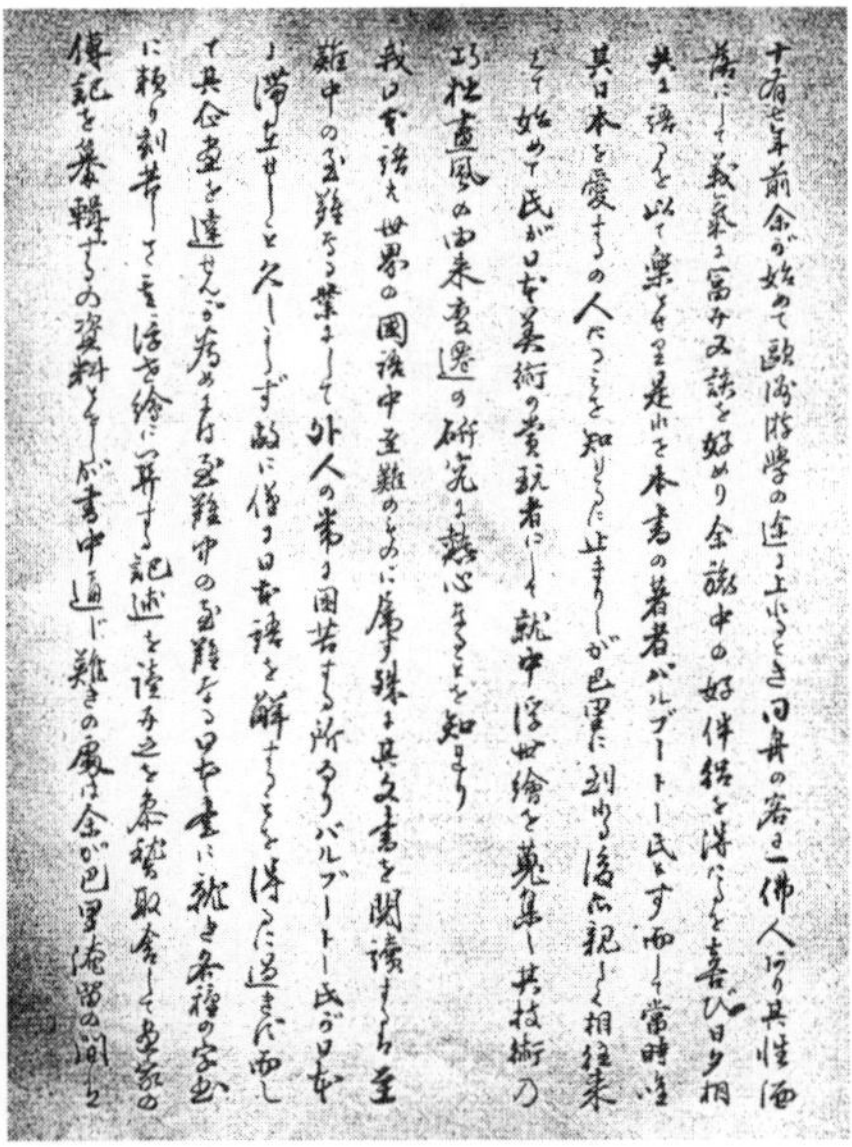

17『日本浮世絵師』1914年、織田萬自筆の序文

十有七年前余が始めて歐州遊學の途に上れるとき同舟の客に一佛人あり其性洒
落にして義気に富み又談を好めり余旅中の好伴侶を得たるを喜び日夕相
共に語るを以て樂とせ里是れを本書の著者バルブートー氏とす而して當時唯
其日本を愛する人たることを知りたるに止まりしが巴里に到れる後亦親しく相往來
して始めて氏が日本美術の賞玩者にして就中浮世繪を蒐集し其技術の
巧拙畫風の由來変遷の研究に熱心なることを知れり

我日本語は世界の國語中至難のものに属す殊に其文書を閲讀するは至難中の至難なる業にして外人の常に困苦する所なりバルブートー氏が日本に滞在せしこと久しからず故に僅か日本語を解することを得るに過ぎず而して其企畫を達せんが爲めには至難中の至難なる日本畫に就き各種の字書に頼り刻苦を重浮世絵に關する記述を讀み之を參稽取舍して畫家の傳記を纂輯するの資料とせしが書中通じ難きの處は余が巴里滞留の間にも余に就きて之を質すことを常とせり氏が此企畫の爲めに巨大の努力と出費とを吝まざり志こと他人の想像すること能はさる所にして更に其完成を期せんが爲めに三たび日本に渡來し新資料の捜索に努めたり(3)

余は美術のことに疎し故に日本畫の評論に關して何等容喙するの力なしと雖も門外漢として又多少の意見なきにも非ず浮世繪の或るものは徒に凡俗の嗜好に媚び美術として擯斥すべきものなきに非ず外人が之を稱揚するは半は好奇心に出で實際の價直以上に及ぶことあり然れども又顧ふに我邦人が従来專ら古畫を尊びて浮世繪を輕侮したること亦誤てり古畫は支那畫の模倣にして其人物の多くは神仙、其景色は皆支那の山水、花卉禽獸悉く支那の花卉禽獸に非ざるはなし我邦の實際とは没交渉にして且之に對する嗜好は主として貴族の一階級に限られたり之に反して浮世繪は市民の嗜好に合ひ其寫す所は盡く我邦の自然及人生にして其畫題は皆範を日本に取り又其筆致色彩に一機軸を出せり故に古畫は支那文明の移入に過ぎざりしかども浮世繪は日本固有の文明の産みたるものな里蓋し我邦固有の風俗制度は徳川政府の平和時代に發達せしものにして浮世繪も亦之時代の産出物に外ならず然らば日本の美術的制作物としては決して浮世繪を度外視すること能はざるのみならず寧ろ之を代表的制作物の一とするを適當とすバルブートー氏が廣く各種の日本美術を愛し其鑑識も亦豊富なるに拘らず浮世繪の研究を専一とし本書に依りて其諸派の由来変遷を明にせんことを企畫せしは良き以なきに非ざるなり

余は本書の發行に際し著者の刻苦忍耐を敬賞し又日本美術の爲めに其系統的説明を得たることを謝すると同時に余が日本人として慙愧に堪へざることを告白せざるを得ず日本人が歐文の著作を爲すこと固より容易の業に非ずと雖も若し著者の如き刻苦忍耐を以てせば何事の成らざるものあらん東西文明を調和し全世界に於ける文明の普及と進歩とに貢献せんと欲せば日本人たる者自ら進みて自國の事物を紹介して歐人の批評に訴へ彼此互に其長短を知悉することに勉めさるべからず此の如

くにして東西民族は互に相了解し相提携し以て遂に博愛及正義の大道に達することを得ん是れ吾人の宜しく爲すべき所にして之を爲さずば怠慢に非ずして何ぞや余が如き身を學問に委ぬる者バルブートー氏の苦心を見て愧死せさるべけんや余が美術の門外漢たるに拘らず本書に序するは不倫の譏を免れさるべし且本書の價値に毫も加ふる所なし然れども又思ふに日本人にして著者の努力を知れる者は恐らくは余一人なりとせば余が感嘆の微意を表して之を内外の讀者に告ぐるは余の義務ならずとせば著者が余の序を徴したるの意亦蓋し此に在らんか

大正二年十一月　京都に於て

織田　萬

織田萬と「バルブートー氏」が出会い、「日夕相共に」語り合った「十有七年前」の船旅とは、一八九六年五月三十一日に、神戸経由で上海に向けて横浜港を出港したフランス汽船、カレドニアン号のものであったことは、横浜開港資料館に残されている『ジャパン・ウィークリー・メイル』(June 6th, 1896) の乗船者名簿で確かめることができる。(4) この時、織田萬は二十七歳、「バルブートー氏」は三十四歳であった。

少ない資料

がしかし、「バルブートー氏」に関しては、この船旅のように資料で確認できるケースはむしろ稀である。日本を愛し、浮世絵を愛したフランス人、ピエール・バルブトーはその名前を残すことの少なかった人物である。フランスにおいて刊行された人名辞典、百科事典類に彼の名を見つけることはできなかった。生涯に数回日本を訪れ、計七年間も滞在して(5)、日本美術の大コレクションを成した人物と言われていながら、その名前はジャポニスム関連の数少ない文献にしか見出すことができない。そのような資料においても、日本美術の大蒐集家の一人として、「人名索引」には載っていても、多くの場合それ以上の言及はなされていない(6)。あるいは、数頁を割いてそのコレクションが紹介されていても「所蔵家の実体は不明」となっていたりする(7)。そしてときには同時代人からも、「ピエール・バルブトーとは何者なのだ?」と大きな疑問符を付けられてしまったりしている(8)。

このように、後の時代の研究者からも、同時代の人々からさえも知られていたとは言い難い人物について、これまでに見つけることのできた資料は少ないが、その足跡を可能なかぎり辿ってみたいと思う。なぜならこの人物は、「日本美術の蒐集家」であったのみならず、ブック・アート史の観点からも、ジャポニスムの観点からも興味深い、明治時代の欧文草双紙のリストに、日本人絵師の挿絵付き『ラ・フォンテーヌ寓話選』と『フロリアン寓話選』という美しい書物を加えたプロデューサーでもあったからである。

出生証書

フランス西南部ジロンド県サン＝スラン＝シュル＝リル（Saint-Seurin-sur-l'Isle）に残されている出生証明書[9]（図18）によれば、ピエール・バルブトーは一八六二年五月二十七日に同地で生まれた。出生時間は午前八時、父はドミニック・バルブトー（Dominique Barbouteau）、母はマリー・ペロンデ（Marie Peyrondet）となっている。出生証書に記されている事実は以下のとおりである。父ドミニックは二十三歳、職業は大工（charpentier）、母マリー・ペロンデは二十二歳、無職、という記載のあとに、未婚とあって、ピエール出生時には両親がまだ正式に結婚していなかったことがわかる。このため、出生証書の四行目の、息子“fils”という語の後に挿入記号があり、左欄外に挿入語として“naturel”と記入されている。つまり非嫡出子（fils naturel）との意味である。しかし、出生証書の最終段落では、父ド

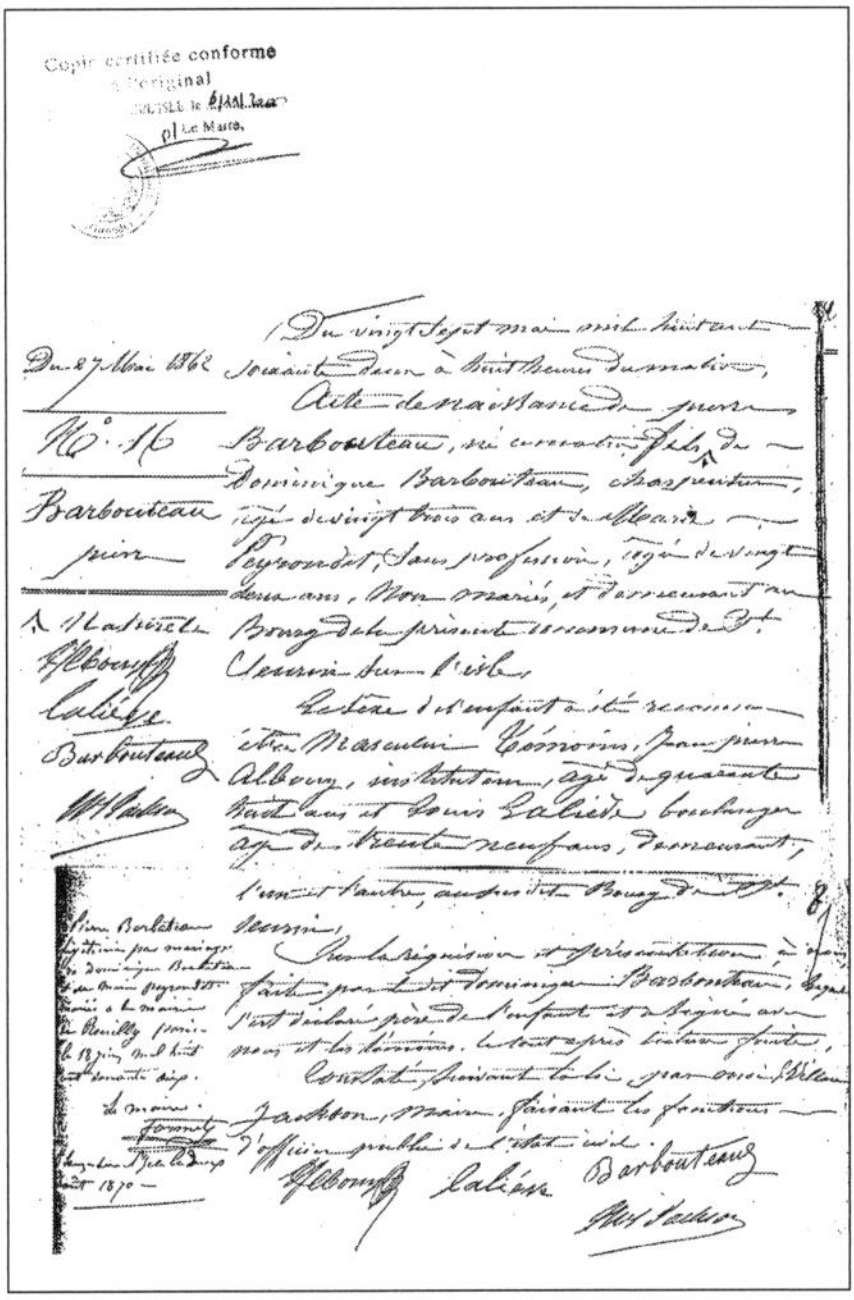
Copie certifiée conforme
à l'original
Le Maire,

18 ピエール・バルブトー「出生証書」（サン＝スラン＝シュル＝リル町役場）

ミニック・バルブトーの要請にもとづき、ドミニックは自分がピエールの父親であると言明し、身分吏執行代理として立ち会った村長W・ジャクソンおよび二人の証人とともに署名したことが明記されている。つまり、ドミニックはピエールを出生時に認知したのである。出生証書に署名している証人は、同じ村に住むジャン＝ピエール・アルブィ（教師、四十八歳）、ルイ・ラリエーヴル（パン職人、三十九歳）の二人である。そして、出生証書左欄外の下部には、八年後の一八七〇年六月十八日に両親の婚姻届がパリで受理されて、同日、ピエールが嫡出子として認められた旨、一八七〇年八月二日付で加筆され、サン＝スラン＝シュル＝リルの村長が署名している。[10]

ところで、出生地がパリではなくジロンド県の小さな村で、非嫡出子という記述は、父親のいない子ども、シモンがそのことで村のいじめっ子たちにさんざん意地悪をされる情景を描いている、モーパッサンの短篇『シモンのパパ』を否応無しに連想させる。[11] しかしこの事実は過度に重く受け取るべきではないのかもしれない。なぜなら、まず、ピエール・バルブトーの場合、出生時に父親から認知されているからである。さらに、このようなケースは、結婚には双方の両親の同意を必要とした時代に、そう稀なことではなかったようなのである。一例をあげれば、明治維新後の日本法制史に名を残している、パリ大学法学部教授エミール・ボアソナードは旧家の出であったが、出生証書には非嫡出子（enfant naturel）との記入があり、両親が正式に結婚届けを出すのはボアソナードが三十一歳のときになっている。[12]

さてここで、「出生証書」左欄外の記述にもどりたい。一八七〇年八月二日にサン＝スラン＝シュル＝リル村長によって書き加えられた部分である。それによれば、一八七〇年六月十八日、パリ市ルイユ区役所での両親の婚姻と同日にピエールは嫡出子として認められていた。婚姻が認められたのなら、婚姻証書が残されているはずである。そこで、ルイユ区役所つまり、現在の第十二区役所で受理されたピエールの両親の婚姻証書を探しに行くことになった。

両親の婚姻証書

パリ市文書館には、一八七一年パリ・コミューンのときに失われた証書類の原本の写しが保存されている。そのなかのマイクロフィルム七七九巻に、第十二区役所で執り行われた一八七〇年六月十八日付のピエール・バルブトーの両親の婚姻証書[13]（図19）が残されている。そこには、かなり入り組んだ事情が記入されていて、母親の姓名等、矛盾する箇所もいくつかあるが、バルブトー一家の状況を示唆してくれる資料なので、これを参照しながら、のちの「日本美術の大蒐集家・オリエンタリスト」の育った家庭的・社会的環境を推し測ってみたい。

ピエール・バルブトーは一八六二年に生まれている。両親の結婚は一八七〇年であるから、誕生から八年後ということになるが、それには次のような事情があったようだ。ピエールの父方の祖父、ジャン・バルブトーは一八五九年六月の初めにランド県で亡くなっているが、死亡届けが正式に受理されていなかったために、その後裁判所が死亡宣告を出すことが必要だったようだ。ランド県モン・ド・マルサンの大審裁判所（日本の地方裁判所にあたる）がジャン・バルブトーの死亡を正式に

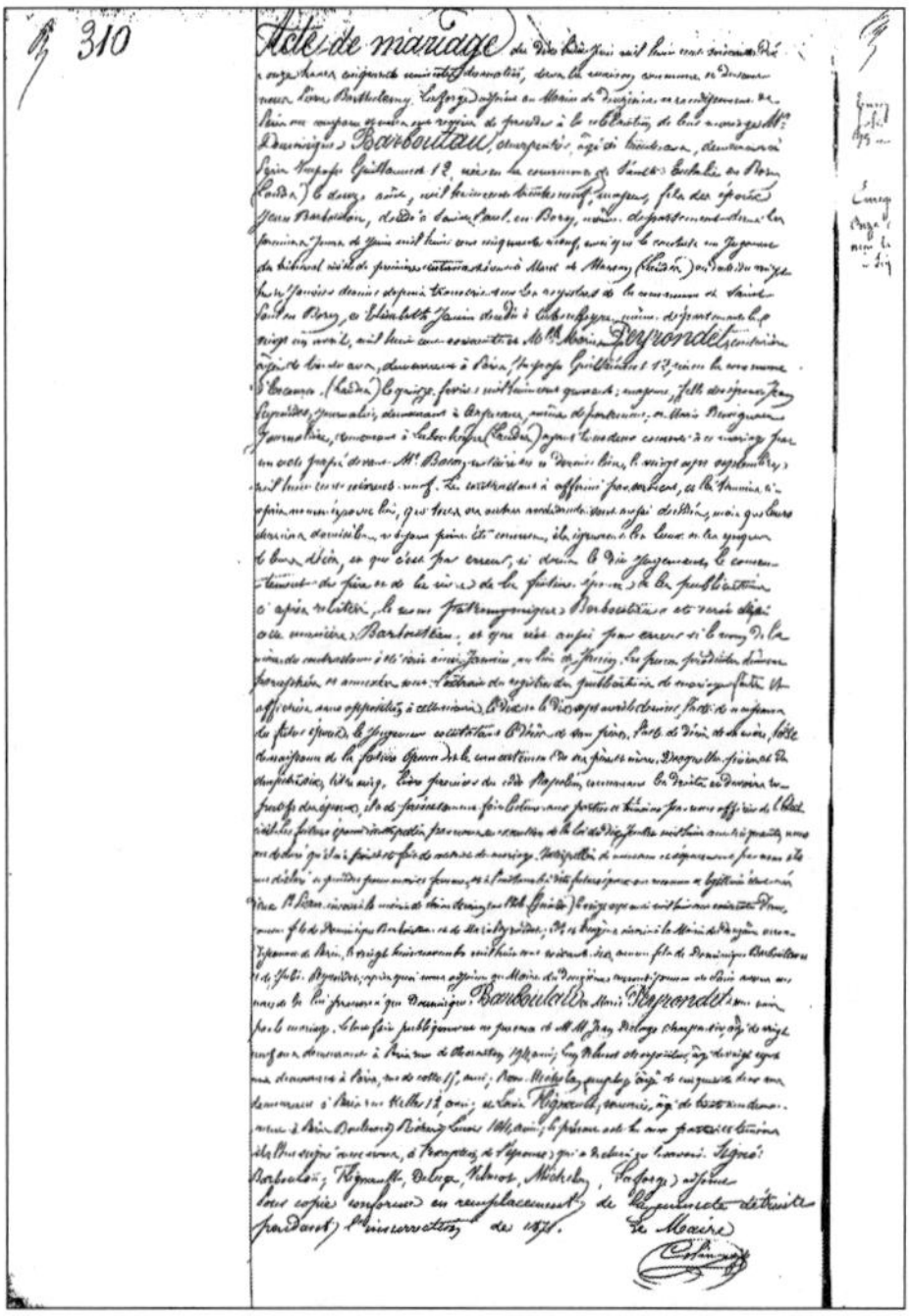
310
Acte de mariage
Barbouteau
Peyrondet

19 ドミニック・バルブトーとマリー・ペロンデの「婚姻証書」（パリ市文書館）

認めたのは一八七〇年一月二十八日の日付になっている。結婚には両親の同意が必要であったため、ピエールから見ると祖父にあたるジャンの死亡が正式に認められないと、父ドミニックは結婚できなかったということになる。他にも経済的理由など何らかの事情があったのかもしれないが、(14)婚姻証書から読み取ることのできる正式な婚姻の遅れた理由は以上のような事実である。

次に、結婚と同時にドミニック・バルブトーとマリー・ペロンデは二人の子どもを嫡出子として認知していることがわかる。ピエールと弟ウジェーヌ（Eugène）である。ウジェーヌの出生は一八六六年十一月二十八日付でパリ第十二区役所に届けられている。つまりこの時点ですでに、バルブトー一家はジロンド県ではなくパリに住んでいたことになる。一家は、ピエールがまだ幼い頃にジロンド県サン＝スラン＝シュル＝リルを離れて、パリに移り住んでいたわけである。弟の出生時にピエールは四歳であったから、のちの「オリエンタリスト・日本美術蒐集家」はパリ育ちだと考えてもおそらく間違いではないだろう。

では、彼を取り巻く環境はどのようなものだったのだろうか。婚姻財産契約（contrat de marriage）が残されていないので、ただ一つの手がかりは、出生証書と婚姻証書に書き込まれた、両親および母方の祖父母の職業と、署名をしている証人の職業である。それを以下にあげてみる。

父親（出生証書、婚姻証書）　大工（charpentier）
母親（出生証書）　無職（sans profession）
（婚姻証書）　衣装店員・お針子（couturière）
母方祖父（婚姻証書）　日雇い労働者（journalier）
母方祖母（婚姻証書）　日雇い労働者（journalière）
出生証書　証人1　教師（instituteur 四十八歳）
証人2　パン職人（boulanger 三十九歳）
婚姻証書　証人1　大工（charpentier 二十九歳）
証人2　大工（charpentier 二十七歳）
証人3　給与生活者・平役人（employé 五十二歳）

証人4　錠前屋・建築用金具製造業者（serrurier 三十歳）

婚姻証書に署名している証人四人には全員、友人（ami）という記載があるので、これらの証人は両親と親しい交友関係にあったと思われる。以上の職業リストからは親族・友人を含めて、知識階級やエリート層とは縁遠い家庭環境、社会環境が推定される。

“charpentier”とは？

さて、これらの職業のなかで、キーワードはやはり、出生証書においても婚姻証書においても父親の職業となっていて、しかも婚姻証書の証人二人までがそうであった“charpentier”であろう。仮に「大工」と訳したが、日本語の「大工」とは必ずしも一致しない部分がある。辞書類の定義を参照してみたい。

> **Charpentier** s.m.1. Nom des artisans qui travaillent à façonner les bois en pièces, et qui les assemblent, suivant certaines règles, pour la construction des édifices de terre et des bâtiments de mer, [...][15]

> **charpentier** n.m.1. Ouvrier capable de tracer, d'assembler, de réaliser, et de livrer un ouvrage de

charpente en bois. (On dit aussi CHARPENTIER EN BOIS.)
2. Entrepreneur de travaux de charpente.
3. *Charpentier en fer*, ouvrier sachant couper, percer et assembler tous les éléments nécessaires à la construction de charpentes métalliques, de ponts, de pylônes, d'appareils de lavage et de manutention, etc. [...]
Mar. *Matelot charpentier, maître charpentier*, matelot ou gradé s'occupant de toutes les réparations des objets en bois.(16)

いずれの辞書も、第一義としては、木材を素材として小屋組み（charpente）を設計・施工する職人を指すが、もっと広い意味もあるようだ。素材が鉄でもかまわないらしい。この場合「鉄骨工」になるし、さらに、素材を問わず小屋組みの製作を請け負う「建築業者」もありうる。そして、「船大工」あるいは、そのような役割を果たす「水夫、下士官」のこともある。あらゆる可能性は排除できないが、父親の職業に関して船に関係している形跡は見当らない。さらに、婚姻証書の証人4が“serrurier”（錠前だけでなく、バルコニー、鉄柵などの建築用金具製造、それらの取り付けを行う職人や業者も表わす）という職業についていること、そしてバルブトー家の住所が手工業者や職人の多くが居住していた第十二区にあることから、やはり父親の職業は、ほぼ日本語の「大工」にあたる“charpentier”だったと考えるのが自然かもしれない。

ところで、"charpentier"は「職人組合・同業者組合・コンパニョナージュ」(compagnonnage)にふれることなしには語ることのできない職業である。コンパニョナージュは中世のカテドラル(さらに古くはエルサレムの神殿)の建築に携わった職人集団から始まっているという。大工(charpentier)という職種はさしずめその代表格の一つである。コンパニョナージュは、ある時代には強力な圧力団体となって歴史を動かす影響力を持ち、またある時代には中央権力と対立して地下組織に変貌したりしながらも、根絶やしにされることはなく、その様々な儀式や伝統は、二十世紀初頭まで受け継がれていた。受け継がれていた伝統の一つに、徒弟(apprenti, aspirant)の位階を抜け出して同業組合職人(compagnon)に迎えられた職人は、二年から七年間フランス国内巡歴の修業をする、という義務があった。無事この修業を終えると定住し、結婚をすることが多かったという。(17)

とすると、ピエールの父ドミニックは一八七〇年には三十歳という年齢からみても、巡歴の修業を終えた同業組合職人という位階の大工だったのではないだろうか。同業組合職人(compagnon)の上には親方職人(maître compagnon)、そしてさらに、経済的にヒエラルキーが上になる建築業者(entrepreneur)がある。しかし、婚姻証書で妻が職業を持ち、衣装店員・お針子(couturière)となっているのを見ると、その後はわからないが、この時点では親方大工、ましてや建築業者まで大工(charpentier)のエリートコースを登りつめていたかどうかは疑問である。時代が遡ってしまうが、十八世紀半ばのパリには約八十人の親方大工(maître charpentier)しかいなかったようである。(18)親方大工になれるのは、その道のエリートだったのだ。建築業者となると、さらに数が少なかったにちがいない。

十九世紀フランスにおける職人の生活や職人組合内部のありさまを詳細に書きとめている資料としては、アグリコル・ペルディギエ著『ある職人の回想』（一八五四—五五年）、マルタン・ナド著『ある出稼石工の回想』（一八九五年）が知られている。[19] これらの回想録によれば、職種の異なる職人組合は互いに対立し、暴力的な抗争をくりかえしていた。指物師（menuisier）であったペルディギエの回想録には、大工の集団と殴り合いの喧嘩をした件など詳しく記されている。[20] このようなイメージの大工職と、息子の生業「日本美術の愛好家、蒐集家、美術本のプロデューサー、古美術商、オリエンタリスト」とが、どこでどう結びつくのだろうか。[21] 少ない資料のなかから、そのつながりはほとんど見えてこない。

社会のハードル、そして旅立ち

ここからは一般論にならざるを得ないのだが、まず、職人（artisan）は庶民階級のなかでは、経済的にはかなり恵まれた階層であった、という。もしも父親ドミニック・バルブトーがその後、親方大工、建築業者になっていたとしたら、経済的にはかなり豊かだった可能性はある。しかし、階層間の壁は、経済的側面よりもむしろ精神的・文化的側面のほうが顕著であった。「庶民階級から脱出すること」、つまり「紳士淑女」（“Monsieur”“Dame”）と呼ばれることは、必ずしも「金持ちになること」ではなかった。高等中学で教育を受け、ちゃんとしたフランス語を話し、肉体労働以外の方法で生計を立てていれば、着ている黒服が多少擦り切れていてもかまわなかった。が、職人の息子たちにとっては、このことのほうがしばしば高いハードルとなっていたらしい[22]。

ピエール・バルブトーの受けた教育がどのようなものだったのか、記録は見つかっていない。しかし確実に言えることは、書物をプロデュースし、著書を著わし、美術品のコレクションを成し、日本語をかなり解したこの人物が、婚姻証書に署名のできなかった母親[23]とは比べることのできない、かなりの教育を受けていたはずだ、ということである。十九世紀のフランスは、フランス革命に端を発する身分制度の崩壊が、第一帝政、王政復古、七月王政、二月革命、第二帝政、パリ・コミューンと紆余曲折を経ながら、第三共和制の頃に完成、浸透してゆく時代である。社会的上昇指向のある若者が、親の職業とは関係なく、高い教育を受けることも可能であった。そのようなケースなのかもしれない。あるいは、世代は異なるが石工(maçon)であったマルタン・ナドのように、様々な場を利用して自分で勉強しながら、父親と同様に大工(charpentier)として腕を研いていた可能性もある。それも「船大工」として。そして、遠洋航海の船に乗り込むチャンスを捉らえて、日本にやってきた[24]。このようなこともあり得ないわけではない。

しかし、どのようなルートをとったにしても、なぜ目的地が日本だったのか? 理由は多数あったにちがいない。しかしそのうちの一つは、本書「はじめに」でもふれたが、一八八〇年十二月三日の『ル・ゴーロワ』紙に載った記事のなかに見つけることができそうである。

日本が流行っている。パリではどんな街を歩いても、きっと日本趣味の品々を売る店がある。きれいな女の居室やサロンには、日本の骨董や工芸品が所狭しと置かれている。日本の花瓶、日本の壁掛け、日本の絹製品、日本の玩具、マッチ入れ、インク壺、茶器、皿、ドレス、髪飾り、宝石から腰掛の類まで、昨今はすべてが日本からやってくる。侵入なんてなまやさしいものではない。趣味の地方分散なのである。膨大な量の日本の骨董や工芸品が雪崩のように押し寄せてきて、フランスのものを駆逐してしまったのだ。(25)

「中国と日本」"Chine et Japon"というタイトルでモーパッサンが日刊紙に書いたこの記事全体は、結論としては日本よりも中国礼賛になっているのだが、ピエール・バルブトーが少年時代を過ごしていたパリの街角の隅々まで、さらには、流行に敏感な女性たちの部屋のなかにまで、日本趣味が浸透していた様子がよくわかる。一八七八年のパリ万博での日本の人気はあまりにも有名だが、一八六〇年代から世紀末にかけてのジャポニスム関連年表に、空欄になっている年を探すのは難しいくらい、「日本は流行って」いたのだ。

死亡証書

さて、ピエール・バルブトーに関する公的証書類は、ここで一挙に四十六年後のものになる。第一次世界大戦の最中、一九一六年九月十六日付の死亡証書である(図34)。

ピエール・バルブトーは一九一六年九月十五日に、パリ、第四区のボトゥレイ街一番で亡くなっている。享年五十四。届け出たのは、エドガール・バラ（四十歳、給与生活者・平役人）、デズィレ・コティ（六十二歳、給与生活者・平役人）。両親の名前を除くと、家族についての記載はなく、職業は古美術商（antiquaire）となっている。大工（charpentier）の息子が古美術商となる過程は謎に満ちている。彼が日本でプロデュースした欧文草双紙については第一部ですでに見てきた。第2章以降では、両親の婚姻証書と彼自身の死亡証書の間の約半世紀の間に、ピエール・バルブトーが残した著作とコレクション（コレクションは売立てで離散してしまっている。厳密には、売立て目録と売立て）について、そして数は少ないが同時代人の証言についても取り上げてみたい。

第2章　初来日、日本美術愛好家の誕生——一八八六—一九〇四年春

この章では、バルブトー初来日の際の「日本美術愛好家・蒐集家」誕生の様子、そしてパリで出版されたコレクション目録の出版を経て、二度目の来日中に編纂・出版された『日清戦争版画集——米僊、半古他による』を中心に、蒐集家として、そしてまたブック・アートのプロデューサーとしてのバルブトーの足取りを辿りたいと思う。

ところが、この人物の足跡を示すもの、つまり、著作、コレクション目録、証言等を分類する段階になって、それらすべてが渾然一体をなしているという事実に直面した。バルブトーの場合、著作・翻訳・目録（カタログ）は峻別できない。例えば、『ピエール・バルブトー日本旅行関連美術品コレクション明細目録』（*Catalogue descriptif d'une collection d'objets d'art, rapportés de son voyage au Japon par Pierre Barboutau*）という長いタイトルの、オークション目的のみとは考えられない「著作・コレクション目録」がある。そして他方、売立て日時・場所等の明記してあるオークション目録のタイ

トルが『日本絵師の伝記――ピエール・バルブトー・コレクション所蔵作品による』（*Biographies des artistes japonais dont les œuvres figurent dans la collection Pierre Barboutau*）となっていて、絵師の伝記に大きなスペースがさかれていたりする。さらに、証言の多くは著作や目録の序文を成している。以上の理由から、あえて、著作、目録、証言と分類をせず、以下年代順に、ピエール・バルブトーに関してこれまでに見つかった資料と資料から確定できる主な年代を書きとめてゆくことにする。

一八八六（明治十九）年　初来日

ピエール・バルブトーは一八六二年に、ジロンド県の小さな村で生まれた。しかし、両親の婚姻証書に記された弟ウジェーヌの出生届けの日付（一八六六年十一月二十八日）から、遅くともこの時点で一家はパリに住んでいたことがわかった。推定にすぎないが、ピエール・バルブトーはジャポニスム最盛期のパリで幼年期、少年期をすごしたのではないだろうか。確定可能な次の年代は、一八八六（明治十九）年の初めての来日である。

正確な日付も期間も当初の来日目的もわからない。この来日を裏づける唯一の資料は『日本浮世絵師』（*Les Peintres populaires du Japon*）（一九一四年）に付けられたアンリ・ヴェヴェールの「序言」である。ヴェヴェールの序言にはそのときの情景が次のように書かれている。(1)

二十八年前に、若く血気に燃えていた本書の著者がはじめて日本の土を踏んだときには、この魅惑的な国の魔力が、彼の平生の仕事や計画、生き方にいたるまで完全にくつがえして、彼を日本愛好家どころか、ほとんど日本人そのものにしてしまうとは予想もしていなかった。

この不思議な国がピエール・バルブトー氏の眼前に現れたのは一八八六年、すでに遠い時代のことだが、その頃の日本はまだいにしえの「大和」であった。ヨーロッパ人との接触ですでに少し変貌していたいくつかの大きな町と港を除けば、この国は全体としては、その景観の様子や伝統的な風習が先祖伝来のままにそっくり残されていた。

バルブトー氏はまず、他の多くの人々と同様に、多種多様で思いがけない光景や、優しく、あるいは堂々とした光景に惹かれ、目を見張った。そしてすぐに、すっかり、この繊細な人々のもつ洗練され、かくも独特な芸術の虜になってしまった。彼はこの芸術をより良く知るために、その言葉を習って、話し、書くことを学びたいと欲した。住民の暮らし方を完全に取り入れ、彼らの習慣に従い、いわば、自分を大和魂と調和させたのである。そして、彼と交際していた芸術家たちは、彼らや彼らの先人たちの作品に夢中になっているこのフランス人に共感を覚え、彼をあたたかく迎え入れ、彼らの国の芸術の歴史について彼が着手していた調査や研究を、できる限り助けたのだ。

この序言によって、バルブトーが初めて日本に来たときの状況、そして日本に「一目惚れ」をした様子を知ることができるが、同時にバルブトーの最初の来日の目的が日本美術の蒐集ではなかったことも、ここにはっきりと読み取ることができる。初来日の目的は謎である。しかし、「コレクティング（行動）が合目的的に始まることは滅多にない」という。[2] 前章で述べたように、少年時代を過ごしていたと思われるパリの街に漂っていた「時代の空気」のなかのジャポニスムが、バルブトーのどこかに刷り込まれていたのかもしれない。とにかく彼は、明治の日本に来て、日本美術に惹かれ、日本美術の蒐集家になった。

一八九一（明治二十四）年　コレクション売立て（?）

この売立てがピエール・バルブトーのコレクションのものである確証はない。パリ公営競売場オテル・ドゥルオの資料室（Drouot Documentation）に残されている匿名のオークション目録のなかに、表紙とタイトル・ページに鉛筆で“Barbouteau?”と記されているものがある（図20）。

なぜこの目録がバルブトーのものである可能性が示唆されているのか、その根拠は定かでない。その後のバルブトー・コレクションの目録とのスタイルの共通点はあまりない。しかし、鑑定人（expert）はエルネスト・ルルーで、後述する一八九三年に出版された著作・目録の出版者と一致し、この疑問符付きのカタログがピエール・バルブトーのものではない、とする確かな理由も見当らない。姓名の綴りに関しては、“Barbouteau”と“Barbouteau”は、公的証書類でも混同されることがあり、同時期に後者の綴りのコレクターがいた痕跡もないので、この鉛筆書きの記述はピエール・バルブトーを指していると考えられる。なお、誰がこの記述を残したかは不明である。

［タイトル・ページ］
『ある美術愛好家のコレクションによる日本の絵画と版画カタログ[3]』
競売開催場所・日時　競売吏会館、ドゥルオ街九番、三号会場　一八九一年六月十九日（金）—六月二十二日（月）、各日二時より開催
執行者　モーリス・ドゥレストル氏（競売吏 Commissaire-Priseur）ドゥルオ街二十七番
立会人　エルネスト・ルルー氏（図書出版業・鑑定人 Libraire-Expert）ボナパルト街二十八番
下見会　六月十七日（水）二時—五時
公開下見会　六月十八日（木）二時—五時、四号会場
（パリ、エルネスト・ルルー出版、ボナパルト街二十八番、一八九一）

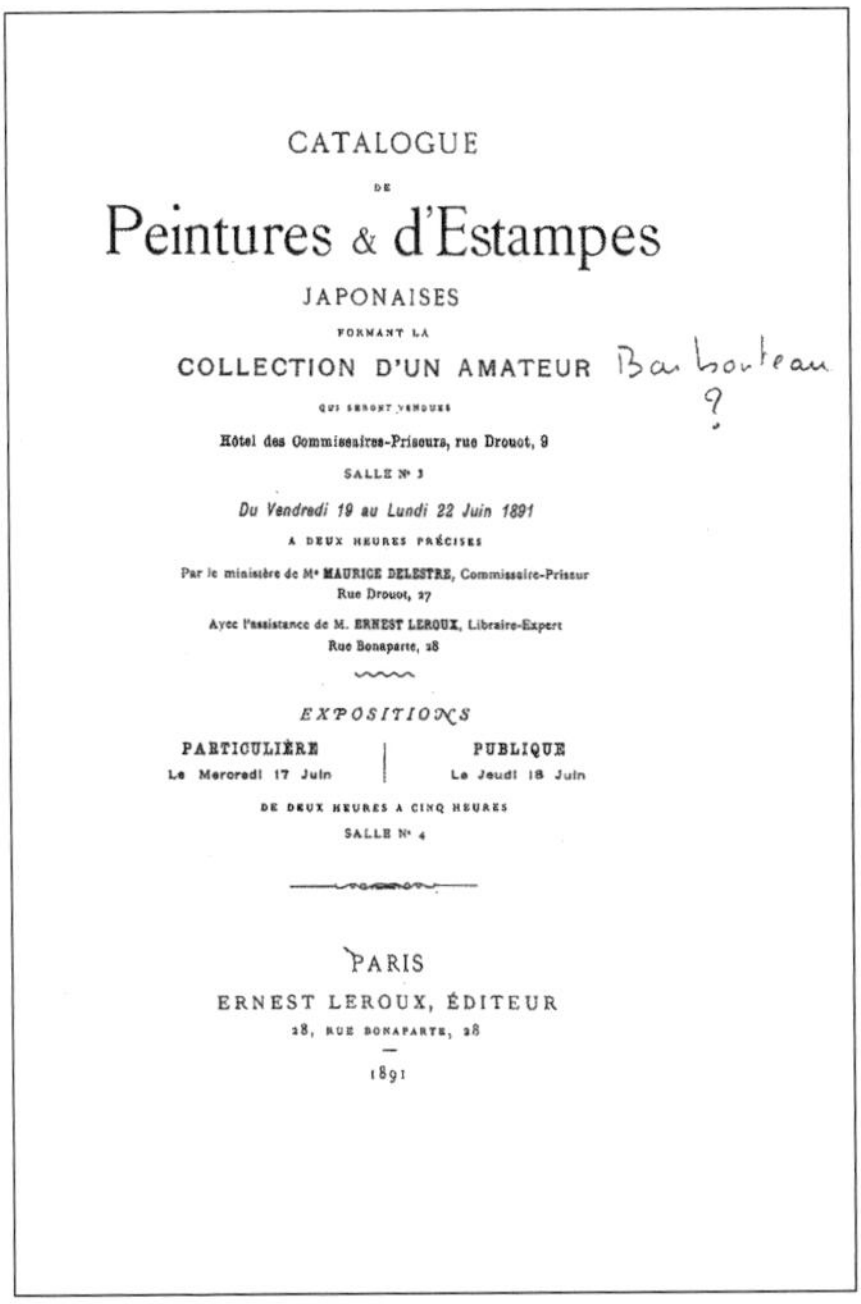
CATALOGUE
DE
Peintures & d'Estampes
JAPONAISES
FORMANT LA
COLLECTION D'UN AMATEUR
QUI SERONT VENDUES
Hôtel des Commissaires-Priseurs, rue Drouot, 9
SALLE N° 3
Du Vendredi 19 au Lundi 22 Juin 1891
A DEUX HEURES PRÉCISES
Par le ministère de Me MAURICE DELESTRE, Commissaire-Priseur
Rue Drouot, 27
Avec l'assistance de M. ERNEST LEROUX, Libraire-Expert
Rue Bonaparte, 28
EXPOSITIONS
PARTICULIÈRE — Le Mercredi 17 Juin
PUBLIQUE — Le Jeudi 18 Juin
DE DEUX HEURES A CINQ HEURES
SALLE N° 4
PARIS
ERNEST LEROUX, ÉDITEUR
28, RUE BONAPARTE, 28
1891

20『匿名コレクション　日本の絵画、版画目録』1891年、タイトル・ページ（ドゥルオ資料室）

［カタログ掲載点数　一一六七点］

もしもこのカタログがバルブトー・コレクションのものであるならば、バルブトーは、考えられていたよりも早く蒐集家として登場していたことになる。

一八九三（明治二十六）年　著作・コレクション目録出版

『ピエール・バルブトー日本旅行関連美術品コレクション明細目録』（図21）（以下『明細目録』と略記する）[4]は、フランス国立図書館に『日本浮世絵師』とともに、ピエール・バルブトーの著作として収められている。「目録」という題名にもかかわらず、売立て場所、日時、競売吏、鑑定人の名前等、必要事項の記載は見あたらない。したがって、これはコレクションの売却だけが目的で出版されたものではない。扉の次の頁に「E・フラマリオン印刷所、ラシーヌ街二十六番、パリ」(Imprimerie E. Flammarion, 26, Rue Racine, Paris) と記されていて、一八九四年と九五年に日本で印刷・発行され、同じくフラマリオン社が関与していた『ラ・フォンテーヌ寓話選』、『フロリアン寓話選』との接点がわずかに見られる。

目次は、「根付」「櫛と簪」「漆及び他素材の印籠」「漆及び木製などの、小函、杯、小物類」「掛物」「目貫」「刀剣の縁と鐺」「小柄」「笄」「鐔」「刀剣」「陶磁器」「絵画」「版画と摺物」「書籍他」に分類され、総数二二八三点にのぼるコレクションである。一点一点についての記述は一行から長いものでも数行ほどで、特に詳しいわけではない。「根付」「小柄」「鐔」の図版が二十ほど添えられていて、それらの図版は『万人の芸術』(*L'Art pour tous*)という美術雑誌に発表されたものである旨八頁にことわり書きがある。

『明細目録』の四頁にわたる「はしがき」(Avant-propos)[5]には、およそ次のような主旨が述べられている。

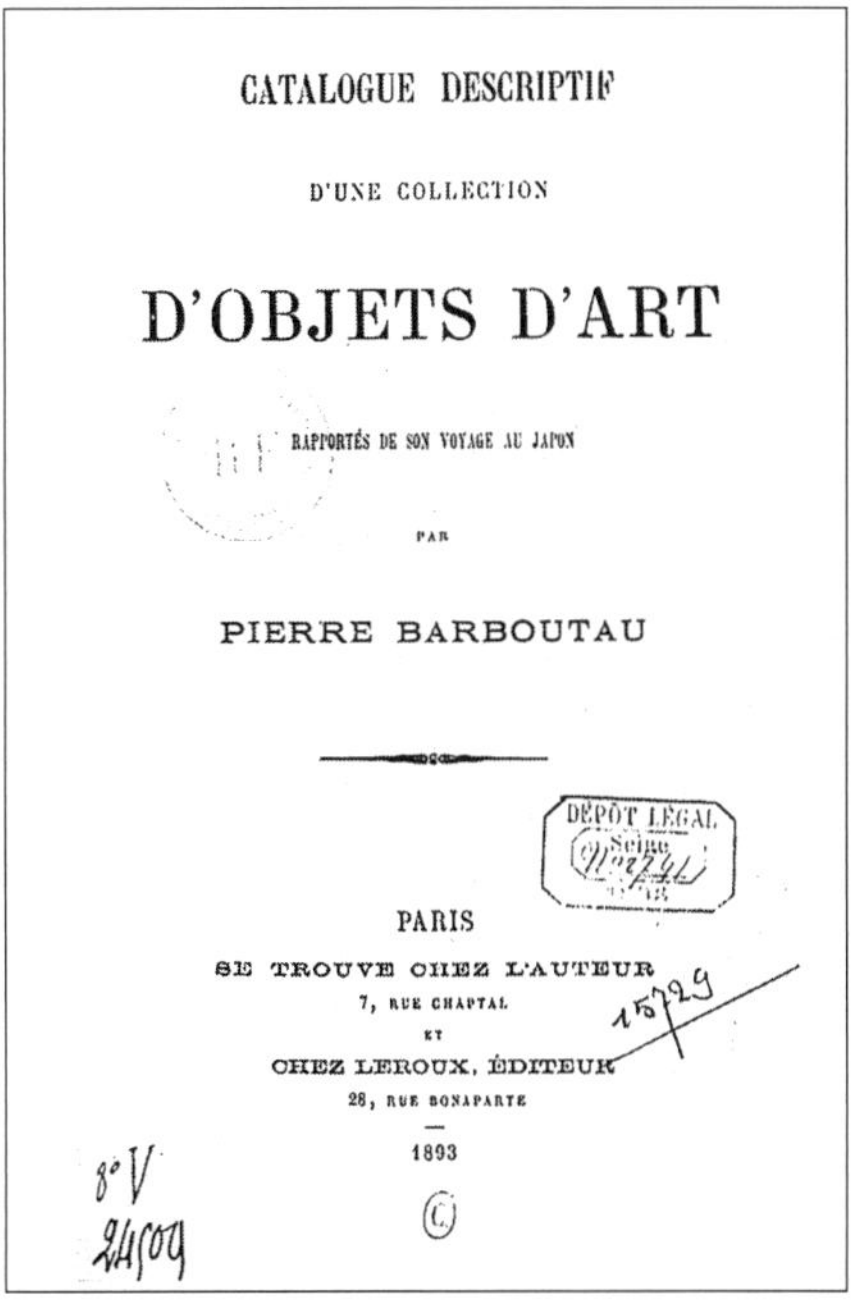
CATALOGUE DESCRIPTIF

D'UNE COLLECTION

D'OBJETS D'ART

RAPPORTÉS DE SON VOYAGE AU JAPON

PAR

PIERRE BARBOUTAU

DÉPÔT LÉGAL

PARIS

SE TROUVE CHEZ L'AUTEUR

7, RUE CHAPTAL

ET

CHEZ LEROUX, ÉDITEUR

28, RUE BONAPARTE

1893

21『ピエール・バルブトー日本旅行関連美術品コレクション明細目録』1893年、タイトル・ページ(BnF)

「日本ではすでに芸術的価値のあるものは探しつくされ、ヨーロッパとアメリカに奪い取られてしまっており、もう何も残されていない」という見解を繰り返すのは、投機的な思惑を利するだけである。

　日本はまだ莫大な宝物を所有している。ただ、それらをひたすら守っているのだ。

この列島の豊かな住民たちは、先祖代々の趣味と知識によって蒐集されてきた芸術品のコレクションに深い執着を持っており、余程の必要に迫られないかぎり、それらを手放そうとはしない。

さらに、この地では頻発する地震と火事で多くの価値ある名品が失われてきた。本質的に戦の好きなこの国で何世紀もの間続いた内戦(6)もまた、さらに数多くの名品を破壊した。特に最後の内戦(7)は最悪の結果をもたらした戦であった。この戦は非常に多くの侍を破産させ、彼らは美術品を手放すことを余儀なくされた。そして、革命(明治維新)後に人々がヨーロッパに心酔し、ヨーロッパの品々が熱狂的に持てはやされて(8)一時的とはいえ、日本古来の作品に取って代ったこともあって、その機に乗じて「外人」が多数の名品を入手した。

しかし、日本人はすぐにこのような間違いに気づき、今やもう彼らの芸術品をめったに手放さないし、手放すときには大変高価な値をつける。のみならず、火災を避けるために土蔵に保存してある貴重な品々を一目見せてもらうだけでも、長い時間をかけ、何度も足を運ぶ必要がある。(中略)さらに、「ミカドの国」には、税関の大変厳しく、掻い潜ることのできない法規があって、最良の美術品の輸出は禁じられている(9)。

日本人が彼らの古い芸術作品の価値を再認識して、海を渡り、ヨーロッパやアメリカで、それらを買い戻そうとしていることも付け加えておきたい。

そのうえ、美術館に保存されている公的なコレクションは美術教育の普及に役立ち、寺社等に埋もれていて、めったに目にすることのできなかった多くの古い名品も公のコレクションに収められている。

これらの理由から、今やこの「日出る国」では誰もが、手元にある作品の値打ちを知ることができる。そして買い手はそれらの知識に対して高い代価を支払うことになる。

ここに紹介するコレクションを蒐集するにあたって、乗り越えなければならなかったのが、これらの様々な障害であった。

日本美術趣味はフランスではすでに何年も以前から広まっており、再びその素晴らしさを推奨するには及ばない。ここでは、我々の購入した品々を簡潔に列挙しておく。

次に、「持ち帰った絵画には掛物と屏風絵の二つの型がある」、「カタログの刀剣の部を一覧すれば、日本の彫金の歴史の概要がわかる」等、コレクションの内容が二十一行にわたって紹介され、その後に、このコレクションの新機軸が述べられている。

著しく高価になり、持てはやされている著名な作家の名前にとらわれることなく、それらの名前のかげで埋もれていたが、日本の芸術という観点から個性と創意があり、真に資料としての価値があると思われる品々を入手した。(中略)

コレクション買い付けの際の苦労も多々あったが、その後、美術品愛好家のために、このコレクションに収められている作品の分類を行い、目録の制作にとりかかり、完成にこぎつけた。これは、単に作品購入を検討中の人々のためばかりではなく、日本美術に関心のあるすべての人々の役に立つことを願ってのことである。

そのために、これらの作品の作家の名前を調べた際、喜ばしいことにしばしば、彼らの国では今日でも有名な昔の巨匠たちの名を判読することができた。できるかぎり、作品の年代別分類を行い、それができない場合は、作家の生きた時代を記すようにした。

特に留意したことは、この国固有の文字で作品に印されている作家の銘や落款、その他の情報を転写して、日本語の音をできる限り忠実に、ヨーロッパの表記（アルファベット）で示すことである。

そして最後に、この「はしがき」には、助力を惜しまなかった日本の友人たちへの謝意が添えられている。

「はしがき」の後には、「もうひとこと」（Un mot encore）というタイトルで二頁分の挿入がある。[10] ここには、「日本の古美術品とはどの年代以前のものを指すのか？」という疑問に関しての意見が述べられている。この点については、日本人と欧米人では見解が分かれていたようだ。バルブトーは、（およそ一八六六―六七年を境にそれ以前のものを古美術とする）日本人の意見[11]に賛同せず、「五港開港の条約（一八五八年の安政五か国条約）以前のものが真の古美術である」とする欧米の見解を採用する。さらに、日本美術の歴史を、「日本人によって日本人のために作品が作られていた時代」と「我々の商業的侵入が始まった時期、つまり欧米人が欧米人のために、その好みに従って大量発注を始めた時期」とに明確に二分して、「残念なことに今や、日本で製作されたヨーロッパ風の品々しか見られない」と嘆いている。「もうひとこと」の最後の段落でもバルブトーは、このカタログがコレクションの購入者のみではなく、すべての人々に役立つことを期待する、と書いている。

視点のゆらぎ

『明細目録』をここまで読むと、特に「はしがき」は、このコレクションの市場価値を高めるための「広告文」の意味合いが濃いものとなっている。しかしそこには、当時の日本を訪れた一介の外国人、つまり、「御雇外国人」のように日本の公的機関に招聘されて高給を得ていた外国人や、外交官あるいは、本国ですでに功なり名をとげた外国人の「日本美術探訪記」ではなく、最初は何らかのちがう目的で来日したが、日本に惹かれ、しかも日本にビジネスチャンスを見つけて、骨董品買い付けのビジネスに携わっていた一人の若いフランス人の素朴な印象や意見を垣間見ることができる。当時の日本の情景を美術品の買い付けというフィールドから眺めた、いや、ただ眺めただけではなく、ビジネスをしているわけであるから、現場に取り込まれ、否応無しにコミットしている外国人の視点からの観察ノートとして興味深い箇所があると思う。この時代の日本における古美術品業界の情勢に関しては別途専門家の検証を俟って、ここでは、「気になる」箇所を指摘するに止めておきたい。

それは、バルブトーの視点のゆらぎである。彼の視点は、全体を通して見れば無論、この時代多くの植民地を支配していたヨーロッパ宗主国の人間の視点であって、当然のことながら、人称代名詞「我々」(nous)は「筆者」を指す以外には、「我々ヨーロッパ人」(nous, Européens)という意味で使われている。しばしば出てくる所有形容詞「我々の」(notre)はフランス、広くは欧米を指し、「彼らの」(leur)は日本を指している。そして、そのようなヨーロッパ宗主国人の視点がはっきりと現れているのは次の例である。日本に関して、「はしがき」に二ヶ所でindigèneという形容詞が使われている(“les anciennes productions indigènes” “les noms et les autres indications en caractères indigènes”)。一応、要約中では「日本古来の作品」「この国固有の文字で」としておいたが、この形容詞からまず連想されるのは、蔑視を込めたニュアンスを持つ「(旧)植民地に住む現地人の、土着の」という意味で、「ヨーロッパの」(européen)の反意語である。この形容詞は、たしかに動植物を形容するときには「その土地固有の」というコノテーションの薄い意味内容で使われることもある。ここではindigèneの形容している名詞が「作品」(production)と「文字」(caractère)なので、微妙なケースではあるが、やはり「土着民の」という差別的なニュアンスをすっきりと払拭することはできない表現であろう。一方、ときにはバルブトーの視点は欧米人のものではなく、日本人の視点にゆらいだりもしている。「もうひとこと」に見られる「我々の商業的侵入」(“notre invasion commerciale”）という表現はその例である。invasion（侵入、侵略、襲来、乱入、好ましくないものの氾濫、歴史上の用語としては民族大移動）という語はほとんどの場合「侵入」を受ける側の語彙であって「侵入」する側の語彙ではない。日本美術の愛好家として、「日本の美」が「我々（欧米）の侵略」で切り崩されてゆくのを外側から観て遺憾に思う気持ちとともに、この語彙には妙に臨場感があって、少なくともそこには、何がしかの「侵入・侵略」される側（この場合は日本）への共感があったように思う。

『明細目録』には「もうひとこと」の後に、五頁にわたって「この目録で使用される日本語の説明」[12]が付いている。語彙は「弁天」「服紗」「根付」「摺物」「鬼」「仙人」から「義経」まで、五十九語。必ずしも直接「骨董」用語だけではない。二行から十行ほどで書かれたミニ日本語解説である。このような用語の解説もこの目録の特徴であるが、さらに大きな特色は、「はしがき」の終わりに書かれていたように、日本文字で作品に印された作家の銘や落款を（ときには作家の在住国名を含めて）判読して、アルファベット順に目録中の作品番号とともに記載した一覧表が付けられていることである。この「コレクションを構成する品々に印されている名前の日本文字一覧」[13]（図22）は、『明細目録』全頁数のおよそ三分の一を占めている。この一覧表を作るために、二三〇〇点近い作品に、書き込まれていたり彫られていたりする作家名の漢字（草書体を併記してあるケースもある）を確かめ、転写石版で印刷・複製をする（autographier）作業だけでも膨大な時間がかかったにちがいない。

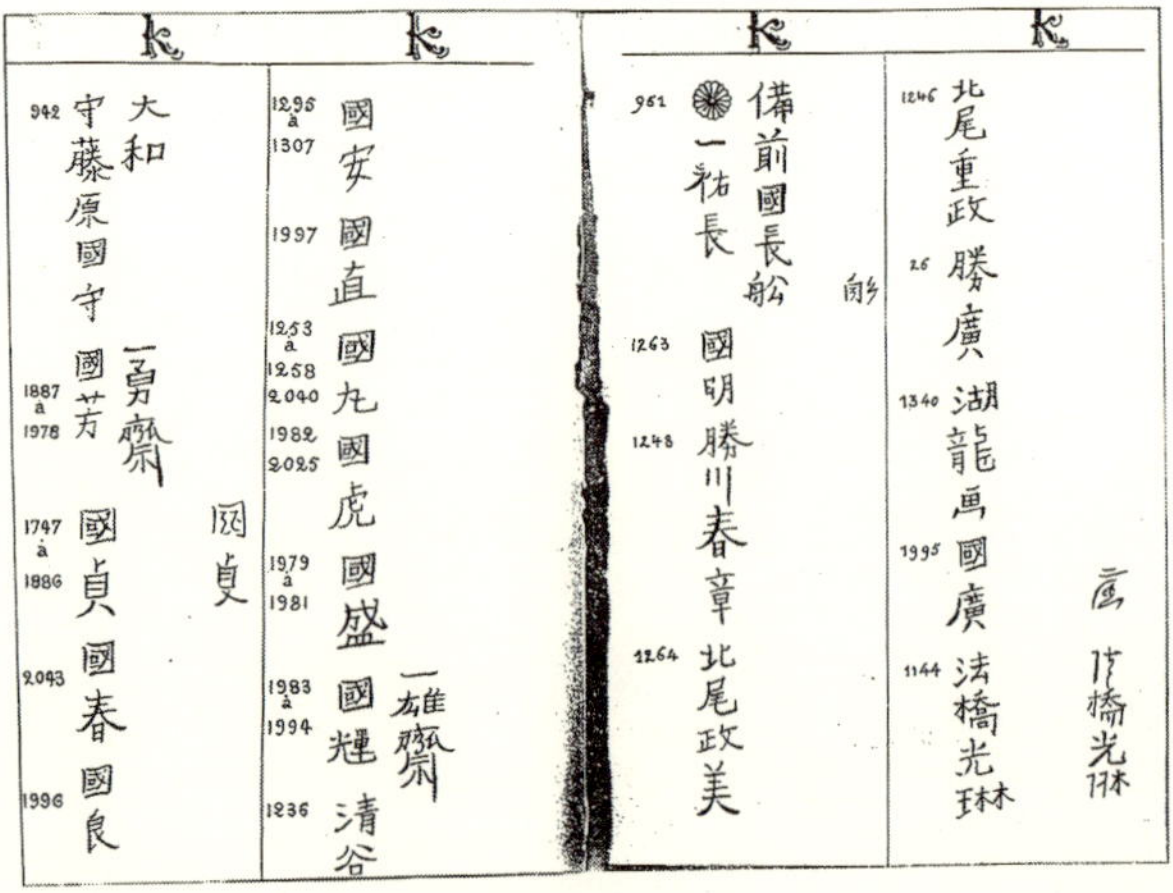

22『ピエール・バルブトー日本旅行関連美術品コレクション明細目録』作家名の日本文字一覧、Kの部（BnF）

ところで、一八九三年に『明細目録』が出版された時点のバルブトーの住所はシャプタル街七番となっている。この街は、パリの公の競買が行われるオテル・ドゥルオと同じ九区にあって、ドゥルオ周辺の古美術店の多い界隈にかなり近い位置にある。『明細目録』に記されている二二八三点の品々が、目録出版の頃にオテル・ドゥルオでオークションにかけられたことを示す資料はないようだ。シャプタル街七番は店舗に隣接している。一九〇四年（オテル・ドゥルオで、彼のものとしては最大のオークションが行われた年）のバルブトーの住所である一区のサン＝ルイ＝アン＝リル街七十番の住居との類似点（店舗、画廊との隣接）から推測したにすぎないが、一八九三年の目録に掲載されているバルブトー・コレクションはシャプタル街七番で、日本美術の好きなパリっ子の購入者を見つけていたのかもしれない。

一八九四（明治二十七）年　二回目の来日

バルブトーはフランス汽船ナタル号で四月二十七日に横浜に到着している。二度目の来日となる。このとき同船していた乗客のなかに、日本美術史学のフランス人先駆者エマニュエル・トロンコワのいたことがわかっている。[14] バルブトーの来日目的のうちの一つは明らかに、欧文草双紙の出版であった。しかも日本に来てから、そのような出版物のプロデュースを思いついたのではなく、準備しての来日ではなかったかと考えさせる根拠がある。バルブトー監修の『ラ・フォンテーヌ寓話選』の挿絵のいくつかに、一六六八年にパリで出版された『ラ・フォンテーヌ寓話詩』初版に付けられたショヴォーの挿絵にきわめて似ている構図のものがあることが証明されたからである。[15] 明治二十年代の日本で、ショヴォーの挿絵を偶然見つけた、ということも絶対にありえないわけではないが、可能性はきわめて少ない。来日してから、フランスからわざわざ取り寄せるには、日本版『ラ・フォンテーヌ寓話選』の出版は一八九四年であるから、時間がなさすぎる。バルブトーがフランスを出発する前にすでに欧文草双紙出版のアイディアをあたためていて、日本で絵師に挿絵の発注をした際にショヴォーの挿絵を持参したか、あるいはあらかじめ何らかの方法で絵師のもとに送り届けてあったと考えられる。

一方、『フロリアン寓話選』に関しては、日本の絵師に見せるためのフランスで刊行された版の挿絵は、あらかじめ用意されなかった可能性もある。序文のなかに、絵師に内容を良く理解してもらうために日本語訳のようなものが用意されたことが示唆されているからである。寓話の知名度からも、初版に付けられている挿絵の数からも、『ラ・フォンテーヌ寓話詩』初版のショヴォーの挿絵に当たるような、フランス人の「読者／挿絵鑑賞者」の多くがすぐに思い描く「原挿絵（原イマージュ）」とも言えるような挿絵がフロリアンの場合はなかったせいかもしれない。一七九二年刊行の『フロリアン寓話集』初版には五枚の挿絵が付けられているが、挿絵の付けられた寓話は日本版『フロリアン寓話選』には一つも採用されていなかった。

一八九六（明治二十九）年『日清戦争版画集』刊行

一八九四年から九六年にかけての日本滞在の間に、バルブトーは『ラ・フォンテーヌ寓話選』、『フロリアン寓話選』の他にもう一つの刊行物を編纂して出版している。『日清戦争版画集――米僊、半古他による』（*Guerre sino-japonaise, recueil d'estampes par Bei-sen, Han-ko, etc.*）である。(16)

この版画集は、日清戦争をめぐる歴史上有名な会談、戦闘場面、日本軍兵士のたてた武勲などをテーマに、見開き二頁で一枚になる十四の錦絵を「折本」に仕立てた作品である。折本のサイズは縦横およそ二十五×十八センチである。なおタイトル・ページは付けられていない。

表紙（口絵24）の右上にタイトルが次のように記されている。

GUERRE SINO-JAPONAISE / RECUEIL D'ESTAMPES / PAR BEI-SEN, HAN-KO, etc.

表紙を描いた絵師は梶田半古である。表紙には、水平線に夕日の沈む波打ち際を背景に、取っ組み合いの喧嘩をしている子どもが二人、それを止めに入ろうとする三人の子、そして画面右下には喧嘩を見物している二人の子ども、計七人の子どもが描かれている。組み伏せられている子は中国風の服装をしているが、その子に馬乗りになってこぶしを振り上げている子をはじめとして、他の子どもたちは和服を着ている。服装のみから判断すれば、組み伏せられている子どもを除く六人は日本人のようである。しかしよく観察すると、喧嘩の見物を決め込んでいる右下の二人のうち、特に左側の背の高い子どもの仕草は日本人のするジェスチャーではない。首をすくめて、手のひらを上にむけて両手を広げ、「無関心」や「不満」を示す欧米人のジェスチャーのように見える。

この折本は一八九六（明治二十九）年五月、つまり戦後一年ほどたってから、欧米の美術愛好家のために制作された作品である。絵師がこの表紙を描いた日付を特定することはできないが、新聞の一面を飾って国威発揚のために描かれた多くの「戦争報道画」とは異なり、起った出来事をある程度距離をおいて見ることのできる時間的な余裕はあっただろう。バルブトーのプロデュースした欧文草双紙には、同じ絵師、梶田半古が表紙を描いている『ラ・フォンテーヌ寓話選』『フロリアン寓話選』のように、表紙がその書物のいわばカタログを構成している傾向が見られる。書物の内容を凝縮して表しているのだ。『日清戦争版画集』の場合にも、七人の子どもたちのイメージを借

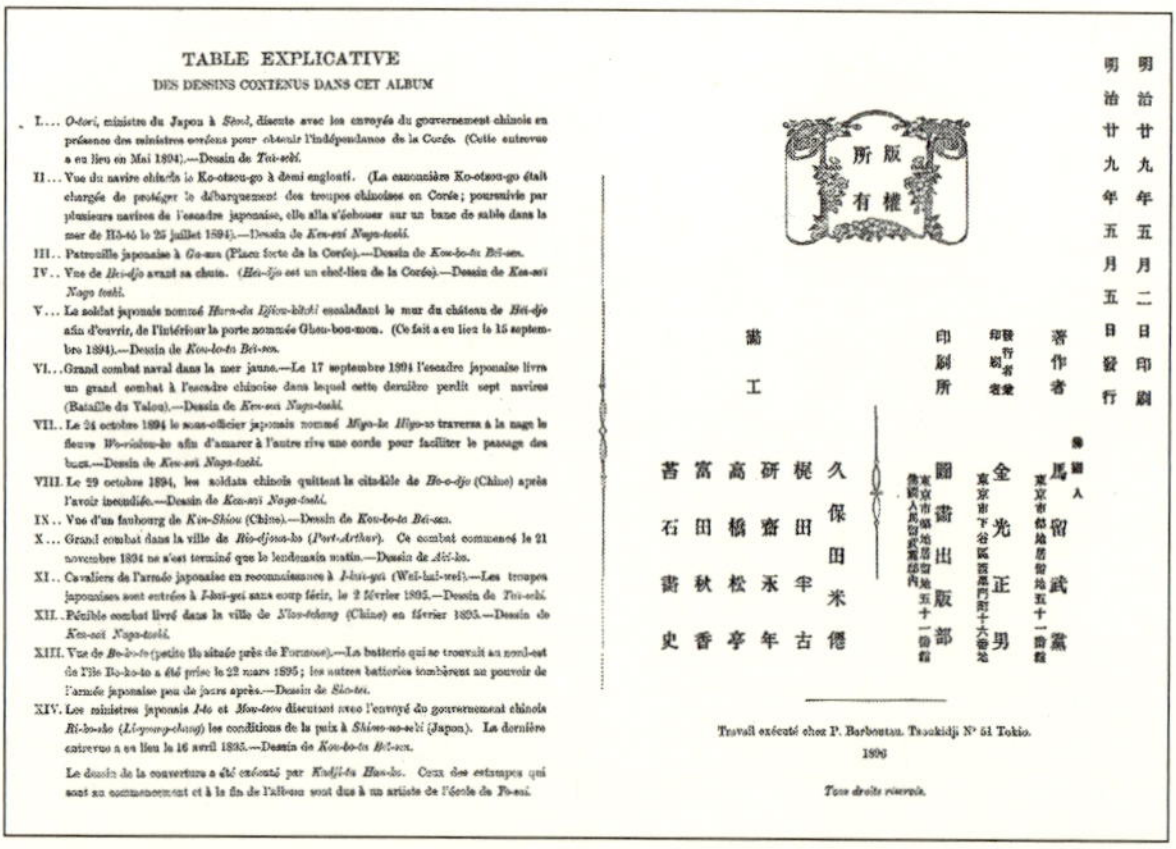
TABLE EXPLICATIVE
DES DESSINS CONTENUS DANS CET ALBUM

I… *O-tori*, ministre du Japon à *Séoul*, discute avec les envoyés du gouvernement chinois en présence des ministres coréens pour obtenir l'indépendance de la Corée. (Cette entrevue a eu lieu en Mai 1894).—Dessin de *Tai-seki*.
II… Vue du navire chinois le Ko-otsou-go à demi englouti. (La canonnière Ko-otsou-go était chargée de protéger le débarquement des troupes chinoises en Corée; poursuivie par plusieurs navires de l'escadre japonaise, elle alla s'échouer sur un banc de sable dans la mer de Hô-tô le 25 juillet 1894).—Dessin de *Ken-sei Naga-toshi*.
III.. Patrouille japonaise à *Ga-san* (Place forte de la Corée).—Dessin de *Kou-bo-ta Bei-sen*.
IV.. Vue de *Hei-djo* avant sa chute. (*Hei-djo* est un chef-lieu de la Corée).—Dessin de *Ken-sei Naga toshi*.
V… Le soldat japonais nommé *Hara-da Djiou-kitchi* escaladant le mur du château de *Hei-djo* afin d'ouvrir, de l'intérieur la porte nommée Gheu-bou-mon. (Ce fait a eu lieu le 15 septembre 1894).—Dessin de *Kou-bo-ta Bei-sen*.
VI…Grand combat naval dans la mer jaune.—Le 17 septembre 1894 l'escadre japonaise livra un grand combat à l'escadre chinoise dans lequel cette dernière perdit sept navires (Bataille du Yalou).—Dessin de *Ken-sei Naga-toshi*.
VII.. Le 24 octobre 1894 le sous-officier japonais nommé *Miya-ke Hiyo-zo* traversa à la nage le fleuve *Wo-rioku-ko* afin d'amarer à l'autre rive une corde pour faciliter le passage des bacs.—Dessin de *Ken-sei Naga-toshi*.
VIII. Le 29 octobre 1894, les soldats chinois quittent la citadelle de *Ho-o-djo* (Chine) après l'avoir incendiée.—Dessin de *Ken-sei Naga-toshi*.
IX.. Vue d'un faubourg de *Kin-Shiou* (Chine).—Dessin de *Kou-bo-ta Bei-sen*.
X… Grand combat dans la ville de *Rio-djoun-ko* (*Port-Arthur*). Ce combat commencé le 21 novembre 1894 ne s'est terminé que le lendemain matin.—Dessin de *Aki-ko*.
XI.. Cavaliers de l'armée japonaise en reconnaissance à *I-kai-yei* (Wei-hai-wei).—Les troupes japonaises sont entrées à *I-kai-yei* sans coup férir, le 2 février 1895.—Dessin de *Tai-seki*.
XII.. Pénible combat livré dans la ville de *Niou-tchang* (Chine) en février 1895.—Dessin de *Ken-sei Naga-toshi*.
XIII. Vue de *Bo-ko-to* (petite île située près de Formose).—La batterie qui se trouvait au nord-est de l'île Bo-ko-to a été prise le 22 mars 1895; les autres batteries tombèrent au pouvoir de l'armée japonaise peu de jours après.—Dessin de *Sho-tei*.
XIV. Les ministres japonais *I-to* et *Mou-tsou* discutent avec l'envoyé du gouvernement chinois *Ri-ko-sho* (*Li-young-chang*) les conditions de la paix à *Shimo-no-seki* (Japon). La dernière entrevue a eu lieu le 16 avril 1895.—Dessin de *Kou-bo-ta Bei-sen*.

Le dessin de la couverture a été exécuté par *Kadji-ta Han-ko*. Ceux des estampes qui sont au commencement et à la fin de l'album sont dus à un artiste de l'école de *Fo-sai*.

明治廿九年五月二日印刷
明治廿九年五月五日發行

版權所有

著作者　佛國人　馬留武黨　東京市築地居留地五十一番館
發行者兼印刷者　金光正男　東京市下谷區西黑門町十六番地
印刷所　圖畫出版部　東京市築地居留地五十一番館　佛國人馬留武黨邸内

畫工　久保田米僊　梶田半古　研齋永年　高橋松亭　富田秋香　蓍石書史

Travail exécuté chez P. Barboutau. Tsoukidji Nº 51 Tokio.
1896

Tous droits réservés.

23『日清戦争版画集——米僊、半古他による』1896年、版画解説一覧、奥付

りて、戦った日本と中国を表現しただけではなく、「三国干渉」のいわば当事者であったロシア・フランス・ドイツや、中立宣言で戦後の交渉に牽制球を投げたイギリス・アメリカを示唆して、日清戦争と戦後の和平会談をめぐる歴史的な展開までその表紙に描かれている、と読むことはできないだろうか。

奥付には日本語とフランス語で次のように記されている（図23）。

明治廿九年五月二日印刷
明治廿九年五月五日發行
著作者　佛國人　馬留武黨
　東京市築地居留地五十一番館
發行者兼印刷者
　金光正男
　東京市下谷區西黑門町十六番地
印刷所　圖畫出版部

東京市築地居留地五十一番館
佛國人　馬留武黨邸内
久保田米僊
梶田半古
研齋永年
高橋松亭
富田秋香
苔石畫史
畫　工

Travail exécuté chez P. Barboutau. Tsoukidji N°51 Tokio. 1896

「發行者兼印刷者」に名前のある「金光正男」は『フロリアン寓話選』の発行者と同じ人物だが、「印刷所」が「圖畫出版部　築地居留地五十一番館　佛國人　馬留武黨邸内」という表記になっているのはこの作品のみである。

日清戦争ドキュメンタリー

奥付の左頁には、版画の解説一覧が付けられている。

「この折本に納められた版画の解説付目次[17]」

Ⅰ　日本特使の大鳥は、朝鮮の独立のため朝鮮使節同席のうえ、京城で清国政府の使者と会談した（この会談は一九八四年五月に行われた）。　莟石画

Ⅱ　半ば沈められた清国艦船、高陞号（砲艦高陞号は、清国艦隊の朝鮮上陸を支援する命を受けていたが、日本艦隊に追撃され一八九四年七月二十五日に豊島沖の砂州で座礁）。　研斎永年画

Ⅲ　牙山（朝鮮の要塞）における日本軍の偵察隊。　久保田米僊画

Ⅳ　陥落前の平壌（平壌は朝鮮の県庁所在地である）。　研斎永年画

Ⅴ　日本軍兵士、原田重吉は内部から玄武門を開門するために平壌城の城壁をよじ登った（一八九四年九月十五日）。　久保田米僊画

Ⅵ　黄海の大海戦。一八九四年九月十七日、日本艦隊は清国艦隊と激戦を交えた。清国艦隊は七隻を失う（黄海海戦）。　研斎永年画

Ⅶ　一八九四年十月二十四日、下士官、三宅兵吉は渡船の渡河援護のため、舫い綱を対岸につなぐ目的で鴨緑江を泳ぎ渡った。　研斎永年画

Ⅷ　一八九四年十月二十九日、清国軍は鳳凰城砦に火をかけて撤退。　研斎永年画

Ⅸ　金州城郭の景観。　久保田米僊画（口絵25）

Ⅹ　旅順の市街戦。この戦闘は一八九四年十一月二十一日に始まり、決着がついたのは翌朝であった。　秋香画

XI　威海衛における日本軍偵察隊の騎兵。日本軍は一八九五年二月二日、一戦も交えることなく威海衛に入った。苔石画

XII　一八九五年二月、牛荘城の激戦。研斎永年画

XIII　膨湖島（台湾近辺の小島）の景観。膨湖島北東に配備された砲台（砲兵中隊）は一八九五年三月二十二日に占拠された。他の砲台も時を経ずして日本軍の手に落ちた。松亭画

XIV　清国政府特使、李鴻章と下関講和条約について談判する日本側代表、伊藤と陸奥。最後の会談は一八九五年四月十六日に行われた。久保田米僊画

表紙は梶田半古。この折本の見返し絵は容斎派の絵師の手になる（口絵26）。

以上の解説一覧によると、この折本の十四の版画は、開戦前の日清会談（I）から下関講和会談（XIV）まで、日清戦争前後の外交交渉の場面を含めて、日本軍兵士の武勲のエピソード（V、VII）を挿みながら、戦況の展開をドキュメンタリー・フィルムのように年代に沿って描いている。このような手法は日清戦争版画集には決してめずらしいものではない。「戦争」がテーマであるから、この版画集も当然、豊島沖海戦で撃沈されて沈みつつある高陞号（II）、牙山を臨む日本軍の偵察隊（III）や牛荘城での激戦（XII）、この戦争で名を馳せた日本軍兵士の勲功を描いた場面等を中心に編纂されている。しかし、従軍画家の一人、米僊によって「戦争報道画」とは思えないほど静か

な筆致で描かれている「金州城郭の景観」（Ⅸ）（口絵25）を挿んだり、戦闘場面であっても、日本の軍旗が目に飛び込んでくるような戦場の情景よりも、風景に大きな部分をさいている版画も多い。そして特に、この折本の表紙を開くと、次にあらわれる見返し絵いっぱいに満月を背景に花をつけた桜の古木、そして裏表紙の前の、これも見開き二頁全面に描かれた、荒波と二羽の鳥のイメージ[18]（口絵26）は、版画集全体に不思議なほどの静寂さを与えている。

日清戦争当時は、愛国心を鼓舞して国威発揚のために描かれた「報道画」「戦争報告画」が爆発的な人気を博して、飛ぶように売れていた。[19]その種類も「三枚続き」で千とも三千とも言われるほどの大流行だったという。[20]日清戦争は、一八九四年から一八九六年にかけてのバルブトーの日本滞在期間にちょうど重なっている。[21]ある程度日本語を解したバルブトーは、この戦争を当時の日本のマスコミによる「大日本帝国」「大勝利」[22]といった報道や「戦争報道画」への人々の熱狂的な支持を目にしながら「日本のなか」で、しかし「外国人」として、観ていたはずだ。この版画集の与えるある種の静謐さは、戦後およそ一年後という制作時期からくる「戦いの後の静けさ」のみではなく、「外国人」の視点を持ちつつ「日本のなか」からこの戦いを観た「著作者　馬留武黨」の、対象に対する微妙な距離感からくるものもあっただろう。そしてもう一つ、日章旗のひるがえっているような国威発揚的版画をあまり組み入れないことで、意図してアレンジされた「静けさ」もあって不思議はない。戊辰戦争、西南戦争から日本の版画史に登場したといわれる戦争というジャーナリスティックなテーマの版画[23]、つまり、それまでの「浮世絵」のイメージをくつがえすような版画を、欧米の美術愛好家に紹介して受け入れられるためには、それなりのアレンジを必要としたはずだからである。このように、日清戦争当時日本に滞在していたフランス人によってプロデュースされ、欧米の美術愛好家むけに制作されたこの「折本」は、数多い日清戦争版画集のなかでも異色の、そして特筆すべき作品となっている。バルブトーの監修した二つの欧文草双紙、一八九四年の『ラ・フォンテーヌ寓話選』、一八九五年の『フロリアン寓話選』と同様に、ブック・アート分野におけるジャポニスムの一例としても評価することができるだろう。

なお、この版画集の版画には、二つの『寓話選』には見られなかったバルブトーの印章（図24）が捺されている。この印章は、第5章で詳しく述べる一九一四年に未完のまま出版された『日本浮世絵師』に、もう一つの別の印とともに使われることになる。[24]『寓話選』のケースのようにフラマリオン社の関与した形跡はなく、奥付の印刷所が「圖畫出版部　築地居留地五十一番館　馬留武黨邸内」となっていることからも、二つの『寓話選』とはちょっとちがう経緯で、しかも、欧米や日本の国公立図書館の所蔵している部数の少なさから推定すると、ごく限定的に出版された作品なのであろう。[25]

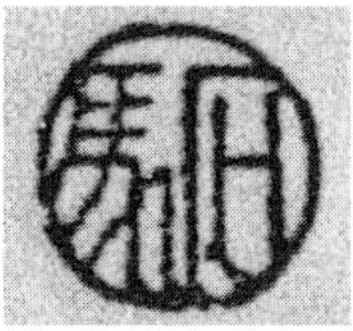

24『日清戦争版画集――米僊、半古他による』に用いられたバルブトーの印章

築地居留地五十一番館

二つの『寓話選』と『日清戦争版画集』を監修していた時期のバルブトーが築地居留地に住んでいたことはすでに述べた。「東京市築地

居留地五十一番館」が刊行物の奥付に記されている正確な住所だが、四九六・二坪あったという築地居留地の「五十一番」区画は、明治十七年九月十一日に「(英) チャーレス・フレデリッキ・ワーレン」に「譲渡」され、その後、明治二十六年一月二十五日の「地料」の納付人名は「サムマース」となっている。(26) バルブトーの名前はこれらの資料には載っていないが、「五十一番」はかなり広い区画であり、しかも「築地外人居留地明細」は実際そこに居住していた人のリストではない。やはり欧文草双紙の印刷・発行の日付からも、一八九四(明治二十七)年春から一八九六年五月三十一日に横浜から出発するまでの間、バルブトーは主として東京に滞在したと考えてもよいだろう。『寓話選』の表紙とタイトル・ページ以外にはこれも裏付資料は見つかっていないがパリのフラマリオン社との関係を保ちつつ、(27) 当時の東京の日本人絵師のグループとかなり深い関わりを持ち、「絵師たちのもとに長く滞在」したことが『ラ・フォンテーヌ寓話選』序文にも記されていた。絵師のなかでは特に狩野友信の名前と、書物の発行・印刷関係者のなかでは金光正男の名前が、一九〇四年のコレクション目録の「はしがき」にあげられているので、これらの人々との交流は少なくとも十年は続いていたことがわかる。バルブトー・コレクションのこの後の展開を見ると、欧文和装本のプロデュースと同時並行して日本の美術品の買い付けも続けられていたにちがいない。

一八九六(明治二十九)年五月三十一日　横浜から出港

同年六月六日付の横浜開港資料館所蔵『ジャパン・ウィークリー・メイル』の乗船者名簿によれ

ば、バルブトーは五月三十一日に上海に向けて横浜を出港したフランス汽船カレドニアン号に乗船している。同じ乗船者名簿に、欧州留学に出発する法学者「織田萬」の名前があることはすでにふれたが、この船旅での出会いから、一九一四年のバルブトー著『日本浮世絵師』に付けられた織田萬の「序文」[28]という同時代人の証言が残されることになった。

ここでちょっと視点を移してみたい。バルブトーの蒐集家としての側面である。「コレクションの展示や出版による認識」はコレクションの熟成が進み、「コレクションが完成に近づいて初めてそうした気持ちになる」という。[29]それが当初はビジネスとしてのコレクションだったとしても、目録の編纂・出版という、コレクションの記録化、資料化の作業は、当然ある程度コレクションの熟成が進んだことが前提になるはずである。蒐集家バルブトーにとって、一八九三年の『明細目録』は、その目次にあるように「根付」「櫛と簪」から「刀剣」類、「陶磁器」「絵画」「版画」「書籍」にいたるまで収蔵する「日本のものなら何でも蒐集タイプ」のコレクションが、ひとまず熟成期に入ったことを表しているのではないか。コレクターは普通、「コレクションが完成に近づくと、周辺のカテゴリーへ範囲を拡げるか、他の新しいカテゴリーに乗り出す」あるいは「個々のオブジェクツの質を高める方へ方向転換する」[30]という。バルブトーの場合、一八九四年から九六年にかけての日本における欧文草双紙の出版は、一風変わった「周辺カテゴリーへの範囲拡大」ではなかったのだろうか。一八九四年と九五年に刊行された『ラ・フォンテーヌ寓話選』と『フロリアン寓話選』は、それらの表紙が一種のコレクション・カタログの様相を呈していて、『日清戦争版画集』

の表紙絵は、戦況の展開を子どもの喧嘩に見立てた「見立て絵」となっていた。[31] これらの書物のプロデュースは蒐集家バルブトーのちょっとした道草だったのかもしれない。しかし、そこから生まれたのはユニークで美しい産物である。着想は、明らかに長谷川武次郎の弘文社版「日本昔噺シリーズ」を初めとする明治の欧文草双紙から得ている。[32] バルブトーの前回の日本滞在中に「縮緬本」との出会いがきっとあったはずだ。日本とフランスという、異質でしかも完熟した文化をもつ二つの国の接触と、文学と美術という、これまた異質な分野の融合から生まれた何とも不思議な作品たちなのである。ではもし、これらの欧文和装本の監修が道草だったとすると、その後バルブトーはどこに戻って行ったのか。日本美術のコレクションに、カテゴリーを絞って戻ってゆく。

一八九三年の目録に見られたような多種多様なオブジェクツではなく、日本の「絵画」「版画」に焦点を定め、それと同時に、すぐ後でふれる織田萬の証言からもわかるように、浮世絵師の伝記編纂を始めている。一九〇四年に刊行された『日本絵師の伝記――ピエール・バルブトー・コレクション所蔵作品による』というタイトルの、著作と売立て目録の合体した大部の出版物が次の果実ということになるだろう。この果実は、(少なくとも蒐集家にとって主観的に)一応の完成を見たコレクションにしばしば起こる運命をたどる。「売立て」である。詳細は次章に続けるが、コレクションは数回にわたるオークションを経て分散してゆく。そしてこの売立ての目的は、より本格的な「日本絵師の伝記編纂」にあったようだ。その後、蒐集家バルブトーの最後の企画は、一九一四年に第一分冊が刊行され、未完に終った『日本浮世絵師』に収斂してゆくことになる。

一八九六（明治二十九）年―一九〇四（明治三十七）年春

一八九六年五月三十一日にカレドニアン号で横浜を出港してから、一九〇四年春のオークション目録を兼ねた書物の出版、そしてほぼ同時に行われた、オテル・ドゥルオでの大規模なコレクション売立てまでの約八年間については、前章に全文を載せた織田萬の序文以外の資料は見つからなかった。この八年間の空白を少しでも埋めるために、織田萬序文の冒頭を再度引用しておきたい。

十有七年前余が始めて歐州遊學の途に上れるとき同舟の客に一佛人あり　其性洒落にして義気に富み又談を好めり　余旅中の好伴侶を得たるを喜び日夕相共に語るを以て樂とせ里　是れを本書の著者バルブートー氏とす　而して當時唯其日本を愛する人たることを知りたるに止まりしが巴里に到れる後亦親しく相往來して始めて氏が日本美術の賞玩者にして就中浮世繪を蒐集し其技術の巧拙畫風の由來変遷の研究に熱心なることを知れり

我日本語は世界の國語中至難のものに属す　殊に其文書を閲讀するは至難中の至難なる業にして外人の常に困苦する所なり　バルブートー氏が日本に滞在せしこと久しからず故に僅か日本語を解することを得るに過ぎず　而して其企畫を達せんが爲めには至難中の至難なる日本畫に就き各種の字書に頼り刻苦を重浮世絵に關する記述を讀み之を參稽取舍して畫家の傳記を纂輯するの資料とせしが書中通じ難きの處は余が巴里滞留の間にも余に就きて之を質すことを常とせり

カレドニアン号の船上でバルブトーが織田萬に与えた印象、パリでの再会、そして期せずしてバルブトーの浮世絵師伝記編纂作業の、パリにおける「日本語指南役」を務めることになる織田萬。この序文は、織田萬が欧州留学中にパリに滞在した期間（一八九六—九八年）[33]のバルブトーに関する同時代人の証言となっている。

第3章　ターニングポイント――一九〇四年

本章では、ピエール・バルブトーの生涯の少し遅い折り返し点となる一九〇四年に焦点を当てる。日露戦争開戦の年である一九〇四年は、下記に詳細を述べる著作（翻訳）・コレクション目録の出版によって、コレクションの記録化、資料化がひととおりの完成をみるが、この出版自体のために、そして同時に、次の目標にむかってバルブトー・コレクションの一連の売立てが始まる年である。

一九〇四（明治三十七）年　著作（翻訳）・コレクション目録出版

［タイトル・ページ］（図25）

『日本絵師の伝記――ピエール・バルブトー・コレクション所蔵作品による』第一巻「絵画」、第二巻「版画および工芸品」、パリ、S・ビング、プロヴァンス街二十二番、ショシャ街十九番、著作者、サン＝ルイ＝アン＝リル街七十番、一九〇四。(1)

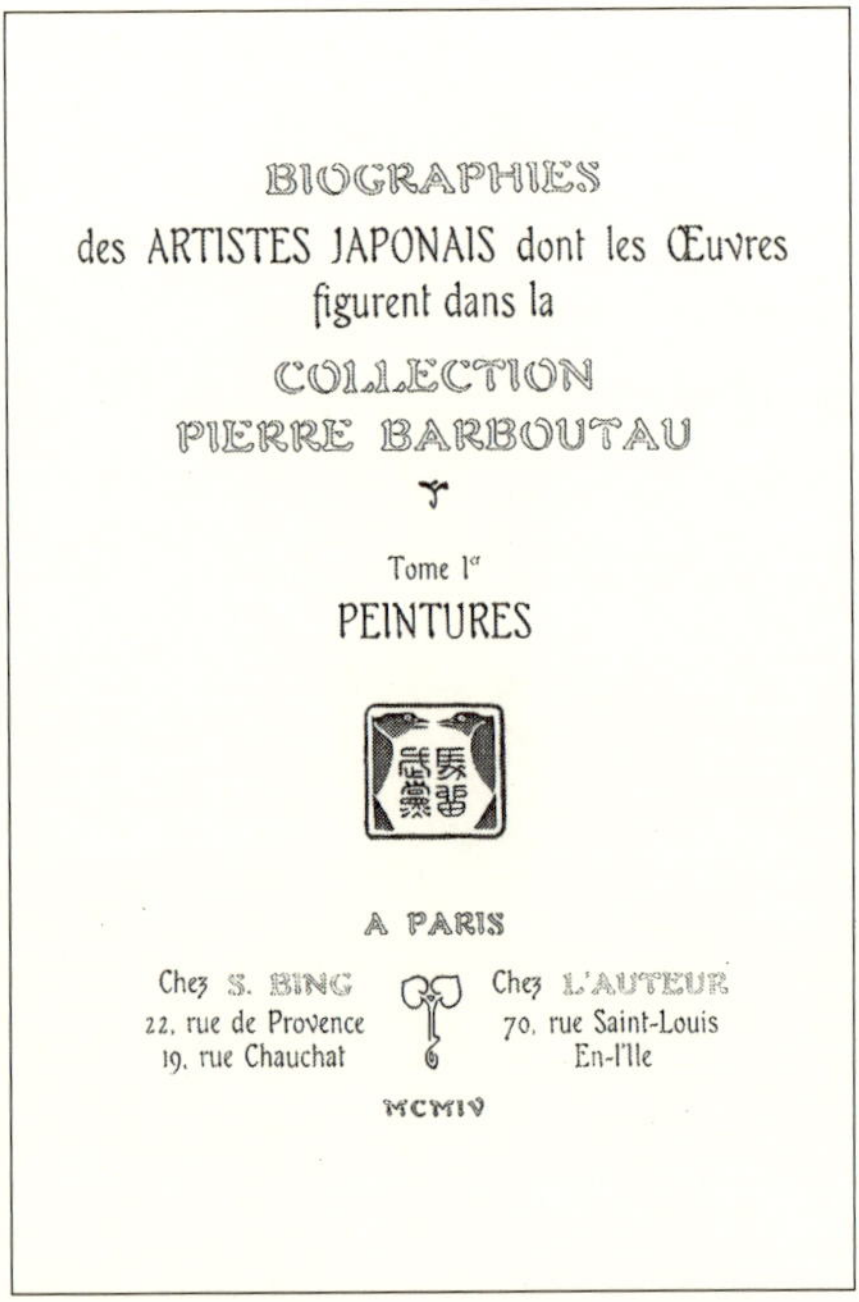
BIOGRAPHIES
des ARTISTES JAPONAIS dont les Œuvres
figurent dans la
COLLECTION
PIERRE BARBOUTAU

Tome 1er
PEINTURES

A PARIS
Chez S. BING
22, rue de Provence
19, rue Chauchat
Chez L'AUTEUR
70, rue Saint-Louis
En-l'Ile
MCMIV

25『日本絵師の伝記――ピエール・バルブトー・コレクション所蔵作品による』1904年、第1巻、タイトル・ページ

この書物『日本絵師の伝記――ピエール・バルブトー・コレクション所蔵作品による』（以下『日本絵師の伝記・目録』と略記する）は、第一巻「絵画」、第二巻「版画および工芸品」の二巻からなる。各巻とも、縦横三十五×二十七センチ、厚さ三センチはある、ずっしりと分厚い出版物である。各巻末には、印刷・出版はパリのフィリップ・ルヌアール、刊行年月日は一九〇四年四月三十日、複製図版はフォルチエ・エ・マロット社、そして、多分に日本趣味の感じられる装丁はジョルジュ・オリオール、と凝った字体で印されている。(2) 詳細は後でふれるが、第一巻にはまず、アルセーヌ・アレクサンドルの序文と著者自身の「はしがき」があって、それらがこの出版物の概要を教えてくれる。第一巻で紹介されているのは計二一三点の絵画である。雪舟から、土佐派、狩野派、長谷川等伯、光琳、伊藤若冲、そして岩佐又兵衛をはじめとする浮世絵初

期の絵師まで、絵師の数は一〇五名。それらの絵師の略伝が付けられていて、複製図版はカラーではないが、二頁にわたる大きな図版まであり、一八〇枚を数える。第二巻は、表紙のすぐ後にオテル・ドゥルオでのコレクション売立てに関する情報が一頁組み込まれている。第二巻には、広重をはじめとして六十一名の絵師の名と略伝が付けられていて、第一巻につづけて、ナンバー二一四から七五一までが絵画・版画で占められ、それらの複製図版は一六三枚を数える。そのなかには、ユリウス・クルト著『写楽』を通して写楽研究に大きな影響を与えた写楽作品も含まれる[3]。第二巻の末尾には工芸品の部があり、その点数はかなり多い（ナンバー七五二―一一六七）が、『日本絵師の伝記・目録』のなかでは第二巻のおよそ四分の一を占めているにすぎない。これらの工芸品は一八九三年の『ピエール・バルブトー日本旅行関連美術品コレクション明細目録』の頃、つまり絵画に焦点がしぼられる以前のバルブトー・コレクションの名残と言えるかもしれない。内訳は、彫刻、面、根付、陶磁器、漆器、印籠、鍔、刀剣などである。

アルセーヌ・アレクサンドルの序文[4]

『日本絵師の伝記・目録』第一巻は、アルセーヌ・アレクサンドルの序文から始まる。この、コレクション目録でもあり著作・翻訳でもある刊行物が関係各方面にある種のショックを与えたことを、アレクサンドルの序文から読み取ることができる。冒頭は次のようになっている。

ピエール・バルブトー氏は、見事なコレクションの売立てと、コレクション・カタログの刊行によって、美術愛好家、学者、芸術家の三方面において、一躍名声を獲得することになる。このカタログは資料でもあり不朽の著作でもある。その名前を著作に残す名誉はコレクションを手放す悲しみへの大きな代償なのである。

アレクサンドルは、バルブトーを浮世絵の「ヴァザーリ」[5]と呼び、バルブトーがコレクションを手放す心境を、古典悲劇になぞらえ「英雄的な」決断と形容して、蒐集家の心理を語り、このコレクションの価値はこれまで、ほとんど世に知られていなかったことにある、という。以下アレクサンドルの序文を掻い摘まんで読んでみよう。

美しい女性を独り占めにしておくのが容易ではないように、パリの、油断のならない鵜の目鷹の目のコレクターの世界では、贅沢なコレクションを人目から守るのは容易ではない。しかしながら、パリにはありえないものはない。そのような驚異が存在するのだ。知られていない界隈に、芝居の初日やヴェルニサージュの常連たちの知らない素晴らしい女性たちがいるように、明かされていないコレクションもある。驚くべき点数の日本の巨匠の描いた絵画、非常に稀な版画、そして何点かの質の高い工芸品を収めたバルブトー・コレクションは、そのような、人の意表をつく例外的なケース、思いがけない贈り物の一つなのである。長い年月の間、ある計画のために、このコレクションはごく少数の限られた人々にしか明かされてこなかった。それらの人々の賛同も得たその計画とは、日本の伝統的な流派の絵師と浮世絵師についての詳細かつ完全で正確な、複製画付きの歴史を書くことであった。バルブトー氏は何年も昔に遡る極東旅行の際、動きと色彩を描くこれらの天才たちの作品に出会い、その美しさ、偉大さ、多様性に打たれて、幸運な蒐集家となった。次に、これらの天才たちについて我々の持っている情報が、少なくしかも不充分なことに気づき、時宜を得た歴史家となったのである。極東への旅の後、パリに戻ったバルブトー氏は、旅行の良き思い出の品々に囲まれて、瞑想と歓喜のなかにいたが、彼は蒐集品とそれらの作者たちの歴史に関する知識を深めようと考え、フランスの美術愛好家や作家の優れた著書をひもとくうちに、日本美術に関しては、それらに大きな欠落のあることに気づいた。そこで氏はフランスの批評家たちに、日本美術に関するより正確な資料を提供しようと決心したのである。それまでに、浮世絵の歴史を見事に例証できるような代表的で貴重な作品を蒐集してきたのと同様に、氏は日本の資料のみで構成された、浮世絵の主な流派についての歴史資料の蒐集を始めた。

日本語を学んでいた氏にとって、日本語資料の翻訳はさして難問ではなかった。むしろ日本語資料そのものに見出される矛盾や混乱の整理に、より多くの時間がかかった。しかし、もっと大きな障害は、思いどおりの書物を刊行するには莫大な資金を必要とし、フランスの出版社がそのようなリスクを冒そうとしないことにあった。コレクションの売却をしなければ刊行の費用は賄えなかったのだ。このような事情で、この書物とコレクションが公にされることになったのである。一九〇〇年のパリ万博以来多くの売立てがあったが、これだけの量の日本の絵画、版画が売立てられるのは初めてである。

次に、雪舟から浮世絵肉筆画までの、コレクションの内容が紹介されている。そしてさらに、アルセーヌ・アレクサンドルの序文の最終段落には、『日本絵師の伝記・目録』が、「その内容においても、外観においても、また、斬新な多くの解説、ありとあらゆる出来事、名前、年代決定、解釈についての豊富な知識、どれを取ってみても全く桁外れな書物」であると紹介されている。

著者の「はしがき」(6)

第一巻には、序文に続けて、三頁にわたって著者自身の「はしがき」(Avant-propos)が付けられている。この「はしがき」を読むと、『日本絵師の伝記・目録』中の資料部分(絵師の伝記と註)の出典が、次の三種の日本語の文献であったことがわかる。

A　狩野寿信編纂『本朝画家人名辞書』上下(小中邨清矩題歌、黒川真頼序文、古筆了悦校閲、明治二十六年)

B　樋口文山編纂『日本美術画家人名詳伝』上下(河村貞山題辞、明治二十五年)

C　本間光則編纂『増補浮世絵類考』（明治二十二年）（新版、明治二十三年）

「はしがき」によれば、絵師に関する情報は、資料A、B、Cを「可能なかぎり直訳し、重複部分のみを除いてまとめたもの」であり、その際「最新の資料であり、最も明快で、言及されている絵師の数も多い、Aを基本にして、B、Cから詳細を加味した」となっている。そして、「三種類の文献に載っている情報が互いに異なっている箇所もそのまま翻訳した」とあるように、日本語の原典に見られる年代決定その他の矛盾と、さらに、日本語の発音をアルファベットで表記するときの問題点が細かに記されていて、「翻訳者」バルブトーが悪戦苦闘したことが語られている。アルファベット表記に関しては、Mata-bè-é と Mata-heï（岩佐又兵衛と大津又平）が混同されてきたことが一例としてあげられており、それまでにフランスで出版された、浮世絵についての文献に見られる誤謬の一つとして指摘されている。次に、コレクションの内容に関しては、このコレクションには仏画が収められていないこと、中国伝来の流派、雪舟、相阿弥から始まること、そして土佐派、最大の流派である狩野派、曾我直庵の曾我派、等伯の長谷川派、光悦、宗達、光琳の琳派、応挙の円山派とつづき、浮世絵については岩佐又兵衛を始祖として、菱川師宣、英一蝶、宮川長春、西川祐信、堤等琳、鳥山石燕から始まる各派と、どの流派にも属さない絵師たちにもふれることが述べられている。さらに、「著者の役割はあくまでも、細心の注意を怠らない翻訳者・編纂者の役割であって、この極東の美術を愛する人々に日本の絵師、彫師についての日本人の見解をそのまま伝えることができれば興味深いと考えた」という注目すべきコメントが記されている。「はしがき」の末尾には、恒例に従って、出版に際して協力を仰いだ人々への謝意が書かれているが、日本人では、狩野友信と金光正男の名前があげられているのに、フランス人の協力者が名前を出すことを固辞したことが記されていて、「はしがき」執筆時から何らかの確執のあったことを行間に読みとることができる。

第二巻には、タイトル・ページの前に、バルブトー・コレクションの売立てに関する案内が挿入されている。詳細は後述するが、売立てはオテル・ドゥルオで六月三日から行われた。この売立ての競売吏はP・シュヴァリエ、鑑定人はS・ビングであった。

さらに、第二巻末尾には、詳細な浮世絵師の流派一覧表（Tableaux synoptiques）が付けられている。そこにあげられているのは、菱川師宣、英一蝶、宮川長春、鳥山石燕、堤等琳、そして月岡雪鼎に始まる各流派の子弟関係を含む系図である。

以上の情報からわかったことは、『日本絵師の伝記・目録』が、明治二十年代に日本で出版された日本絵画史、日本人絵師の伝記、系図などに関する複数の刊行物をフランス語に翻訳・抜粋した資料に加えて、総点数一一六七点のバルブトー・コレクションの目録と図版、そして、そのコレクションのオークション情報を総合した出版物だということである。資料部分に関して補足すると、翻訳された日本語原典のうち浮世絵に特化した情報について、本間光則編纂『増補浮世絵類考』が選択されたのはやむをえない事情であったらしい。というのは、この時点においては、浮世絵に関する日本語の文献は数が少なく、ほとんど選択の余地はなかったようである。(7) そしてこの仏語訳された資料部分が、一九〇四年以前にフランスで刊行された、おそらくは著名人の著書も含まれる、日本美術関連の著作中のいくつかの誤りを指摘することになったらしい。この点は、フランス人協力者が名前を出すことをためらった理由の一つではないだろうか。

グロッセの書簡

さて、『日本絵師の伝記・目録』の刊行は一九〇四年四月三十日となっていた。そしてバルブトー・コレクション売立ての日程は、ビングの店での下見会が五月十八日から、そしてオテル・ドゥルオでの売立ては六月三日からとなっているが、下見会の前に、『日本絵師の伝記・目録』を入手したあるドイツのコレクターの反応が、同時代人の証言として残っている。一九〇四年五月十三日にドイツのフライブルクから、パリの林忠正に宛てられた、林忠正の友人でコレクターのエルンスト・グロッセの書簡である。(8)

今日ビング氏から、六月にオテル・ドゥルオで売立て予定のピエール・バルブトー・コレクションの目録が送られてきました。日本の掛物と屏風絵のみが収められた、とても分厚いものです。私はこのコレクションをまったく知りませんでしたし、それが話題になるのを耳にしたこともありませんでした。目録には多数の複製画が付けられていますが、無論私にはここでその芸術的価値、特に絵画の真贋について意見を述べることはできません。貴方もおそらく同時にこの目録を受け取られたことでしょう。お差し支えなければこのコレクションの質についての情報を教えていただければ幸甚です。貴方からのすべての情報を極秘扱いいたすことは、確約いたします。とりわけ、このピエール・バルブトー氏とは一体何者なのですか？　それに、どのようにして彼はこのように大量の、いわゆる、セッシン[9]、光琳、松花堂等を入手できたのでしょうか？　この量だけでもコレクションの質は疑わしいと言わざるを得ません。しかし写真で判断するのはおそらく軽率でしょう。さらに、この巻には歴史に関して驚くべき説明がいくつかみられます。例えば、乾山の父親が織物職人であった（三七頁参照）などというのは真実なのでしょうか？

このようにグロッセは書簡のなかで、バルブトー・コレクションに対してあからさまな疑念を表明している。林忠正の返信がどのような内容のものであったかはわからない。これからの検証を待つ必要のある真贋問題を保留すると、この書簡には三つの疑問が提示されている。まず、「バルブトーとは何者なのか？」という最初の疑問。この疑問についてはこれまで、答えに辿り着くための手がかりのような資料、公的証書類をいくつか紹介してきた。コレクションの入手方法についての二つ目の疑問には、回答にはほど遠いが、初期のコレクション入手状況の一端を前章で垣間見ることができた。ここでは、グロッセの三つ目で最後の疑問である、乾山の父親の職業（織物職人

tisserand）について、『日本絵師の伝記・目録』にどのような記述があるのかを読み、日本語資料の底本ではどうなっているかを調べてみたい。なぜなら、この第三の疑問に答えることは、バルブトー訳「絵師の伝記」の信憑性を推しはかることにもなるからである。そのためにまず、『日本絵師の伝記・目録』中の「尾形乾山」の項（書簡中で指摘されている参照頁、第一巻三七頁）および、光琳と乾山の父「尾形宗謙」についてのバルブトー訳の記述を読んでみる。

O-GATA KËN-ZAN 1662 (sic)-1743

Fils du tisserand devenu peintre O-gata So-kën, et frère aîné de Ko-rïn (1), il se nommait personellement Shïn-seï; Kën-zan ne fut qu'un des nombreux surnoms qu'il porta. Cet artiste, qui avait appris de son frère Ko-rïn les éléments de la peinture, posséda un talent admirable en même temps que très personnel. Il étudia la poésie avec Hiro-sawa Tcho-ko, et devint un poète très distingué. Aussi trouve-t-on dans son œuvre de nombreuses pièces (dessins ou céramiques), non seulement peintes de sa main, mais encore accompagnées d'une poésie composée et écrite par lui. Il fut par-dessus tout un merveilleux céramiste. Les objets modelés et décorés par Kën-zan sont toujours marqués au coin du goût le plus délicat. Toutes les poteries qu'il exécuta, particulièrement les objets destinés à la cérémonie du "tcha-no-you", sont extrêmement recherchées par les amateurs. À un âge déjà mûr, Kën-zan vint se fixer à Yé-do. Ce fut là qu'il s'éteignit, à 81 ans le 2e jour du 6^{e}

mois de la 3e année de Kwan-ho (juillet 1743).[10]

(1) Certains auteurs prétendent qu'il était le frère cadet de Ko-rïn, mais le plus grand nombre assure qu'il était l'aîné. Nous nous rangeons à l'avis de la majorité.

右記のように原註（1）には、当時の多数派の意見では、乾山は光琳の「弟」ではなく「兄」ということになっていた、と記されている。この原註に関しては、『本朝画家人名辞書』（以下、資料Aと略記する）では、乾山は光琳の「弟」となっているが、『日本美術画家人名詳伝』（以下、資料Bと略記する）「乾山」の項には、「宗謙ノ季子ニテ光琳ノ弟ナリ或ハ云フ光琳ノ兄ナリト何レカ未詳」[11]とあって、それが多数意見だったかどうかは不明だが、明治二十年代の日本語の文献に、乾山「兄」説のあったことは確認できた。したがって、当時の文献に則っているバルブトー訳を一概に誤りと断定することはできないであろう。

次に、バルブトーが主として参照した資料A「乾山」の項をあげる。

尾形乾山名ハ惟充權平ト稱シ深省ト號ス別ニ尙古、習靜堂紫翠靈海陶隱等ノ號アリ嘗テ京都皇城ノ西北鳴瀧村ニ住セシヲ以テ乾山ノ號アリ畫法ヲ兄光琳ニ學ヒ多ク自賛畫ヲ作ル筆力輕淡ニシテ雅韻多シ又巧ニ陶器ヲ製ス其構造頗ル雅趣アリ茶家皆之ヲ珍愛ス其陶器ニハ常ニ自ラ畫ヲ施シ或ハ款ヲ爲スモノアリ或ハ單ニ印ノミヲ用ユルモノアリ後江戸ニ來リ入谷里ニ住シ又陶

器ヲ捏造シ嘗テ藤村傭軒ト交リ點茶ノ法ヲ學ヘリ寛保三年四月六日歿ス年八十一下谷善養寺ニ葬ル[12]

このように、「乾山」については、バルブトー訳が概略を資料Aに基づいていることは間違いなさそうだが、若干の相違点はある。例えば、原註（1）の「兄弟」問題は別としても、乾山の死亡年は一致しているが、死亡月日がなぜか異なっている。なお、資料Bには乾山の死亡月日は記されておらず、『増補浮世絵類考』（以下、資料Cと略記する）には乾山の項目はない。

さて、グロッセ書簡の第三の疑問、光琳と乾山の父「尾形宗謙」に戻るためには、「光琳」の項の脚註「宗謙」についての記述を読む必要がある。

O-gata était le nom de famille de ce peintre qui porta encore les noms ou surnoms de So-kën, Shiou-mé, Sô-hô etc.. D'abord tisserand, employé dans une grande fabrique de soieries, appartenant à un membre de la famille impériale, So-kën se sentit, à un certain moment, attiré vers la peinture. Il entra alors chez So-shïn, dont il étudia les principes. On sait qu'il est mort durant la 4e année de Teï-kyo (1687), à l'âge de 67 ans.[13]

この脚註は、次にあげる資料A「宗謙」の項目におよそ合致する。

宗謙　尾形主馬名ハ宗甫字子柏宗謙又洗齋ト號ス東福門院ノ呉服織タリ畫法ヲ兒島宗眞ニ學ヘリ貞享四年歿ス年六十七宗謙ハ光琳ノ父ナリ(14)

以上をまとめると、グロッセの第三の疑問への回答は次のようになる。書簡で問題とされた"tisserand"(織物職人)という語は、資料A「宗謙」についての記述「東福門院ノ呉服織タリ」のフランス語訳の一部分だったのではないだろうか。この部分がO-GATA KËN-ZAN の項の本文冒頭に挿入されたために"tisserand"という語彙が、O-GATA KO-RÏN の項の脚註にある「宗謙」についての解説から切りはなされて目を惹き、グロッセが疑問を感じたのではないか、と推測できる。"tisserand"は最も適切な語彙の選択ではなかったかもしれないし、KËN-ZAN の項のこの部分のみをとりあげてみると説明不足でもあった。しかし、KO-RÏN の項の脚註も合わせ読めば、バルブトーの誤訳とは言えないであろう。

カタログという書物

ここまで、同時代人の率直な疑問に少しでも答えようと試みながら、この大部の出版物のごく一部分を、いわば虫メガネで観察してきた。バルブトー著・訳『日本絵師の伝記・目録』は、分類の困難な刊行物である。多様でしかもあまりにも多くの情報が一つの出版物の形態を成しており、しかもそれらの情報が密に絡み合っていて、解きほぐすのは簡単ではない。しかし少なくとも、つい目を奪われてしまう売立てのための「目録・図版」部分と、地味な仕事の集積である翻訳資料「絵師の伝記」部分は一旦分けて考察する必要があるだろう。もしも、後者の部分、つまり日本語資料の翻訳が翻訳として、目録や大量の図版とは別に出版されていたなら、批判にさらされるリスクも少なかったかもしれないし、批判を受けたとしても、著者・翻訳者が生没年すら簡単にはわからないほどに無視され、葬り去られることにはならなかったのではないだろうか。さらに、当時のパリにおける日本美術「コレクターズクラブ」[15]のメンバーではなかった（多分メンバーになることを許されなかった）、無名で庶民階層出身の蒐集家が突然出版した（少なくともそのような印象を与えた）豪華な大型本であったために、「コレクターズクラブ」のメンバーである蒐集家たちの嫉妬心を刺激してしまった可能性もある。図版の多い豪華本であったことから必然的に部数も限定され、流布しにくかったことも、資料としての価値を世に問うためには不利な条件であったと考えられる。書物の「物」としての側面は希少性で価値を増すかもしれないが、その書物のなかの情報が価値をもつためには、ある程度以上コピーされること、つまり流布が必要だからである。一方、「美術カタログ」の歴史という視点から見ると、個人コレクションの売立てカタログでもある『日本絵師の伝記・目録』が、日本語資料の翻訳情報を内蔵した少々秩序に欠ける印象を与える書物となっているのは、「美術カタログ」というジャンルそのものが十九世紀カタログのインデックス性を残しながら二十世紀に入って、序文・論文・図版を加えて再構成された書物（一種の研究書）に変貌してゆく過渡期の産物であったことも一因と考えられる。[16]

筆者が検証したのは、すでに述べたように翻訳資料部分のほんの一部分にすぎない。たしかに、種々の矛盾や間違い、表記の不統一もあるようだ。全般的な評価については、専門家による詳しい検証を待ちたいが、脚註に別の文献の異なる意見を丹念に記すなど、決して要領が良いとは言えないが、詳細で真摯な日本語資料の翻訳・編集・校合なのではないか、という印象を筆者はもっている。『日本絵師の伝記・目録』が刊行されたのは一九〇四年であるが、「絵師の伝記」の翻訳は一八九七年にはすでに終わっており、諸事情のために出版が遅れたとのことである。[17]バルブトーが一八九〇年代後半に浮世絵師の伝記翻訳作業をしていたことは、前章で読んだ織田萬の証言からも知ることができた。もちろんこの年代以前に英語、ドイツ語、フランス語で出版された、日本美術、浮世絵関連の刊行物は少なくない。しかし、著者が複数の日本語文献を底本にして、「翻訳と日本人の見解の紹介に徹する」と明言したものは稀であろうし、このように、一八八九年（『増補浮世絵類考』初版刊行）から一八九三年（『本朝画家人名辞書』刊行）にかけて出版された複数の日本語の文献が編集・校合されて、一八九七年にはすでにフランス語に訳されていたとするならば、この時代に日本から発信された文化情報としては、伝播の速度としても、密度としても、記録に残しておく価値はあるのではないだろうか。

「写楽」情報

とくに、『日本絵師の伝記・目録』中の写楽についての日本語文献のフランス語訳はその図版とともに、主としてユリウス・クルトを通じて大きな影響があった。「役者版下絵」に関する部分[18]を除いて考えたとしても、この時代には日本にも少なかった「写楽」情報をフランス語で提供することで、一九一〇年に初版の出版されたクルトの『写楽』に資料面でかなりの影響を与えたことは否定できない。バルブトーが多くの箇所で言及されているうえに、クルトのあげている写楽関連資料の最初の三つはそっくりそのままバルブトー訳『日本絵師の伝記・目録』の底本となった資料ABCなのである。[19]そして、クルトの『写楽』が日本人の浮世絵研究のきっかけの一つとなったことはよく知られている。最近では、クルトはその著書によって『日本美術の発見者たち[20]』の一人として再び注目をあびているが、ピエール・バルブトーも、蒐集家として、また資料の翻訳者・紹介者として、クルト以前のかくれた「日本美術の発見者」の一人だったことは確かであろう。

以下に、バルブトー訳「写楽」の項と、底本となった日本の文献三種類それぞれの「写楽」の項をあげておく。

SHA-RAKOU (Commencement du XIXe siècle [sic])

Il a porté le surnom de To-shiou-saï, peut-être aussi ceux de Ka-bou-ki-do et de To-shiou-wo, et les noms vulgaires de Saï-tô et de Jiou-ro-bè-é. Après avoir été danseur de “no” chez un seigneur de la province de A-wa, il vint demeurer à Yé-do, dans la rue Hat-tcho bori. On ignore de qui Sha-rakou reçut des leçons de dessin; mais on sait qu'il était arrivé à traduire les physionomies d'acteurs avec une ressemblance telle qu'elle fut jugée trop exacte et que cela l'empêcha de gagner la faveur du public. Aussi n'a-t-il guère produit que pendant une année. On sait que Sha-rakou vivait vers le "nën-go" Boun-seï (1818-1829).[21]

A　寫樂　齋藤寫樂通稱ヲ十郎兵衛ト稱ス別ニ東洲又東周齋ト號ス江戸八丁堀ニ住シ專ラ俳優ヲ畫キ歌舞妓堂ト號ス其技甚ダ巧ナラズ不年ニシテ畫技ヲ廢セリ文政頃[22]

B　寫樂　東周齋ト號ス一ニ東洲齋ニ作ル江戸八丁堀ニ住ス歌舞妓役者ノ似顔ヲ畫クヲ以テ業トス然レドモ其技巧ナラズ一兩年ニシテ廢止ス[23]

C　寫樂齋　俗稱齋藤十郎兵衛、八丁堀に住す。阿州侯の能役者也。これは歌舞妓役者の似顔をうつせしが、あまり眞を畫かんとてあらぬさまにかきなせし故、長く世に行はれず一兩年に而止ム。回り雲母を摺たるもの多し、俗に雲母繪と云[24]。

バルブトー訳中の最後の部分で、写楽が年号「文政頃」の絵師とされている点については、クルトも『写楽』補遺のなかで「バルブトーのミス?」と指摘しているように[25]、「文政」ではなく「寛政」年間（一七九四―九五年頃）を写楽の作画期間とみなす説が定説となっている。しかし資料Aの末尾には「文政頃」という記述があり、バルブトーはこの記述にもとづいて訳したと考えられる。項目「写楽」に続けてカッコ内に「十九世紀冒頭」とあるのも同じ理由であろう。写楽の号の一つ"To-shiou-wo"（東洲翁）という記述は、資料ABCにはなく、資料Cの「あらぬさまにかきなせし故」をどう解釈するかは議論の余地があるようだが[26]、その他の情報に関してはおよそ日本語資料のどれかに記されていることがわかった。なお、資料Cの「雲母繪」についての記述は、SHA-RAKOUの項目の脚註に訳出されている[27]。

コレクション売立て

これまで見てきた『日本絵師の伝記・目録』全二巻に記載されている一一六七点のコレクションの売立ては、どのように推移したのか。

『日本絵師の伝記・目録』に挿入されている、売立てに関する情報は次のようなものである[28]。

『P・バルブトー・コレクション　日本の絵画、版画、および工芸品』
競売開催日・会場　六月三日より複数日続行、オテル・ドゥルオ八号会場
競売吏（Commissaire-Priseur）　P・シュヴァリエ、グランジュ＝バトリエール街十番

鑑定人（Expert）　S・ビング、プロヴァンス街二十二番
下見会　S・ビング画廊、五月十八日―二十九日、オテル・ドゥルオ、六月一日
公開下見会　オテル・ドゥルオ、六月二日、七号・八号会場、二時―六時、パリ、一九〇四

バルブトー・コレクションの売立ては、一九〇四年六月三日からパリ公営競売場オテル・ドゥルオで行われた。売立てに先立って、五月十八日から二十九日までの間、ビングの店で下見会が催されている。なお、この売立ての競売吏はP・シュヴァリエ、鑑定人はS・ビングとなっている。シュヴァリエとビングという顔ぶれは、二年前の一九〇二年から行われた林忠正コレクションの売立てとまったく同じ組合せであった。

一九〇四年のバルブトー・コレクション売立ての総売上げについては、二つの記録が残されている。国立美術史研究所（INHA）図書館所蔵の『日本絵師の伝記・目録』第二巻の最終頁に手書きで書き込まれた数字と（図26）、ドゥルオ資料室（Drouot Documentation）のバルブトー・コレクション売立て目録（絵師の伝記や図版の付いていない小型のコレクション目録）の最終頁に書記の書き込んだ数字である（図27）。なお、ドゥルオ資料室小型目録の記載点数は一一六四点となっていて『日本絵師の伝記・目録』より三点少ない。しかし総売上げに関しては二つの記録は一致していて、“90. 799”となっている。一九〇四年当時の九万〇七九九フランス・フランを二〇〇一年の物価に換算してみると、およそ二八万五三四九ユーロになる。[29] これ自体かなりの額ではあるが、売立ての

規模が桁違いに異なっていたわけではないのに、一八九七年のゴンクール・コレクションの売上げ「一三五万フラン」、一九〇二年の林忠正コレクション（「浮世絵部門」のみ）の売上げ「二一二万九〇〇〇フラン」、そしてバルブトー・コレクション売立てと同年の一九〇四年に行われたジロー・コレクションの売上げ「八二万七〇〇〇フラン」[30]と比べてみると、遠く及ばない低い数字である。

ＩＮＨＡ所蔵の『日本絵師の伝記・目録』にも、ドゥルオ資料室の小型目録にも同様に、通し番号の左欄外や右欄外に、評価額とその品の購入者名が手書きで記入されている。判読困難な名前も多いが、何度も記入されている購入者名としては、Vever, Vignier, Yamanaka その他 Christmas, Cosson, Fischer, Fleury, Langweil, Marteau, Raymond, Vilmorin, そして Gosse とも Gonse とも読める名前もある。しかし、目立って記入回数の多いのは Bing である。"Bing" はドゥルオ資料室の小型目録では、"B" と略されてい

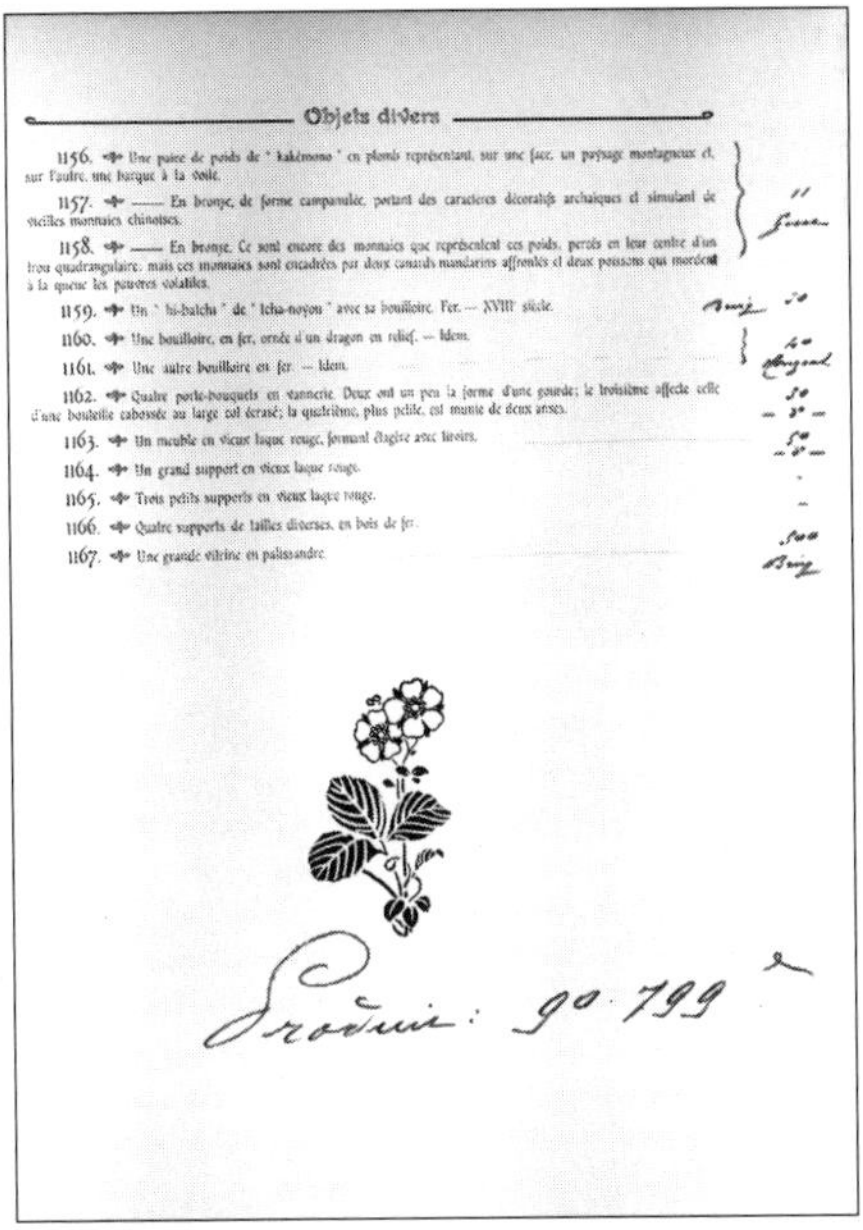
Objets divers

1156. Une paire de poids de " kakémono " en plomb représentant, sur une face, un paysage montagneux et, sur l'autre, une barque à la voile.

1157. —— En bronze, de forme campanulée, portant des caractères décoratifs archaïques et simulant de vieilles monnaies chinoises.

1158. —— En bronze. Ce sont encore des monnaies que représentent ces poids, percés en leur centre d'un trou quadrangulaire, mais ces monnaies sont encadrées par deux canards mandarins affrontés et deux poissons qui mordent à la queue les pauvres volatiles.

1159. Un " hi-batchi " de " Icha-noyou " avec sa bouilloire. Fer. — XVIII siècle.

1160. Une bouilloire, en fer, ornée d'un dragon en relief. — Idem.

1161. Une autre bouilloire en fer. — Idem.

1162. Quatre porte-bouquets en vannerie. Deux ont un peu la forme d'une gourde; le troisième affecte celle d'une bouteille cabossée au large col écrasé; la quatrième, plus petite, est munie de deux anses.

1163. Un meuble en vieux laque rouge, formant étagère avec tiroirs.

1164. Un grand support en vieux laque rouge.

1165. Trois petits supports en vieux laque rouge.

1166. Quatre supports de tailles diverses, en bois de fer.

1167. Une grande vitrine en palissandre.

26『日本絵師の伝記——ピエール・バルブトー・コレクション所蔵作品による』1904年、第2巻（p.85）（INHA）

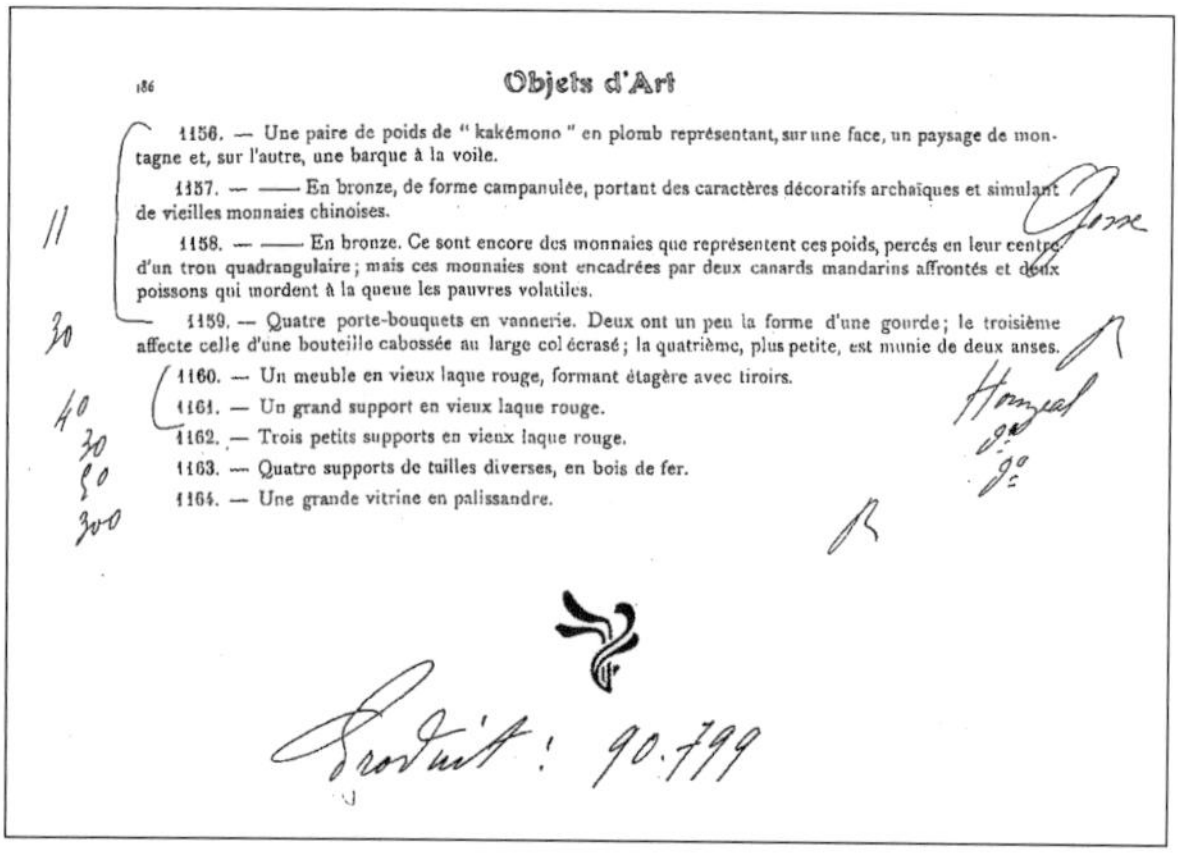
186

Objets d'Art

1156. — Une paire de poids de " kakémono " en plomb représentant, sur une face, un paysage de montagne et, sur l'autre, une barque à la voile.

1157. — —— En bronze, de forme campanulée, portant des caractères décoratifs archaïques et simulant de vieilles monnaies chinoises.

1158. — —— En bronze. Ce sont encore des monnaies que représentent ces poids, percés en leur centre d'un trou quadrangulaire ; mais ces monnaies sont encadrées par deux canards mandarins affrontés et deux poissons qui mordent à la queue les pauvres volatiles.

1159. — Quatre porte-bouquets en vannerie. Deux ont un peu la forme d'une gourde ; le troisième affecte celle d'une bouteille cabossée au large col écrasé ; la quatrième, plus petite, est munie de deux anses.

1160. — Un meuble en vieux laque rouge, formant étagère avec tiroirs.

1161. — Un grand support en vieux laque rouge.

1162. — Trois petits supports en vieux laque rouge.

1163. — Quatre supports de tailles diverses, en bois de fer.

1164. — Une grande vitrine en palissandre.

27『バルブトー・コレクション』1904年、小型売立て目録（p.186）（ドゥルオ資料室）

るようだ。ビングはこの売立ての鑑定人であったから、実際の購入者だったのか、名前を出さない購入者の代理なのか、それとも買い手がつかず、買い戻しの品も“Bing”あるいは“B”と記されたのか判然としない[31]“B-Vignier”“Cosson-B”という記載も見られる。ところが一九〇四年当時、ビングはすでにかなり体調を崩しており[32]、一九〇五年には亡くなって、翌一九〇六年には彼自身のコレクションの売立てが行われている[33]。バルブトー・コレクション売立ての鑑定人という重要な役割を果たした人物がこのような状態にあったことは、この売立てに何らかの影響を与えなかったとは考えにくい。ともかく結果として、一九〇四年のバルブトー・コレクション売立ては「惨憺たる状況だった」と、一九〇五年にアムステルダムで行われた第二回目のバルブトー・コレクション売立ての目録には記されている[34]。

遅すぎたタイミング

一九〇四年のバルブトー・コレクション売立てが「惨憺たる」結果に終わったのには、他にも多くの原因があったにちがいない。たとえば、業界で知られていないコレクターの売立てであったが故の胡散臭さ、有名人の著作の誤りを指摘することになった「絵師の伝記」部分の記述、あるいは真贋問題の懸念を与えた売立て品、等々。しかし、この頃に行われた日本美術の売立てに共通して言えることではあるが、日露戦争開戦の年というタイミングは遅すぎたきらいがある。西欧人の視点から見て、日本は、日清・日露戦争の勝利を期に、もはや「幻想の異国」ではなくなり、文化的魅力を失いつつある時代に入っていたからである。[35] 近年、「文化力」とか「第三次ジャポニスム時代」というネーミングを目にすることがある。[36]「文化力」とは、もしかしたら「におい（匂・臭）」のようなものから醸成されるエネルギーかもしれない。軍事力、政治力、経済力といったリアルなエネルギーが火力となって、その火のうえにかけられた釜を熱している。釜のなかには、それらの力のバックボーンでもあり、その国が歴史の中で熟成してきた「文化」が、ぐつぐつと煮詰まって「におい」を放つ、そんな情景を思い描いてしまう。すべての国や地域がそれぞれの「におい」を放っていて、それらは混じり合うが、リアルなエネルギーの火力が強ければ強いほど「におい」はきつくなる。当然その「におい」には強烈な癖があって、それを嗅ぐ側の人々のおかれている社会的環境や心理状態、個性次第で芳香ともなり、悪臭ともなる。「新鮮な良いにおい」と感じる人が多ければ「におい」の源の文化は魅力的な輸出品となって、「文化」が「文化力」となるかもしれないが、もともとが外来の「におい」だから、比較的短期間で飽きられてしまう。あるいは、その地の「におい」と混じって溶け込んでしまう。ときには、輸出された「におい」が、そんなふうに調香されて古里に戻ってきて流行ったりもする。しかし、その地の「におい」に溶け込んでしまったら、そこではもう「流行」とはいえない。ともかく、一九〇四年の頃、(第一次?)ジャポニスムは当初の勢いを失いつつあった。「におい」の一部分はその地に溶け込み、一部分は飽きられ、一部分は火力の強さに悪臭と感じられ……そんな風が吹いていたのだろう。バルブトー・コレクションの売立てはこの後、一九〇五年、〇八年、一〇年、一一年と少なくとも四回は行われている。一九〇五年以降については章を改めるが、時代の逆風のなかでこれらの売立てを越えて、蒐集家バルブトーの情熱は、一九一四年に出版されて未完に終わる『日本浮世絵師』へと収斂してゆく。

第4章　度重なるコレクション売立て——一九〇五—一一年

前章で述べたように、一九〇四年は、著作・翻訳でもありコレクション目録でもある書物の出版とコレクション売立てによって、ピエール・バルブトーの生涯の大きな岐路となる年であった。日本美術の蒐集家そして明治時代の欧文草双紙のプロデューサーとしての一八九〇年代のプロフィールに、『本朝画家人名辞書』『増補浮世絵類考』など、日本語文献の翻訳者・紹介者としての横顔が重ね合わされることで、全体像がおぼろげながら浮かび上がってきた。本章では、一九〇五年以降数回にわたって行われたコレクションの売立てとそれらの売立てをめぐる同時代人の証言を中心に書きとめてみる。

一九〇五（明治三十八）年　コレクション売立て

一九〇五年のバルブトー・コレクションの売立ては、フランスではなくオランダで行われている。

アムステルダムでの売立てに際して刊行された出版物は、少なくとも次のA、B二種類がある。

A『日本絵師の伝記——ピエール・バルブトーコレクション所蔵作品による』第一巻「絵画」、第二巻「版画および工芸品」、アムステルダム、R・W・P・デ・フリース、一九〇五[1]

これは、前章で詳しく紹介した一九〇四年にパリで出版された版『日本絵師の伝記・目録』とまったく同型のボリュームのある二巻本である。一九〇四年パリ版と一九〇五年アムステルダム版の相違点としては、タイトル・ページ下部の表記が"A Paris / Chez S. Bing / 22, rue de Provence / 19, rue Chauchat / Chez l'Auteur / 70, rue Saint-Louis-En-l'Ile / MCMIV"から"Amsterdam / R.W.P. De Vries / MCMV"に変更されていること、そして、両版ともG・オリオールによる表紙の、(百年を経過して色褪せたせいか)渋いオリーブがかった色合の地に草花の浮き出し模様という日本趣味のデザインは同じであるが、一九〇四年の版はそこに"Collection / Pierre Barboutau / Paris / MCMIV"の表記があったのに対して、アムステルダム版の表紙にはタイトルが何もつけられていないこと、の二ヶ所をあげることができる。以上二ヶ所の相違点を除くと内容は一九〇四年のパリ版と同一なのでこの刊行物についての詳細は省くが、後述するB小型目録巻末に付けられた広告によれば[2]、一九〇五年アムステルダム版は、新たにオランダでデ・フリース社から刊行されたものである。ナンバー入りの版が五百部、和紙に刷られた図版入りで、オランダのヴァン・ヘルデル紙のデラックス版が十五部限定で出版されている。さらにこの広告では、『日本絵師の伝記・目録』が図版の多い豪華な出版物であることとともに、「日本に長く滞在し日本語に堪能な著者が、日本人の最良の著作に基づいて日本の芸術家の歴史を書き、多くの註をつけているので、読者はこれまで知られていなかった日本の一面を知ることができる」等、この書物の資料面の充実ぶりが強調されている。つまり、一九〇五年アムステルダムの売立ての時には、この刊行物の出版理由が、一九〇四年パリでのバルブトー・コレクション売立て時とは少し変化して、売立てを成功させる目的で情報を発信するためというよりも、日本の絵画芸術に関する一つの資料を出版するという意味合いの濃いものとなっていたようである。

B小型目録(3)（図28）

『日本の芸術　絵画、デッサン、版画　バルブトー・コレクション』

競売開催日・会場　一九〇五年十一月六日、七日、八日、オテル・デ・ブラッケ・フロント、R・W・P・デ・フリース（R・W・P・デ・フリース、Dr. A・G・C・デ・フリース）、シンゲル街一四六番、アムステルダム

前出A『日本絵師の伝記・目録』アムステルダム版に比べるとはるかに小型（縦横およそ二十六×十八センチ）の売立て目録であるが、総掲載点数は一〇五九点にのぼる。バルブトー・コレクシ

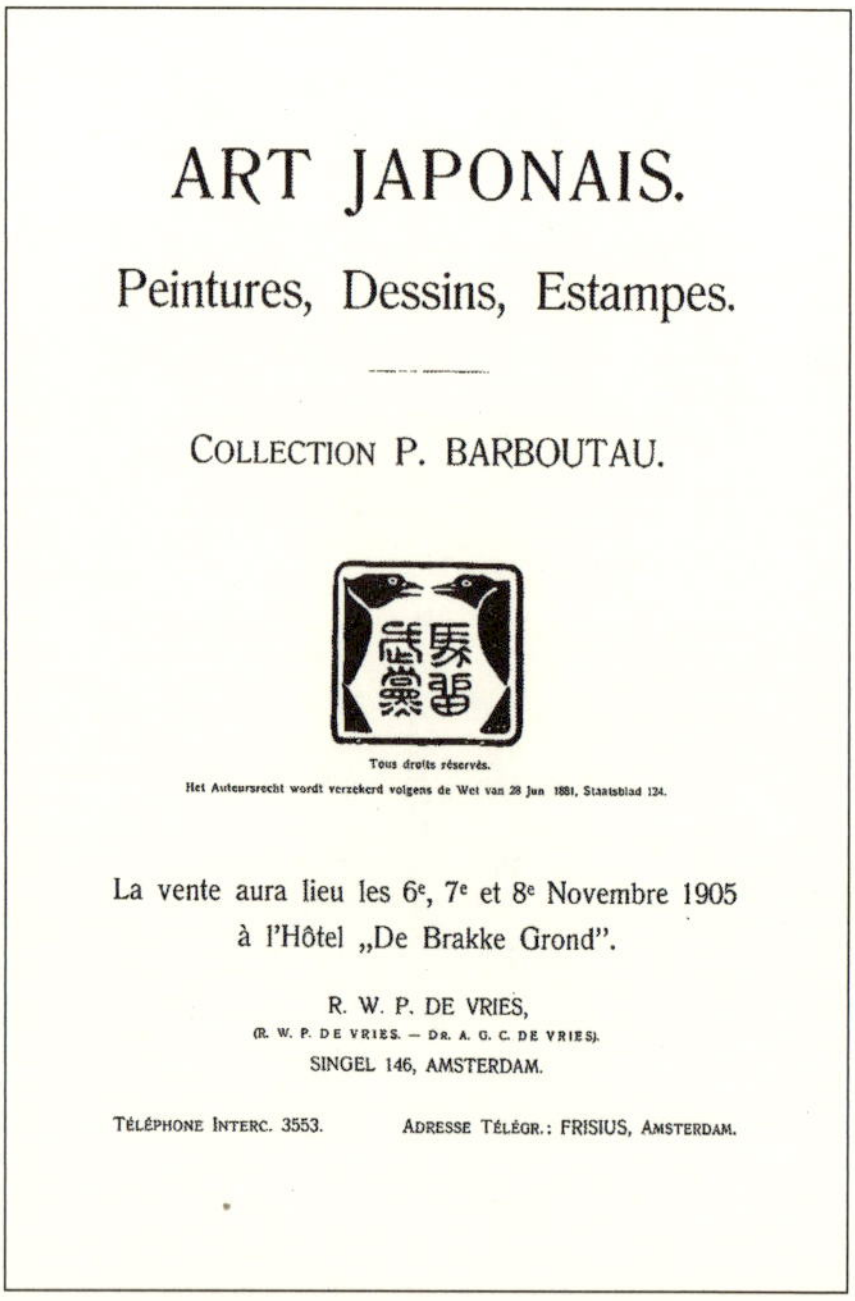
ART JAPONAIS.

Peintures, Dessins, Estampes.

COLLECTION P. BARBOUTAU.

Tous droits réservés.
Het Auteursrecht wordt verzekerd volgens de Wet van 28 Jun 1881, Staatsblad 124.

La vente aura lieu les 6e, 7e et 8e Novembre 1905
à l'Hôtel „De Brakke Grond".

R. W. P. DE VRIES,
(R. W. P. DE VRIES. — DR. A. G. C. DE VRIES).
SINGEL 146, AMSTERDAM.

TÉLÉPHONE INTERC. 3553.　　ADRESSE TÉLÉGR.: FRISIUS, AMSTERDAM.

28『日本の芸術　絵画、デッサン、版画　バルブトー・コレクション』1905年、アムステルダム売立て目録、タイトル・ページ（慶應義塾大学図書館）

ヨンの絵画、デッサン、版画に的をしぼって、絵師十二人以上が流派ごとに分類されていて、図版も四十八枚を数える。絵師の伝記は載せられていないが、Aアムステルダム版の「図版参照のこと」というレファレンスが複数ヶ所に見られる。このように、アムステルダム版はこの売立ての「参考書」の役割も果していたわけである。B小型目録によると、バルブトー・コレクションの売立ては一九〇五年十一月六日、七日、八日に、アムステルダムで行われた。鑑定人は、目録の表紙に「R・W・P・デ・フリース他」と記されている。

デ・フリースの序文

ところで、一九〇四年パリでバルブトー・コレクションの売立てが大失敗に終わったらしいことは、第3章に記したコレクションの、九万〇七九九フランス・フランという「総売上げ」の数字を見ても明らかであったが、その一九〇四年パリのバルブトー・コレクション売立てをめぐる諸般の情勢が、B小型売立て目録冒頭の、A・G・C・デ・フリース博士によって書かれた序文に次のように記されている。[4]

美術愛好家の方々は、バルブトー氏が彼のコレクションの初回売立てをパリで行ったにもかからわず、二回目の売立てをアムステルダムで行うことに、驚かれることだろう。パリでの売立ての惨憺たる状況と、その売立て前に飛びかった中傷誹謗の類を覚えていらっしゃる方々は、コレクションの売立てが今回、(フランスからオランダに)国を変えて催される理由が、そこにあると納得なさっているかもしれない。たしかに、そのような状況も一つの理由ではあるが、バルブトー氏の決断にはさらに多くのわけがある。「預言者故郷に入れられず」という諺がある。まさにこの諺は、ちょっとした企てを試みたために、同邦の人々から手酷いあつかいを受けたこの人のことを語っているにちがいない。

(パリでの)初回売立ての失敗原因がどこにあったかを調べることは、興味深い問題である。我々は、バルブトー氏の著書の序文のなかで、アルセーヌ・アレクサンドル氏がバルブトー・コレクションについて述べている意見を忘れるわけにはゆかない。[5] すなわち、このコレクションは真に日本美術の専門家である人物によって蒐集された、この分野におけるはじめての試みであった、という意見である。

実は、この専門知識こそが、まさに売立て失敗の原因であった。バルブトー氏が通常の蒐集家とはちがう道を歩んだことが許されなかったのは、しごく当然でもあった。あのように多くの既知の考え方や、多くの偶像を破壊するような、さらに言えば、多くの自尊心を傷つけた著作を人々が許せたはずがない。

しかしながら、この人物があれほどの反感を引き起こしたのは当然とは言い難い。熱心かつ良心的で勤勉なこの著者は、その著作を著すことで、ひたすら唯ひとつの考え、唯ひとつの目的しかめざしていなかった。それは、彼をあのように傷つけた人々の役に立つということである。彼の犯した唯ひとつの間違いは、ヨーロッパの人々には、まだよく知られていない日本の芸術に少しの光を当てようとしたことにあった。このような自信過剰が高いものについたのだ。

この蒐集家と彼のコレクションに浴びせられた悪口雑言はよく知られている。我々は売立ての時期に行われた中傷キャンペーンの是非を判断することができるし、大御所たちの発言を覚えている。彼らは、バルブトー氏の書物は注目すべきものであり、著者はこれまで知られていなかった芸術分野に精通していて、専門家だということがわかる、と発言していた。良き使徒であるこれらの方々は、氏の著書がこの分野で著された最初の真摯な著作である、とまで表明している。

しかし、たいへん残念なことに彼らは、バルブトー氏の著作は優れたものであったが、コレクションのオブジェクツの選択は低劣であって、このコレクション所蔵の絵画は、偽物かあるいは質の悪いものである、と付け加えた。このような論理の巧妙さに目をむけていただきたい。彼らは著作をほめながら、著者を断罪しているようなのだ。これら天才的な批評家たちの手際の良さが見られるのはこの点にある。すなわち、コレクションのオブジェクツは著者がその著作を著すために用いた資料であるから、それらの資料が無価値なものなら、著書も価値のないものとなるのは、当然だからである。このようにして、バルブトー氏とその著作はともに滅ぼされたのだ。少々大雑把でルール違反だが、まことに老獪なやり方である。というのも、ちょっと常識的に考えてみれば、もしバルブトー氏が日本人の芸術家たちの作品の質を識別する能力をもっていなければ、当然彼はその批評ができない、ということが解るからである。この論理の綾（ディレンマ）に人々は留意すべきであった。その目で見るまでは信じなかった聖トマスよりは信じ込みやすい多くの人々は、聞いただけで説得されてしまったが、もしも美術愛好家の方々が、これらの立派な言辞に耳を傾けるかわりに、もう少し注意深く作品を観察する労を取っていたならば、事態は変わっていたことだろう。彼らはそれらすべての非難が虚しいことをすぐに確信したにちがいない。しかし、バルブトー氏にも非がある。つまり、美術愛好家の世界の外側で生きてきたという非である。さらに氏は、その仕事に没頭するあまり、少々社交嫌いな傾向があり、ごく少数の人たちとしか付き合っていなかった、ということも指摘しておかなければならない。バルブトー氏は、仲間うちでつくる小さなグループ（コレクターズクラブ）[6]のどれにも属していなかったのである。こうした小さなグループ、派閥こそが現代社会の基盤をなしていて、そこに属していない者は皆、一見して疑わしい目で見られるので、その助けなくしては名を成すことは難しいというのに。

そのうえ、その専門知識のために、バルブトー氏はときに日本の芸術品について、美術愛好家たちから、忌憚のない意見を求められたことがあった。不運なことに彼の鑑定は、常に美術愛好家の期待に沿うようなものとはかぎらなかった。そうした気遣いのなさが恨みをかったこともある。

もう一つつまずきの原因があった。極東から入ってくる品々の売立てに携わる特権をもつ人達の数がいかに限られているか、また、彼らのほとんどがそれらの品々にどんなに執着を持ち、誇りにしているかはよく知られているところである。美術愛好家のもとに出入りしている商人である彼らは、彼らの売った品々の価値を守ることに、道義的にも実質的にも大きな利害をもっている。それ故、それらのコレクションの売立てのときには、公衆の面前で評判を落とさないように、それらの品々を誉め、支持しようとする。それに反して、コレクションがそのような範疇に入らない美術愛好家のときには、事情が異なる。そのようなときには、警戒しなければならない未知の人間についてと同様に、それらの悪口を言うのは自然なことなのであろう。

最後にここでお許しをいただき、次のことを付け加えておきたい。バルブトー氏が、いつかは人々がその価値を理解する日が来ると考えて、手元に残すことにこだわっていた素晴らしい絵画と選りすぐりの版画を売却する地としてオランダを選んだのは、充分に理由のあることである。彼がアムステルダムに来たのは、よく知られていることであるが、オランダが他の国々に先駆けて、日本の人々の生活に関わりをもってきたという事実を思い出したからである。しかも、その関わり方は通商とは異なる目的であり、数多くのオランダ人が西欧の科学と芸術を日本人に手ほどきしてきたのである。

それ故オランダ人が、共通の思考をもち、しかもたえず関係を保持してきた日本の人々の芸術的なレベルの高さをより良く理解できるのは、しごく当然のことである。以上の理由からバルブトー氏は、他の国々ではなくオランダを選んだのである。

我々は、真の目利きの方々（コネスール）がこれらの美しい品々の真価を認め、この素晴らしいコレクションを蒐集し、そのうえ、資料として普遍的に高い価値のある著作を世に出したこの人物の真価を、正当に評価することを期待したい。

この序文の著者A・G・C・デ・フリース博士は、B小型目録のタイトル・ページにも括弧内に小さくその名前が載っている。おそらくは、アムステルダムでの売立ての鑑定人であり目録の出版元でもある、R・W・P・デ・フリースの親族であろうし、彼自身が鑑定人の一人だった可能性もある。いずれにしても、この売立てを主催する立場の人物の書いた序文であるから、バルブトーに関する評価は、冷静かつ批判精神をもって読まなければならない。しかし、一般論として説得力のある部分が見られることは認めてもよいであろう。なお、競売会に関してオランダはイギリス、フランスと比べて歴史も古く先進国であった。(7)

次に、デ・フリースの序文中に描写されている、当時パリで日本美術品の蒐集や売立てに関与していた人々を、パリ在住の留学生として外側から観る機会のあった同時代人、織田萬の証言に耳を傾けたい。(8)

　元來美術には全くの門外漢である私のことだから、委しい事の判かりやうはずはないが、當時浮世繪は頻りに外國人に賞玩され、又その畫風がフランスのあたらしい繪畫にも多大の影響を及ぼしたさうであつて、好事者の間にも畫家の間にも、盛んにもてはやされてあつた。蒐集家としては有名なビングといふ人があつて、藏品の複寫がビング集として出版されてあるのをオデオンの廻廊などで見受けたことを記憶してゐるが、日本古美術を紹介した功勞者としては林忠正さんの名を忘れてはなるまい。林さんは舊大聖寺藩の貢進生として大學南校に學んでゐたが、明治何年かにヴィヤナで開かれた萬國博覧會に、政府派遣事務官の所屬書記生となつて出掛け、それを機會にパリに踏み止まつて、日本古美術品の販賣事業を營んだといふことであつた。私の留學時代には公使館の建物の倍もありさうな大きい立派な店を構へて、えらい景氣であつた。さうして當時廣く讀まれたゴンクールの北齋や廣重の評論は、林さんが書かせたといふ噂であつた。

ピエール・バルブートーが日本美術の愛好者となつたのも、多分かやうな一般の風尚に刺戟されたのであらうが、ビングなどのやうな資産家とは異なつて、謂はゆる小ブールジョアに過ぎなかつたらしく、生活もメートレッスと二人だけの至つて質素な生活をしてゐたので、實際心からの愛好者であつて、單純の道樂ではなく、又一己獨特の鑑識も備はつてゐたやうであり、ビングなどについては、俗物に何がわかるものかと言つたやうな風で、罵倒してゐた。

織田萬の専門は行政法であって、パリで日本の美術品を扱っていた人々とは何ら利害関係のなかった人物であるだけに、細部においては勘違いがあるかもしれないが、かえって客観的な観察かもしれない。この証言からは、当時のパリにおける日本美術品業界の主流派とバルブトーとの間には、簡単には乗り越えることのできない壁のあったことを読みとることができる。その壁のためにバルブトーは、ことをうまく運ぶための初歩的なアドバイスを受けることができなかったのだろう。

デ・フリースの序文にあったバルブトーの「非社交性」、織田萬が書いている資産の多寡の問題に加えて、バルブトーの出身階層も「壁」の構成要素の一つであったと推測できる。社会的な壁である。大工職人の息子であったバルブトーにとっては、デ・フリースの言う“chapelles”「(閉鎖的な)グループ」、つまりこの場合には「コレクターズクラブ」に、簡単に入会を許されるような階層の出身ではない、という現実があったにちがいない。さらに、一九〇四年パリのバルブトー・コレクション売立ての鑑定人であり、売立ての際には、おそらく一番多くの品々を入札した人物であったビングのことを、バルブトーは「罵倒してゐた」という。織田の文章は一八九六年か九七年の頃出来事を回想して書かれたものなので、一九〇四年の売立ての数年前のことになるが、バルブトーは「俗物」と罵倒していた人物を、自分のコレクション売立ての鑑定人にせざるを得なかったということになる。この事実自体がすでに、当時のパリにおける日本古美術品業界の主流派と、「一匹狼」的な存在であったバルブトーとの波乱含みの関係を物語っているのだろう。織田萬が何気なく書きとめたビングについてのバルブトーの辛辣な批判は、注意深く固有名詞を避けて書かれているA・G・C・デ・フリース博士の序文の根拠を、ほんの一部分にせよ具体的に説明している。

一九〇八（明治四十一）年　コレクション売立て

売立て目録(9)

『日本の芸術　P・バルブトー・コレクション　工芸品、版画、絵画、古代裂』

競売会場　オテル・ドゥルオ七号会場、パリ、一九〇八年三月三十一日—四月三日

競売吏（Commissaire-Priseur）　F・レール＝デュブルイユ

鑑定人（Expert）　エルネスト・ルルー

目録掲載点数　一〇七二点

内訳は、一—一七四（工芸品）、一七五—一八八（デッサン）、一八九—九九〇（版画）、九九一—

一〇〇六（古代裂）、一〇〇七—一〇七一（絵画）とあり、一〇七二番の売立て品には、「P・バルブトー著『日本絵師の伝記・目録』和紙摺り版画一一五葉付、オランダ紙に印刷、二部」と説明されている。(10) この解説から、一九〇五年アムステルダムで刊行された『日本絵師の伝記・目録』のうちデラックス版がこの時点ですでに売立て品の一つとなっていたことがわかる。

一九〇八年の売立てに関してはＩＮＨＡ所蔵の目録(11)にいくつかの情報が残されている。通しナンバーの左欄外に、手書きで評価額の書き込まれている品目がある。工芸品は一頁に一つ程度、点数の多い版画には少数にしか評価額の書込みがないのに比べて、古代裂、絵画にはほとんどに書込みがある。残念なことに購入者名はないが、最終頁には、この売立ての総売上げが記されていて、"51.999 francs" と読むことができる（図29）。ちなみに一九〇八年当時の五万一九九九フランス・フ

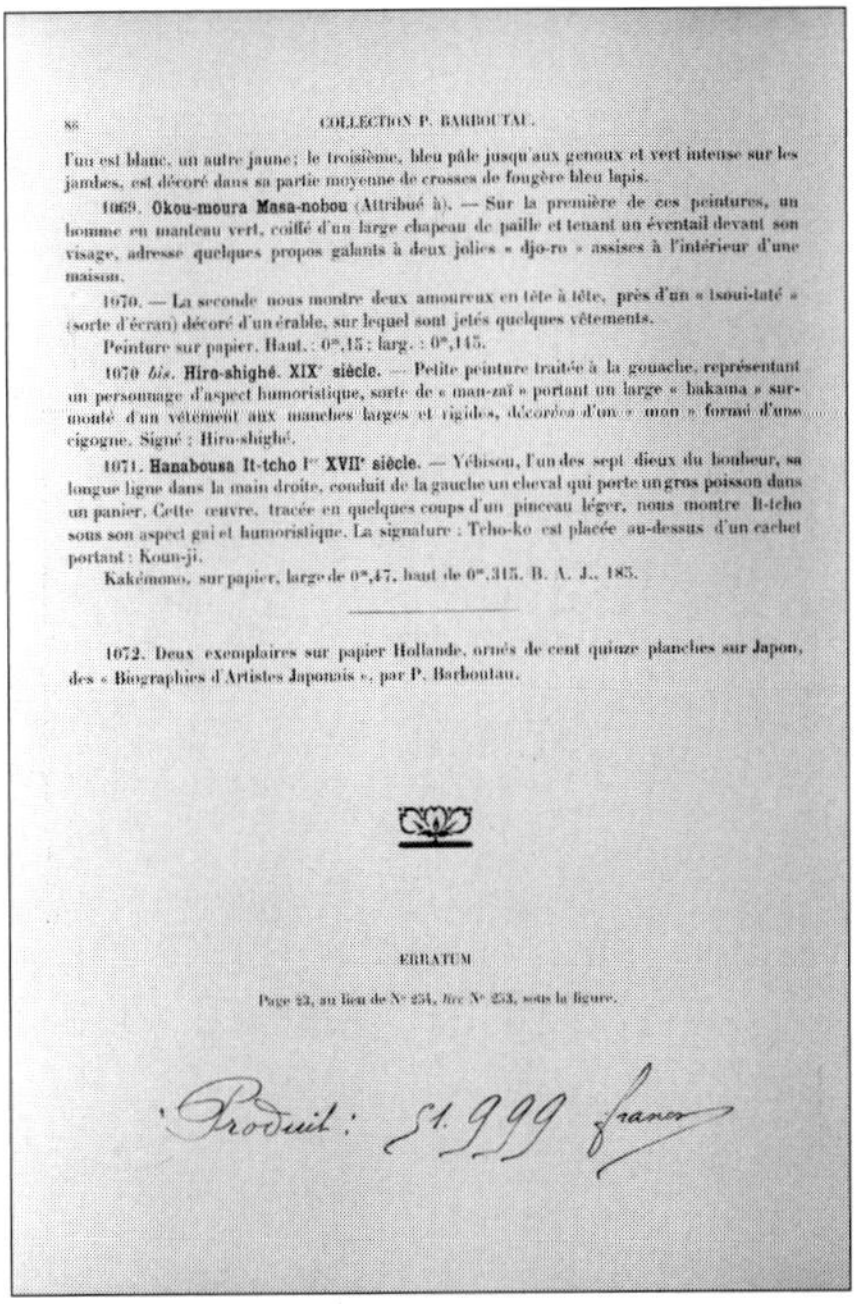
86 COLLECTION P. BARBOUTAI.

l'un est blanc, un autre jaune; le troisième, bleu pâle jusqu'aux genoux et vert intense sur les jambes, est décoré dans sa partie moyenne de crosses de fougère bleu lapis.

1069. **Okou-moura Masa-nobou** (Attribué à). — Sur la première de ces peintures, un homme en manteau vert, coiffé d'un large chapeau de paille et tenant un éventail devant son visage, adresse quelques propos galants à deux jolies « djo-ro » assises à l'intérieur d'une maison.

1070. — La seconde nous montre deux amoureux en tête à tête, près d'un « tsoui-taté » (sorte d'écran) décoré d'un érable, sur lequel sont jetés quelques vêtements.

Peinture sur papier. Haut. : 0m,15 ; larg. : 0m,145.

1070 *bis*. **Hiro-shighé. XIXe siècle.** — Petite peinture traitée à la gouache, représentant un personnage d'aspect humoristique, sorte de « man-zaï » portant un large « hakama » surmonté d'un vêtement aux manches larges et rigides, décorées d'un « mon » formé d'une cigogne. Signé : Hiro-shighé.

1071. **Hanabousa It-tcho Ier XVIIe siècle.** — Yébisou, l'un des sept dieux du bonheur, sa longue ligne dans la main droite, conduit de la gauche un cheval qui porte un gros poisson dans un panier. Cette œuvre, tracée en quelques coups d'un pinceau léger, nous montre It-tcho sous son aspect gai et humoristique. La signature : Tcho-ko est placée au-dessus d'un cachet portant : Koun-ji.

Kakémono, sur papier, large de 0m,47, haut de 0m,315. B. A. J., 185.

1072. Deux exemplaires sur papier Hollande, ornés de cent quinze planches sur Japon, des « Biographies d'Artistes Japonais », par P. Barboutau.

ERRATUM

Page 23, au lieu de No 254, *lire* No 253, sous la figure.

Produit : 51.999 francs

29『日本の芸術　P. バルブトー・コレクション　工芸品、版画、絵画、古代裂』1908年、売立て目録（p.86）（INHA）

ランは二〇〇一年の物価に換算すると、およそ一六万三四〇〇ユーロとなる。[12]

一九一〇（明治四十三）年と一九一一年のコレクション売立て

一九一〇年売り立て目録[13]

『P・バルブトー・コレクション　日本の絵画、版画、書籍および織物』

競売開催日・会場　四月二十七日より複数日続行、オテル・ドゥルオ七号会場

競売吏　E・フルニエ、モブージュ街二十九番

鑑定人　M・A・ポルチエ、ショシャ街二十四番

下見会　H&A・ポルチエ画廊、四月二十一日、二十二日、二十三日

公開下見会　オテル・ドゥルオ七号会場、四月二十六日、二時―六時、パリ、一九一〇

目録掲載点数　八〇四点

一九一一年売立て目録[14]

『P・バルブトー・コレクション　日本の古版画』

競売開催日・会場　一九一一年四月二十四日（月）、二十五日（火）、オテル・ドゥルオ七号会場

競売吏　アンドレ・デヴージュ、ラ・グランジュ・バトリエール街二十六番

鑑定人　アンドレ・ポルチエ、ショシャ街二十四番
目録掲載点数　五五二点

タイトル・ページの示すように、一九一一年の売立ては「版画」のみの売立てである。売立て目録には二十人以上の絵師が生没年入りで載っている。絵師のなかでは広重の作品の数が多く、一一四点も含まれている。

一九二四（大正十三）年コレクション売立て（?）

バルブトー・コレクションの売立ては、蒐集家亡き後に、もう一度（あるいはそれ以上）行われた可能性がある。ピエール・バルブトーは一九一六年に亡くなっているので、この売立てがバルブトーのものであるとすれば、相続人がバルブトー・コレクションの売立てを行ったことになる。

売立て目録のタイトル・ページは次のようになっている。(15)

『P・B氏のコレクション　日本の象牙細工　漆・木工芸　象牙および漆の印籠　半貴石　翡翠、瑪瑙、水晶　嗅ぎタバコ入れ　ブロンズと七宝焼　中国と日本の陶磁器　家具等』
競売開催日・会場　オテル・ドゥルオ九号会場、一九二四年三月七日（金）、八日（土）二時
競売吏　F・レル＝デュブルイユ、ファヴァール街六番、レオン・フラジェル、ラフィット街

一番
鑑定人（セーヌ県民事裁判所付）　アンドレ・ポルチエ、ショシャ街二十四番
公開下見会　オテル・ドゥルオ九号会場、一九二四年三月六日（木）二時―六時
目録掲載点数　三三七点

タイトル・ページを見てわかるように、この売立てには工芸品が多く、バルブトーが専門領域としていたはずの「絵画、版画」が見あたらない。この欠落は、バルブトーの没後、この他にもバルブトー・コレクションの「絵画、版画」の売立てが行われた可能性を示唆している。

以上、一九〇五年、〇八年、一〇年、一一年、そしておそらくは二四年と続いたバルブトー・コレクションの売立てを同時代人の証言とともに見てきたが、総売上げの数字等は情報が少なく、すべてを比較検討することはできなかった。さらに、この時期にバルブトー・コレクションの他の売立てが行われた可能性も否定できない。売立ての点数については、アムステルダムの後、パリに場所を戻して行われた一九〇八年の目録掲載点数は一九〇五年アムステルダムの売立てより少し増えていたが、アムステルダムの売立ては内容が「絵画、素描画、版画」に特化していたので、点数の比較はあまり意味がない。同じことが「版画」のみの一九一一年の売立てについても言える。

ここで視点を移して、「売立て目録」の外観を比べてみたい。売立て目録は、売立てがパリに戻ってからは、年を経るほどシンプルで小型になる傾向が見られる。具体的には、一九〇八年と一〇

年の目録の表紙には、浮世絵の一部分に加えて、「馬留武黨」という漢字が釣鐘型にデザインされて使われているが、一九一一年の目録の表紙になると釣鐘型デザインの飾りのみになっていて、売立て目録に凝る傾向が薄れていくようである。無論、度重なる売立てで、一連の作業がマンネリ化したせいもあるだろうが、このことは、コレクターにとって「売立て目録の作成」がコレクションの記録化という、いわばコレクション完成作業の一つであるよりも、時を経るにしたがって、コレクション売立てのための手段にすぎないものになっていった、ということの現れかもしれない。目録(カタログ)の作成は、コレクションを記録する作業そのものであるが、「個人コレクティングにおけるドキュメンテーションは、遊びの一種で、それによって自分のコレクションを認識する手段である」という。[16] 自らの「コレクションを認識する手段」としては、コレクションの単なるカタログ化よりも、一九一四年の『日本浮世絵師』の出版という、より次元の高いドキュメンテーションがピエール・バルブトーの視野に入ってきていたにちがいない。

永井荷風との接点

この章の最後に、ある興味深い接点の可能性にふれておきたい。その接点とは、永井荷風が著作のなかで少なくとも二ヶ所バルブトーに言及していることである。

ゴンクウルは林忠正の蒐集したる資料に基き北斎伝を著したる翌年死するに臨み遺書を認め

て其が所蔵の浮世絵其の他の美術品を尽く競売に附せしめたり。彼は其の生涯の慰安たりし絵画人形絵本其の他の美術が博物館と呼ばれし冷なる墳墓に輸送せられ無頓着なる観覧人の無神経なる閲覧に供せられんよりは寧ろ競売者の打叩く合図の槌の響と共に四散せん事を望みたり。これ骨董蒼蒐の楽事を同趣味の後継者に譲与するものなればなり。此の如く骨董鑑賞家が其の秘蔵品を競売に附するの方法は一時巴里好事家の間に流行しヂヨオ、バルブツトオ等の蒐集品も亦同じく散逸したりき(「ゴンクウルの歌麿並北斎伝」[17])。

欧洲人は維新以前に在つては僅かに和蘭及葡萄牙人が長崎出島にて其の土地の職人に製造せしめたる輸出向の陶器漆器を見るの外日本の美術に就いては全く知る処なかりしなり。(…)今日巴里ルウヴル美術館に陳列せらるゝ王妃マリイアントワネツトの所蔵品を看れば当時日本漆器の尊ばれたる事遥に陶器に優りし事を知るに足るべし。然れども欧洲人は猶未光琳の蒔絵春信の錦絵整珉の銅器後藤の目貫等については全く知る処なかりしが維新の戦禍に際して此等の古美術品一時に流出するやゴンクウル、ブユルチー、ゴンス、ギメエ、バルブツトオの如き仏国の好事家狂奔して此れが蒼蒐と鑑賞とに従事したり云々(「欧米の浮世絵研究」[18])。

「欧米の浮世絵研究」は、一九一〇年の W. von Seidlitz, *A History of Japanese Colour-Prints* の大要訳出なので、原典はザイドリッツであるが、ゴンクール、ビュルティー、ゴンス、ギメといった名士とともに、原典の全訳ではないにもかかわらず、バルブトーの名前がリストに載っている。「ゴンクウルの歌麿並北斎伝」の荷風独特の筆致で書かれた一節は興味深い。「競売者の打叩く槌の響」と「巴里好事家　バルブツトオ」との同時連想は、単純に文豪のイマジネーションの所産ではない可能性がある。荷風はゴンクールのことを語っているわけであるが、著名人ゴンクールが庶民の蒐集家バルブトーに言及するはずがないのである。じつは、荷風のパリ体験は一九〇八年三月二十八日から五月二十八日までのたった二ヶ月間にすぎない[19]。ちょうどその年にパリでは三月三十一日から四月三日まで公営の競売場、オテル・ドゥルオでバルブトー・コレクションの売立てが行われていた。荷風の外遊日誌（『西遊日誌稿』）のこの時期の記録は、“Agenda pour 1908”という小型手帳に書き込まれたメモしか残されていないが、バルブトー・コレクション売立てのあった四日間についての荷風の昼間の行動は、「三月三十一日、ルキザンブルグ美術館」、「四月一日、ルーヴル美術館」、「四月二日、ブールバール」、「四月三日、ルキザンブルグ美術館」と記されている[20]。四月二日のメモにある「ブールバール」は、非常に曖昧な表記だが、リヨンからパリに着いたばかりの「観光客」荷風の散策しそうな、パリ中心部の繁華街を貫く「ブールバール」を指しているのであれば、その一端はドゥルオ界隈と至近距離にある。少々想像力を逞しくすれば、荷風が、「ブールバール」から道一本を隔てたオテル・ドゥルオにふらっと立ち寄って、バルブトー・コレクション売立ての野次馬の一人になったとしてもおかしくはない。タイミングとしては、そんな接点もあり得たのである。荷風著「ゴンクウルの歌麿並北斎伝」に、当時のパリの錚々たる日本美術蒐集家の名前と並んで、庶民の蒐集家「バルブットオ」が出てくるのにはそんな理由があったかもしれない。

第5章　未完の著作『日本浮世絵師』と著者の死——一九一一—一六年

日本美術の愛好家・蒐集家、そして浮世絵の紹介者でもあったフランス人、ピエール・バルブトーの出生等に関する公的資料と彼の残した作品（著作、欧文草双紙、翻訳、コレクション目録）、コレクション売立ての状況、そしてこの人物をめぐる同時代人の証言等について、ここまで年代に沿って記してきた。この章では、一九一一年から一三年にかけての来日をめぐる経緯と、亡くなる二年前の一九一四年、つまり第一次世界大戦勃発の年に、第一分冊の刊行された著書 *Les Peintres populaires du Japon*（日本語書名『日本浮世絵師』[1]）を中心に書きとめ、日仏文化交流史の知られざるひとこまであったその生涯を、同時代人の証言に耳を傾けながらふりかえってみたい。

一九一一（明治四十四）年　三回目の来日

バルブトーの三回目の来日については、同時代人の証言が残されている。一九三六（昭和十一）

年に、立命館大学名誉総長であった織田萬が『立命館学誌』に連載したエッセーである。[2] この連載は、織田の初めての欧州留学の年（一八九六年）から始まり、連載「その四」には、およそ一頁を割いてピエール・バルブトーの思い出が記されている。これは、バルブトーの来日目的と、『日本浮世絵師』刊行の試みについての貴重な証言であると同時に、ほとんど知られることのなかった日仏の文化交流のひとこまを物語る興味深いエッセーとなっている。なお、バルブトーに関する織田の文章は一九四〇年になって単行本に収められるが、ここでは『立命館学誌』に連載された初出の文を引用する。[3] 連載「その四」前半で織田は、留学前に十余年も日本でフランス人教師に就いてフランス語を学んできたにもかかわらず、現地ではアリアンス・フランセーズ夏期講習の講義が半分も聞き取れずに、語学に苦労したことから書き起こして、次のように続けている。

私はかやうに語學の練習に苦しんだが、偶然にも思はぬ助け舟が一つ見附かつた。それは船中で懇意になつたピエル・バルブートーと云ふ人と交際を續けたことである。この人は日本古美術の愛好者であつて、立派なコレクションの持主であり、浮世繪の智識には殊に造詣が相當深かつた。日本に三年餘滞在して廣く美術品を漁り、雅邦、芳崖その他當代一流の畫家とも知合であつたことは、[4] 後から判かつたが、日本からずつと同船し、私たち一行に始終好意をもつてくれた。さうしてパリに着いてからも絶えず往來すると云ふよりは、寧ろ私の方から毎週一度位は尋ねて往き、手料理の御馳走になつて終日語り盡すのであつたが、それはこの人が佛文で日本浮世繪師の傳記を書かうと企てゝゐて、私がその仕事の手助をしてやらうと考へたからの事であつた。

三年位の日本滯在では、日本文が相當讀めるまでには、まだ大きな距りがあることは云ふまでもないが、本人はそれにも拘らず、本朝畫人傳や日本浮世繪類考と云つたやうな書物を携へて歸り、玉篇（日本で出來た畫引の漢字々書）(5)を頼りに漢字の和訓を探り、更にヘボンの和英字書によつて英譯を求め、而かも英語は不通なので、更に又英佛字書に就いて始めて佛譯が判かり、それでやつと意味が通ずると云つたやうな始末で、非常な苦心の結果どうにか拾ひ讀が出來たのであつた。讀方などは、例へば『作り』を『サクリ』と讀むやうな亂暴極まつたものであつた。本朝畫人傳は漢文崩しの片假名交りで書いてあつて、いくらか解かり易かつたが、浮世繪類考は、とても本人の手におへなかつたのみならず、私に取つても頗る厄介の代物であつた。芝居の外題の意味や、戯作者の文中にある枕詞や掛詞などゝ來ては、フランス語で言顯はすこと殆ど不可能であつた。

かゝる苦心をしても、その計畫を實現させたいと云ふのであつたから、私もその熱心にほだされて、出來るだけの援助をしようと云ふ氣になり、又それが同時に自分の語學練習にもなつたので、毎週少くとも一度は尋ねてやつたやうな次第であつた。さうしてこの苦心に比べれば、自分等の外國語練習の苦心は物の數にもならぬと思つて、竊かに自ら激勵する所もあつた。かくて一年半程も手助をしてやつて、著述の材料もあらまし揃つたやうであつたが、歸朝後は去る者日々に疎きの譬に漏れず、殊に日本人の悪い癖として外國への文通はとかく怠りがちになり、終にはお互に全く消息を絶つてしまつた。ところが世界大戰の始まる三年程前に突然本人が尋ねて來ての話には、多年苦心の原稿は略ぼ完結したが、挿畫の木版はフランスで試みて見ても到底物にならず、日本で作る外ないので、その爲めはるばるやつて來た。前に東京で傭つてゐた版工もあつたが二十年以上もたつた今日、探し當てることも出來まいから、京都で何とかならないかとの事であつたので、早速芸草堂に頼んで版工を世話してもらひ、一年程を費してやつと目的を達したのであつた。本人は我が事成れりと喜び勇み、シベリヤ經由で蒼惶として歸つて往つた。さうして私は浮世繪には素より門外漢であるに拘らず、本人の事業と淺からぬ因縁があつたので、望にまかせて序文を書いてやつた。

以上の証言には当然のことながら、文中に言及のある「序文」の内容と重複するところがある。『日本浮世絵師』に付けられた織田萬の序文である。(6)「序文」の方が羽織袴の正装姿であるとすれば、ここには、リラックスした普段着の交流の姿、いわば舞台裏の様子が描写されている。そしてこの証言は特に次の三点について多くを教えてくれる。まず、『日本絵師の伝記――ピエール・バルブトー・コレクション所蔵作品による』（以下、『日本絵師の伝記・目録』）、および『日本浮世絵師』のなかの、日本語資料をフランス語に訳す作業の様子がいきいきと描写されている。織田萬は、京都帝国大学創立のために教授候補として選抜され、文部省から欧州に派遣された留学生であった。(7)当時の日本のエリート中のエリートである。織田の側の「語學の練習」という切実な目的意識に端を発したこの協力態勢は、[8] 結果として、絵師の伝記に関する日本語資料翻訳の質の向上に大きな貢献をしている。織田は行政法学者であって美術の専門家ではなかったが、彼のような日本人が、バルブトーの企てた「本朝畫人傳や日本浮世繪類考と云つたやうな書物」[9] の翻訳作業に加わって、ほとんど共訳に近いかたちで事が進められたのであるから、後にユリウス・クルトの浮世絵に関する複数の著述に大きな影響を与えたこの翻訳が、すでに第Ⅱ部第3章でその一部分を検証してきたように、かなりしっかりとした仕事であったことにも首肯くことができる。翻訳の際に使用された辞書が『(和)玉篇』、ヘボンの『和英字書』等であったこともわかった。

この証言の教えてくれる次の点は、一九一四年に刊行された『日本浮世絵師』の挿画についての情報である。バルブトーはこの書物の挿画木版を入手する目的で来日している。織田の紹介で、京都の芸草堂がバルブトーに版工を世話したらしい。さらにこの証言は、『日本浮世絵師』の日本語とフランス語で書かれた「序文」とともに、バルブトー来日の年代を推定する手がかりともなる。まず、証言のなかに「世界大戰の始まる三年程前に突然本人が尋ねて來て」とあるので、来日は一九一四年の三年前、一九一一年と推定できるが、一九一一年の四月末にはパリでバルブトー・コレクションの売立てが行われている。[10] 従って、来日は一九一一年のはやくても初夏になっていただろう。次に、「(京都での挿画木版の制作に) 一年程を費してやつと目的を達し (…) シベリヤ經由で蒼惶として歸つて往つた」のであるから、後述するように織田の「序文」の日付から、バルブトーは一九一二年に（あるいは遅くとも一九一三年初頭には）一度フランスに戻ったと推定される。

一九一三（大正二）年　四回目の来日

来日の年代推定の続きとして、織田の証言によれば、「さうして私（織田）は（…）本人（バルブトー）の事業と淺からぬ因縁があつたので、望にまかせて序文を書いてやつた」のであるが、この『日本浮世絵師』「序文」の日付は「一九一三年十一月十五日」となっており、「序文」フランス語版に付けられている原註によれば、バルブトー四回目の来日の際、数ヶ月間京都に滞在し、そのとき織田に「序文」を書いてもらったことになっている。これはバルブトー自身がわざわざ脚註をつけて、「三回目」の旅行ではなく「四回目」である、と織田の文章に訂正を入れている部分なので、確実な情報と考えられる(11)。

さらに、後述する『日本浮世絵師』の「はしがき」に付けられた原註の一つに「最近、私はそこ（日本）での挿画の彫版と摺りを急がせて了らせるために、日本に戻ることを余儀なくされ（…）」と書かれているので(12)、はじめは織田の伝をたよって挿画を「発注する」ために、次は仕事を「急がせて了らせる」ために、一九一一年から一三年にかけてバルブトーがフランスと日本を二往復していたことがわかる。

一九一四（大正三）年『日本浮世絵師』出版

タイトル・ページは次のようになっている。

Les Peintres Populaires / du Japon / Pirre Barboutau / Tome 1 / A Paris / Chez l'auteur / 1, Rue Beautreillis / MCMXIV.

表紙（口絵27）

ベージュ地の表紙には、鳳凰や雲、桐が銀泥で描かれ、赤茶色の文字で、欧文タイトルとバルブトーの印章とともに、左端に縦書きで、「日本浮世繪師　ぴえる　ばるぶと」という表記が見られる。印章の「石」は Pierre（フランス語普通名詞で「石」を表す）を、「馬」は Barboutau の "Ba" を表しているのだろう。

なお、この書物のサイズは縦横およそ三十四・五×二十六・五センチである。

第一分冊前書部分

全二巻を予定されていたこの出版物は、フランス国立図書館所蔵版においても、筆者が別に参照した版においても、本文が文章の途中で唐突に終わっている。それに続く部分が刊行された痕跡は今のところ見つからない。従って、以下に詳述する第一分冊の前書部分が、参照可能な挿画とともに、主な資料となる。計十三頁からなる前書部分は次のように構成されている。

（1）織田萬「序文」(Oda Yorodzou, Introduction)
（2）アンリ・ヴェヴェール「序言」(Henri Vever, Préface)
（3）著者「はしがき」(Avant-propos)

（1）「序文」Introduction

織田萬が日本語とフランス語で「序文」を寄せていること、そして、日本語の序文は筆書きのままの複写が四頁にわたってこの出版物に綴じ込まれていることについてはすでに述べた。またこの序文の書かれた経緯については本章冒頭に記したとおりである。なお、フランス語版 Introduction と日本語で書かれた「序文」は、当然のことながらほぼ同じ内容であり、織田はこの序文に関して、「日佛兩文の作文を書いてやつた」と記しているので、[13] フランス語版も織田の「作文」と考えられる。

（2）「序言」Préface

アンリ・ヴェヴェール[14]の署名入りの「序言」冒頭部分には、一八八六年のバルブトー初回の来日とその時の日本の印象、そして日本と日本の美術に「一目惚れ」をした様子が記されていた。日本美術の愛好家・蒐集家・研究家・紹介者としてのバルブトー誕生の瞬間であった。[15] ヴェヴェールは

「序言」を次のように続けて、日本美術のなかでも、バルブトーが浮世絵に焦点を合わせたことを語っている。(16)

何世紀も前から絵画の主流をなしてきた、中国や仏教あるいはアカデミックな影響を受けた古典的で伝統的な偉大な流派の美を正当に評価しないわけではなかったが、バルブトー氏がとりわけ惹かれるものを感じたのは、かつて見たことのないほど力強く生き生きと、毎日目の前で繰り広げられる庶民生活のありさまを、あるときは写実的に、またあるときには陽気さあふれる風刺画の中に再現してきた、素晴らしい絵師たちであった。彼らの描いたのは、ごったがえしている通りをゆく素朴で快活な大勢の人の列、貧しい人々、職人、人足、行商人、役者、庶民の女たち、遊び女や「ムスメ」たちといった、上機嫌で家事やささやかな仕事に励んでいる人々の光景であった。バルブトー氏がとくに評価したのはこうした特徴的な作品である。なぜなら、これらの絵師たちは画面に、見事なまでに自由な筆致、真に迫った観察力やエスプリを見せていて、彼らを日本のドーミエ、フォランと呼ぶこともあながち無理ではないと思われるのである。

しかし日本では、このような絵師たちは軽んじられ、ほとんど無視されてきたために、彼らについての情報は非常に少なく、そのためにバルブトーの企画の実現はたいへん困難であったことが述べられた後、ヴェヴェールの「序言」は、バルブトーの寓話集の出版や翻訳の仕事について、次のように続く。

はるか以前から、好みの絵師（浮世絵師）たちの伝記と歴史を書く構想を抱いていた本書の著者は、延べ七年間にわたる何回もの日本滞在の間、根気よく、必要な資料として版画や研究書の蒐集を欠かさなかった。彼は、新たな旅行の度に、自分のノートにまだ欠けている部分を補うことに専心した。友人となった芸術家たちの中でも、熟練した絵師であり巨匠たちの伝統に詳しい、狩野派の流れをくむ狩野友信の助けをかりて、バルブトー氏は、日本では真の美術館である寺社を訪れ、また、有名な料亭などで定期的に催される習わしのあった古い絵画の展覧会を見てまわった。分析し、比較し、検討し、さらなる細心の拘りを持って、そして長い個人的な見習い期間を経て、日本人の絵師、彫師、摺師が版画制作に用いる技法を身に付け、その技術の奥義を習得して、彼自身で、日本人絵師の挿画を付けたラ・フォンテーヌやフロリアンの寓話集を出版するに到った。

集めた多くの資料をさらに補いそれらを精査し、絵師たちについての日本人の意見を確実に伝えたいと考えて、バルブトー氏は浮世絵師について書かれた何冊かの日本の書物の翻訳を企てた。残念なことに、それらの日本の書物は、分類が不完全であったのみならず、ときに矛盾した内容であった。気紛れで意表を衝くその内容とは、弟子の誕生が師の誕生より前になっていたり、息子が父よりも五十年も前に生まれたりするものであった。書物の作者の無知と無関心が明白で、バルブトー氏の仕事はさらに困難なものとなった。

ヴェヴェールは、このように著者バルブトーのそれまでの仕事を一通り紹介した後で、同じ絵師が様々な名で作品を描いているなど、検証の難しさを克服して著者が資料を整え、『日本浮世絵師』の企画を立ち上げたことを語って、以下のように続けている。

バルブトー氏はこのような本（『日本浮世絵師』）を書くことだけでは飽き足らず、この本に多数の挿画を付けて仕上げ、読者が、本のなかで語られている絵師の作品を実際に目にすることができるようにしたいと考えた。テキストに付けられた魅力的な木版画は一〇〇を数え、そのうち六十は多色摺りで、しかも、古い時代の版画と、同じ色摺り、同じ色調、同じ工程を経て、同様な匠の手で制作された。その結果、オリジナルを最も忠実に復刻した真の日本の浮世絵作品となっている。

ここで述べられている挿画については、本章冒頭に引いた織田萬のエッセーの一節（「多年苦心の原稿は略ぼ完結したが、挿畫の木版はフランスで試みて見ても到底物にならず、日本で作る外ないので、その爲めはるばるやつて來た」）が、この挿画木版は京都で制作されたものであったことを裏づけている。
そしてさらにヴェヴェールは「序言」を結ぶ前に、この書物の資料的な価値について次のように書いている。

日本美術を愛するすべての人々は、この作品を目にして喜びを感じ、ためになったと思うことであろう。なぜなら読者はそこに、二千以上の浮世絵師の名前あるいは字《あざな》、そして千近くの署名の複写を見い出すからである。これらは、原典から引いた新しい情報がすでに満載されているテキストに、さらに特別な未公開の資料的な価値を加えている。

以上見てきたように、ヴェヴェール「序言」には参考となる数字がいくつかあげられている。挿画は百枚あり、そのうち六十は色摺りであったこと、そして二千以上の浮世絵師の名、千に近い落款の復刻が載せられていたことがわかる。なお、ヴェヴェールは「絵師の署名」と書いているが、残された紙面を見ると、「絵師名の漢字表記」も含まれている。

（3）「はしがき」Avant-propos(17)
『日本浮世絵師』は完成には程遠い形で、テキストが唐突な終わり方をしたまま刊行された部分しか残されていない。従ってこれがどのような出版物であったのか（あり得たのか）を、理解し思い描くためには、ヴェヴェール「序言」との重複箇所もあるが、著者自身の「はしがき」を読んでおく必要がある。脚註も多く付けられた四頁にわたるかなり長文の「はしがき」冒頭は以下のようにはじまる。

公に重用されている芸術家、主として土佐派と狩野派の絵師には、いつの時代にも日本では、彼らの記録を書き残して称賛する人々がついていた。しかし残念なことに、庶民の絵師、つまり浮世絵師たちは、そのようなわけにはゆかなかった。自派の技以外を認めない古典派の絵師たちには蔑まれ、あまりにも貴族的な教育のために下賤の人々の暮らしの細部にまで興味を持つことのできなかった上層階級の人々には知られることなく、十八世紀の最後の四半世紀にいたるまで、浮世絵の巨匠たちは、彼らを記録に残そうとする人を持たなかった。

次の段落には、浮世絵師の記録を書き残した最初の資料として、『浮世絵類考』があげられ、写本・刊本を含めてその複雑な成立過程が十二行にわたって説明されている。そして、『浮世絵類考』は資料としては甚だ不完全なものであると書き添えたうえで、それら多数の版のなかで参考にしたのは、一八九〇年の本間光則編纂『増補浮世絵類考』新版であると記され、この頁の最終段落には次のように書かれている。

浮世絵師たちにとっても著者にとっても幸いなことに、最近になって公の大流派の記録を残す人たちが、長い間蔑まれていたこれらの絵師たちについても書き残そうとするようになった。それらの中から、『本朝画家人名辞書』[18]と『日本美術画家人名詳伝』[19]の二つの著作を選び、これらの資料をできるかぎり忠実に翻訳し、『増補浮世絵類考』新版と合わせて纏めた（一九〇四年に刊行した『日本絵師の伝記・目録』は、一八九七年に翻訳したこれらの三つの著作を要約したものである）。

ここにあげられている三つの著作は、原文にあるとおり、一九〇四年の『日本絵師の伝記・目録』の底本となった三種類の日本語文献である。さらに、この頁の最終行には脚註が付けられ、『日本絵師の伝記・目録』の簡単な紹介の後に、次のように記されていて、『日本浮世絵師』のテキスト部分がどのような資料であったかを要約している。

それらの絵師（浮世絵師）たちの日本における評価に関心をお持ちの方々に、今回著者が贈るのは、前回の仕事（『日本絵師の伝記・目録』）を増補改訂して、一九一三年に現地で集めた最近の研究を加味し、丹念に照合した著作である。[20]

依頼してあった挿画の仕事を急がせるために、一九一三年にバルブトーが来日したことについてはすでに述べたが、バルブトーはこの年の日本滞在について次のように記している。

この滞在を利用して、前の旅行以後に刊行された日本人学者の研究と本著を比較対照した。最近の出版物によって、幾人かの浮世絵師の名が明かされたので、幸いにも本著にそれらを記録することができた。[21]

ここにある「前の旅行」が、一九一一年の旅行なのか、それとも一八九四年に遡るのか判然としないので、言及されている日本の資料が具体的にどのような著作を指しているのかは、本文の大部分が失われた状態もあって、特定は困難である。しかし、「前の旅行」を仮に一九一一年と考えると、この年には、田中増蔵『浮世絵画集』上巻、宮武外骨『西川祐信画譜』等が刊行されている。[22]このうち、京の浮世絵師、西川祐信はその絵本が「祐信絵本」として質量ともに江戸浮世絵にも大きな影響を与えた作品群をなしていたので、[23]『西川祐信画譜』はバルブトーの言及している資料に含まれていた可能性がある。

「はしがき」脚註には、制作させた挿画が原版の新しい摺りとして売られることのないように、それらすべてに著者の印章を刷り込んだことも明記されており、事実、筆者の参照した挿画には著者の二種類の印章のうちどちらかが刷り込まれていた。[24]

「はしがき」の二頁目は、まずヴェヴェール「序言」にもあった日本語資料自体に見られる矛盾の問題にふれ、次に日本語の発音を忠実にアルファベット表記するための表記方法について凡例が記されている。そして、二頁目の終わりから四頁目にかけて、この書物で取り上げる浮世絵の主な流派とその系譜に関するかなり詳しい解説が付いている。見出し書きもなく、どのような流派の浮世絵師についての記述が本文に収められていたかについては、「はしがき」解説によってしかその全貌を知ることができない。以下にこの部分を書物の目次代りに、絵師の名をあげながら要約しておく。

浮世絵の起源は、「浮世又兵衛」の名が示すように、岩佐又兵衛とされている。又兵衛亡き後は、後に多くの絵師を輩出する菱川派の祖、菱川師宣を待たねばならない。師宣とほぼ同期に、英一蝶が英派の祖となるが、英一蝶は伝統的画風の流れを汲むのでいわゆる浮世絵師としてよりも、むしろ画題と浮世絵師に与えた影響を考慮した。菱川派、英派以外には日本では、宮川長春、西川祐信、堤等琳、鳥山石燕にはじまる四流派がよく知られている。菱川派からは鳥居清信が出て、鳥居派の祖となる。鳥居清信の弟子の奥村政信からは奥村派が生じる。同じく清信の弟子、西村重長が独立し、重長は鈴木春信の師である。春信の弟子の一人が北尾重政で、北尾派の祖となる。西村重長のもう一人の有名な弟子に歌川派の祖、歌川豊春がいる。歌川派は、国政、国芳、国貞を世に出す。菊川英山も西村重長の影響を受けている。英山は菊川派の祖であり、菊川派は渓斎英泉ほか多数の絵師を輩出した。英派には二世一蝶、一蜂がいる。

宮川派は、宮川長春の息子、春水が勝川と名を変え、春水の弟子の勝川春章が勝川派の祖となる。春章の弟子には、勝川春朗つまり、葛飾北斎がいる。西川派も浮世絵に大きな影響を与えたが、弟子の数は限られている。堤派には守一がいて一派の祖となる。鳥山派の祖、鳥山石燕は喜多川歌麿の師で、歌麿は喜多川派を起こす。以上が六大流派であるが、これら以外にも、月岡派、一筆斎文調に始まる派などがあり、その他にも優秀な弟子を残した師は多いので、彼らにも言及する。

次に、『日本浮世絵師』のなかで取り上げる絵師の順序は各派の系譜に沿っているとの記述があり、系譜図（tableau synoptique）が巻末に付けられていたことがわかる。さらに、絵師たちの落款を、同じ絵師が複数の落款を使っているケースを含めて調べ上げ、文中に適切に配置し、この本の最後にはすべての絵師の名前と字《あざな》についてアルファベット順のリストを付けたことが記されている。落款を調べて複写した一覧表の作成は一八九三年の『ピエール・バルブトー日本旅行関連美術品コレクション明細目録』（以下、『明細目録』）のなかですでに試みられていたが、本文中にレイアウトされているのは、バルブトーの刊行物としては『日本浮世絵師』がはじめての趣向である。

「はしがき」中の次の段落には、『日本浮世絵師』の大きな特徴となる編集方針として「絵本」を重視したことが書かれている。[25]

挿画を選ぶにあたっては、できるかぎり美しいものを選ぶ配慮をしてあるが、何よりも重視したのは、資料としての価値である。それ故、多くの挿画は絵本から取られている。（…）一般的にヨーロッパでは、絵本よりも版画の方がよく知られているので、有名で賞讃の的になっている絵本の数は限られている。（…）（絵本を重視したのは）浮世絵師たちが彼らの画才を最もよく表していて、しかも絵師の一人一人が互いを模倣することなく、筆意のままに筆を走らせているのは、むしろ絵本の挿画においてだからである。そのうえ、筆者の知る限りでは版画を描いたことがなく、絵本の挿画のみを描いている絵師も少なくないので、彼らの挿画を選ぶことで、こうした絵師たちの才能と天分に敬意を表したいと考えた。

そして、著者「はしがき」の最後をバルブトーは以下のように結んでいる。

この長すぎる「はしがき」を終えるにあたって、日本の浮世絵師の歴史を、著者が独自の観点から執筆したのではないことをおことわりしておきたい。著者の役割はささやかなものであって、翻訳して纏めることであった。しかし本著が、浮世絵師についての日本人の意見をあるがままに伝えることで、日本の芸術に関心のある方々の役に立つことができれば幸甚である。

第一分冊テキスト

筆者の参照した版にはすべて、タイトル・ページには「第一巻」、表紙には「第一分冊」と記され、本文は四十頁までしか綴じ込まれていない。第二分冊以降が刊行されたかどうかは不明であるが、複数巻が想定されていたことは、参照可能な頁の密度の高いテキストからも、著者「はしがき」からも推定することができた。第一分冊に綴じ込まれている四十頁の章立ては、「浮世絵とその先駆者たち」（一―六頁）、「菱川派」（七―四十頁）の二章となっている。しかし「菱川派」の章のテキスト最終頁は文章の途中で切れ、次頁以降は失われている。

「浮世絵とその先駆者たち」L'Ouki-yo-é et ses précurseurs

この章は、英一蝶『四季繪』跋から引いたエピグラフで始まる。[26] エピグラフに付けられた脚註には、『英一蝶』の項参照」とあるが、この項目は失われてしまっている。

本文は、大和絵が浮世絵の源流であることにふれて、「浮世絵」の語源の説明と定義から始まるが、著者は「浮世絵」を総括して“école réaliste”（写実派）と呼び、「浮世絵師」の仏語訳としては、侮蔑的なニュアンスのある“peintres vulgaires”よりも“peintres populaires”とすることで彼らの才能に敬意を表したい、と述べている。“peintre populaire”というフランス語を、逆に現代の日本語に訳してみると「ポップアーティスト」とでもなるだろうか。バルブトー訳の「浮世絵師」は、さしずめ、ポップカルチャーのアート部門担当というわけである。さて、テキストに戻ろう。著者は次に、ここでは西欧人の視点と美学で意見を述べるのではなく、「浮世絵がどこから生まれ、どのように発展し、日本の芸術のなかでどのような位置を占めるに到ったかについて、これから語るのは日本人自身である」と前置きし、「翻訳して纏める」という「はしがき」に記した著者の役割を再確認している。

次に、「岩佐又兵衛」の項に入る前に土佐光信、さらに鳥羽僧正まで遡り、挿画にも少なくとも二枚の「鳥羽絵」が使われている。岩佐又兵衛には一頁半以上のスペースが当てられ、註も詳しい。さらに、「浮世又兵衛」のみではなく、土佐光信と菱川派との間を繋ぐ絵師として、土佐勝以、花田内匠、山本理兵衛、北村忠兵衛、雛屋立圃、長谷川長春、吉田半兵衛、探幽斎正信、鳥居清元、勘佐衛門、浮世義勝、蒔繪師源三郎、川島重信の名があげられている。なかでも、雛屋立圃は『おさな源氏』、医師中川喜雲作の双紙類、『京童』、『名所図会』の挿画を描き、『休息歌仙』の文と挿画の作者であること、そして蒔繪師源三郎については西鶴本の挿画、『人倫訓蒙図会』、『猫金画斧』の挿画等を描いていることが記され、「はしがき」にあったように、絵本挿画に関してかなり詳細な情報が収められている。

「菱川派」École de Hishi-kava

きめ細かな情報と、版画よりも絵本挿画に視点を移す傾向は、四十頁で途切れている菱川派についての章も同様である。しかし、絵本に関する情報を網羅するようなアプローチではない。例えば、菱川師宣の絵入り本・絵本は一五〇種以上あるとのことだが、(27)『日本浮世絵師』のテキストは、師宣絵本を列挙するのではなく、師宣の略伝と解説に頁全体を割いたあとにすぐ続けて、師宣の絵本の一つ『江戸雀』の序が一頁以上を割いてフランス語に訳されている。この絵本は、絵も文も師宣作のいわば「江戸の街歩きガイド」だが、序の冒頭には何行にもわたって幕府への賛辞、つまり為政者への諂《へつら》いの文が並んでいる。この幕府への賛辞が、フランスでほぼ同時代にあたるルイ十四世の治世に書かれたモリエールの作品『タルチュフ』最終場面のルイ十四世への称賛・追媚を思い起こさせて興味深い、との著者バルブトーの註が付けられていたりする。

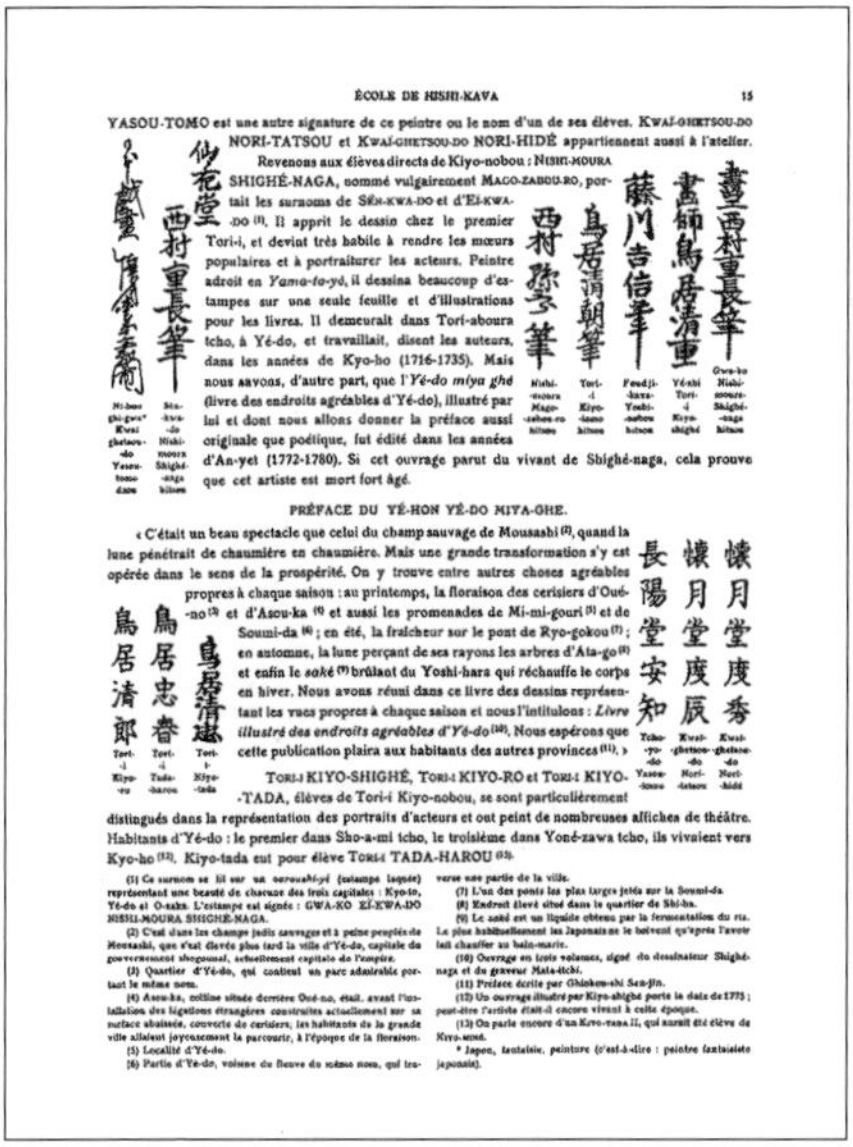
ÉCOLE DE HISHI-KAVA 15

YASOU-TOMO est une autre signature de ce peintre ou le nom d'un de ses élèves. KWAÏ-GHETSOU-DO NORI-TATSOU et KWAÏ-GHETSOU-DO NORI-HIDÉ appartiennent aussi à l'atelier.

Revenons aux élèves directs de Kiyo-nobou : NISHI-MOURA SHIGHÉ-NAGA, nommé vulgairement MAGO-ZABOU-RO, portait les surnoms de SÉN-KWA-DO et d'EÏ-KWA-DO (1). Il apprit le dessin chez le premier Tori-i, et devint très habile à rendre les mœurs populaires et à portraiturer les acteurs. Peintre adroit en *Yama-to-yé*, il dessina beaucoup d'estampes sur une seule feuille et d'illustrations pour les livres. Il demeurait dans Tori-aboura tcho, à Yé-do, et travaillait, disent les auteurs, dans les années de Kyo-ho (1716-1735). Mais nous savons, d'autre part, que l'*Yé-do miya ghé* (livre des endroits agréables d'Yé-do), illustré par lui et dont nous allons donner la préface aussi originale que poétique, fut édité dans les années d'An-yei (1772-1780). Si cet ouvrage parut du vivant de Shighé-naga, cela prouve que cet artiste est mort fort âgé.

PRÉFACE DU YÉ-HON YÉ-DO MIYA-GHE.

« C'était un beau spectacle que celui du champ sauvage de Mousashi (2), quand la lune pénétrait de chaumière en chaumière. Mais une grande transformation s'y est opérée dans le sens de la prospérité. On y trouve entre autres choses agréables propres à chaque saison : au printemps, la floraison des cerisiers d'Oué-no (3) et d'Asou-ka (4) et aussi les promenades de Mi-mi-gouri (5) et de Soumi-da (6) ; en été, la fraîcheur sur le pont de Ryo-gokou (7) ; en automne, la lune perçant de ses rayons les arbres d'Ata-go (8) et enfin le *saké* (9) brûlant du Yoshi-hara qui réchauffe le corps en hiver. Nous avons réuni dans ce livre des dessins représentant les vues propres à chaque saison et nous l'intitulons : *Livre illustré des endroits agréables d'Yé-do* (10). Nous espérons que cette publication plaira aux habitants des autres provinces (11). »

TORI-I KIYO-SHIGHÉ, TORI-I KIYO-RO et TORI-I KIYO-TADA, élèves de Tori-i Kiyo-nobou, se sont particulièrement distingués dans la représentation des portraits d'acteurs et ont peint de nombreuses affiches de théâtre. Habitants d'Yé-do : le premier dans Sho-a-mi tcho, le troisième dans Yoné-zawa tcho, ils vivaient vers Kyo-ho (12). Kiyo-tada eut pour élève TORI-I TADA-HAROU (13).

(1) Ce surnom se lit sur un ourouchi-yé (estampe laquée) représentant une beauté de chacune des trois capitales : Kyo-to, Yé-do et O-saka. L'estampe est signée : GWA-KO EÏ-KWA-DO NISHI-MOURA SHIGHÉ-NAGA.
(2) C'est dans les champs jadis sauvages et à peine peuplés de Mousashi, que s'est élevée plus tard la ville d'Yé-do, capitale du gouvernement shogounal, actuellement capitale de l'empire.
(3) Quartier d'Yé-do, qui contient un parc admirable portant le même nom.
(4) Asou-ka, colline située derrière Oué-no, était, avant l'installation des légations étrangères construites actuellement sur sa surface abaissée, couverte de cerisiers; les habitants de la grande ville allaient joyeusement la parcourir, à l'époque de la floraison.
(5) Localité d'Yé-do.
(6) Partie d'Yé-do, voisine du fleuve du même nom, qui traverse une partie de la ville.
(7) L'un des ponts les plus larges jetés sur la Soumi-da.
(8) Endroit élevé situé dans le quartier de Shi-ba.
(9) Le saké est un liquide obtenu par la fermentation du riz. Le plus habituellement les Japonais ne le boivent qu'après l'avoir fait chauffer au bain-marie.
(10) Ouvrage en trois volumes, signé du dessinateur Shighé-naga et du graveur Mata-itchi.
(11) Préface écrite par Ghiokou-shi San-jin.
(12) Un ouvrage illustré par Kiyo-shighé porte la date de 1775 ; peut-être l'artiste était-il encore vivant à cette époque.
(13) On parle encore d'un Kiyo-tada II, qui aurait été élève de Kiyo-masu.
* Japon, fantaisie, peinture (c'est-à-dire : peintre fantaisiste japonais).

30『日本浮世絵師』1914年、本文（p.15）（『絵本江戸土産』序）

流派の系譜図に沿った絵師の名と略伝は、それほど知名度の高くない絵師も含めて、ほとんどが同じ頁にレイアウトされた落款（あるいは名前の漢字表記）とともに記述されているようだが、そのなかに日本語資料を仏訳した逸話を挟み込むことで、絵師の名と略伝の単調な羅列ではなく、テキストにアクセントを

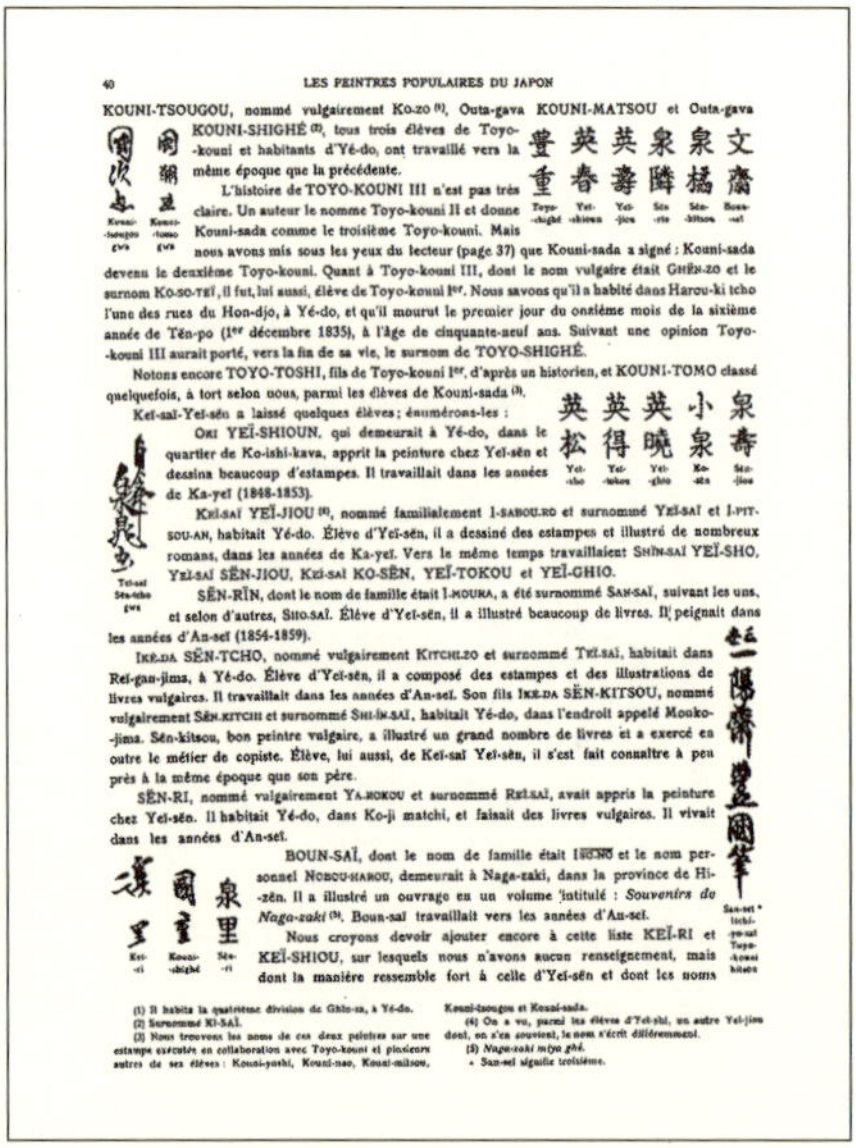

40　LES PEINTRES POPULAIRES DU JAPON

KOUNI-TSOUGOU, nommé vulgairement Ko-zo (1), Outa-gava KOUNI-MATSOU et Outa-gava KOUNI-SHIGHÉ (2), tous trois élèves de Toyo-kouni et habitants d'Yé-do, ont travaillé vers la même époque que la précédente.

L'histoire de TOYO-KOUNI III n'est pas très claire. Un auteur le nomme Toyo-kouni II et donne Kouni-sada comme le troisième Toyo-kouni. Mais nous avons mis sous les yeux du lecteur (page 37) que Kouni-sada a signé : Kouni-sada devenu le deuxième Toyo-kouni. Quant à Toyo-kouni III, dont le nom vulgaire était Ghên-zo et le surnom Ko-so-teï, il fut, lui aussi, élève de Toyo-kouni Ier. Nous savons qu'il a habité dans Harou-ki tcho l'une des rues du Hon-djo, à Yé-do, et qu'il mourut le premier jour du onzième mois de la sixième année de Tên-po (1er décembre 1835), à l'âge de cinquante-neuf ans. Suivant une opinion Toyo-kouni III aurait porté, vers la fin de sa vie, le surnom de TOYO-SHIGHÉ.

Notons encore TOYO-TOSHI, fils de Toyo-kouni Ier, d'après un historien, et KOUNI-TOMO classé quelquefois, à tort selon nous, parmi les élèves de Kouni-sada (3).

Keï-saï-Yei-sên a laissé quelques élèves ; énumérons-les :

Oki YEÏ-SHIOUN, qui demeurait à Yé-do, dans le quartier de Ko-ishi-kava, apprit la peinture chez Yeï-sên et dessina beaucoup d'estampes. Il travaillait dans les années de Ka-yeï (1848-1853).

Keï-saï YEÏ-JIOU (4), nommé familialement I-sabou-ro et surnommé Yeï-saï et I-pit-sou-an, habitait Yé-do. Élève d'Yeï-sên, il a dessiné des estampes et illustré de nombreux romans, dans les années de Ka-yeï. Vers le même temps travaillaient Shin-saï YEÏ-SHO, Yeï-saï SÊN-JIOU, Keï-saï KO-SÊN, YEÏ-TOKOU et YEÏ-GHIO.

SÊN-RÎN, dont le nom de famille était I-moura, a été surnommé San-saï, suivant les uns, et selon d'autres, Sho-saï. Élève d'Yeï-sên, il a illustré beaucoup de livres. Il peignait dans les années d'An-seï (1854-1859).

Iké-da SÊN-TCHO, nommé vulgairement Kitchi-zo et surnommé Teï-saï, habitait dans Reï-gan-jima, à Yé-do. Élève d'Yeï-sên, il a composé des estampes et des illustrations de livres vulgaires. Il travaillait dans les années d'An-seï. Son fils Iké-da SÊN-KITSOU, nommé vulgairement Sên-kitchi et surnommé Shi-in-saï, habitait Yé-do, dans l'endroit appelé Mouko-jima. Sên-kitsou, bon peintre vulgaire, a illustré un grand nombre de livres et a exercé en outre le métier de copiste. Élève, lui aussi, de Keï-saï Yeï-sên, il s'est fait connaître à peu près à la même époque que son père.

SÊN-RI, nommé vulgairement Ya-hokou et surnommé Reï-saï, avait appris la peinture chez Yeï-sên. Il habitait Yé-do, dans Ko-ji matchi, et faisait des livres vulgaires. Il vivait dans les années d'An-seï.

BOUN-SAÏ, dont le nom de famille était Iso-no et le nom personnel Nobou-harou, demeurait à Naga-zaki, dans la province de Hi-zên. Il a illustré un ouvrage en un volume intitulé : *Souvenirs de Naga-zaki* (5). Boun-saï travaillait vers les années d'An-seï.

Nous croyons devoir ajouter encore à cette liste KEÏ-RI et KEÏ-SHIOU, sur lesquels nous n'avons aucun renseignement, mais dont la manière ressemble fort à celle d'Yeï-sên et dont les noms

(1) Il habita la quatrième division de Ghin-za, à Yé-do.
(2) Surnommé Ki-SAÏ.
(3) Nous trouvons les noms de ces deux peintres sur une estampe exécutée en collaboration avec Toyo-kouni et plusieurs autres de ses élèves : Kouni-yoshi, Kouni-nao, Kouni-mitsou, Kouni-tsougou et Kouni-sada.
(4) On a vu, parmi les élèves d'Yeï-shi, un autre Yeï-jiou dont, on s'en souvient, le nom s'écrit différemment.
(5) Naga-zaki miya ghé.
* San-seï signifie troisième.

31『日本浮世絵師』1914年、本文の最終頁（p.40）

つけている。具体的には、上記の『江戸雀』序のフランス語訳に続いて（立圃『休息歌仙』への言及のある）師宣絵本『姿絵百人一首』序と補遺も一部分訳出されており、他にも、有名な「武蔵野の月」に始まる、西村重長『絵本江戸土産』序（図30）と、鈴木春信『続絵本江戸土産』序もさわりの部分が仏訳されているのが目を惹く。(28) さらに、羽川珍重や広重、そして国貞の辞世の句等の仏訳が見られる。(29) 比較的紙面を多く割いて紹介されている絵師の例としては、歌川豊広をあげることができる。この絵師にも、草双紙敵討をはじめとする数十部の絵本挿画の仕事がある。(30)

この章の最終頁は（図31）（フランス国立図書館所蔵版を含めて筆者の参照した版ではこの書物の最終頁ということになるのだが）、豊国門下の国次についての記述からはじまり、頁半ばからは渓斎英泉の弟子の名が、「英春、英壽、泉壽、泉隣、泉晁、泉橘、泉里、文斎」と続けざまに紹介されている。文斎は、安政年間の絵師で、『長崎土産』の挿画を描いたという。そして、さらに二人の絵師にふれている文の途中でこの頁は終わり、同時に、この書物のテキスト部分も完全に途切れてしまう。著者「はしがき」を目次とみなして、仮にその順で執筆されていたとすると、英泉の門下で終っているので、英派以降のテキストがすべて失われている状態である。途切れたテキストの次頁から、挿画を貼付した頁が綴じ込まれているが、目次、奥付は欠けている。

フランス国立図書館所蔵版

フランス国立図書館（ミッテラン・サイト）は『日本浮世絵師』*Les Peintres populaires du Japon* を所蔵している。[31] しかし二〇〇一年頃から数年間、状態劣化のため閲覧不許可の扱いとなっていた。その後閲覧が許可されたが、頁不揃いのまま（例えば八頁から五頁にもどり、十六頁から二十五頁に飛ぶ）綴じ直された状態である。織田萬、アンリ・ヴェヴェール、そして著者自身による前書部分は（XX頁まで）揃っているが、これまで述べてきたように、本文は全四十頁で、最終頁は文章の途中で切れている。奥付はない。図版については、ミッテラン・サイト版には、欠けている図版のナンバーが鉛筆で記入されている。しかし「欠落」と記されている番号のうち「ナンバー55」は誤記で、実際には欠けていないので、ミッテラン・サイト版の図版は全部で三十四枚ある。これらの数字「本文四十頁、図版三十四枚」には大きな意味のあることが、フランス国立図書館（リシュリュウ・サイト、版画・写真部門）に残されていた、この書物の予約出版申込書（図32）と申込書に添えて配布されたと思われる資料によって判明した。この資料は、全部で四頁しかない。凝った和風デザイ

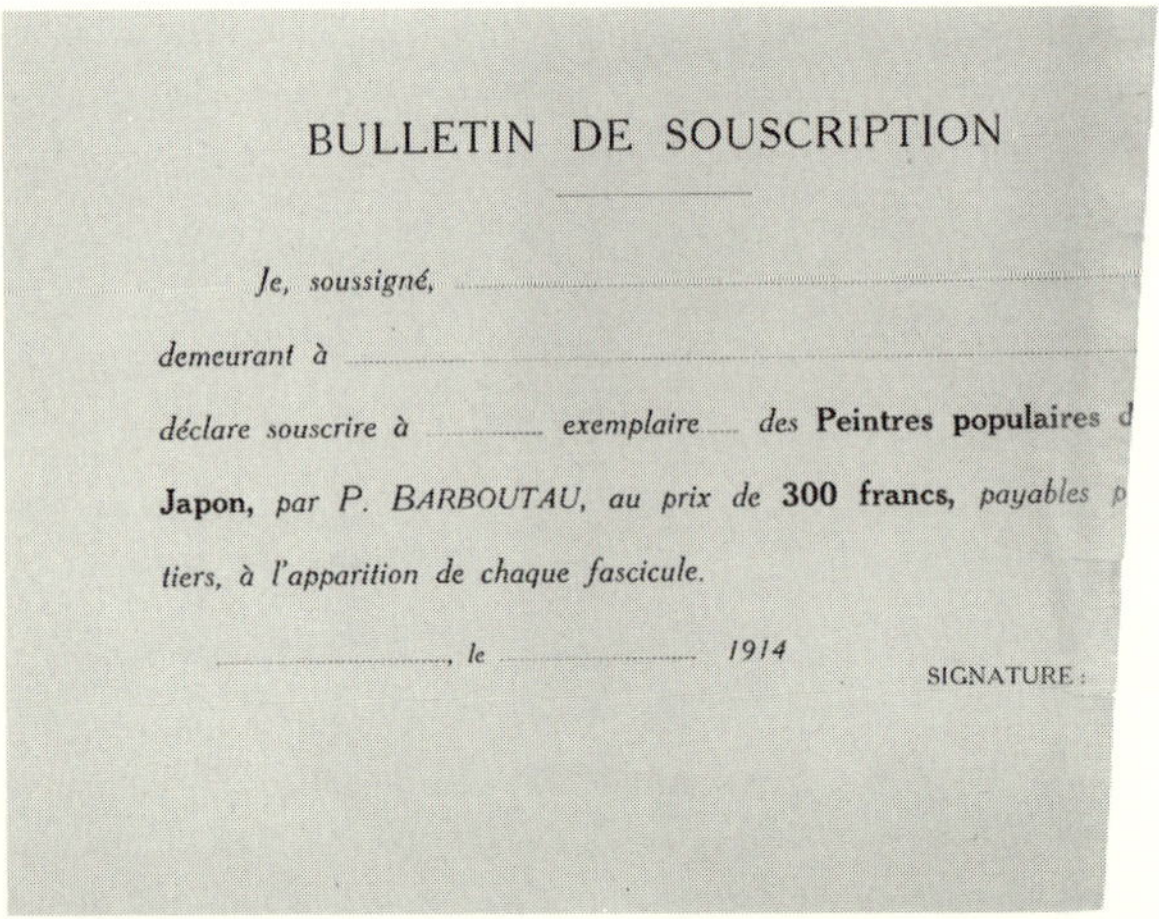

BULLETIN DE SOUSCRIPTION

Je, soussigné, ...

demeurant à ....

déclare souscrire à .... *exemplaire*..... *des* **Peintres populaires d**

Japon, *par P. BARBOUTAU, au prix de* **300 francs,** *payables p*

tiers, à l'apparition de chaque fascicule.

.............................., *le* *1914*

SIGNATURE :

32『日本浮世絵師』予約出版申込書の一部（BnF, Estampes et Photographie）

ンの表紙と裏表紙はミッテラン・サイト版と同一である。一、二頁にはこの書物の概要が記され、三、四頁にはミッテラン・サイト版の九、十頁が挿入されていて、この刊行物のイメージを原寸大で示して予約出版を募るための見本として使われたと考えられる。以下に、リシュリュウ・サイト所蔵資料の一、二頁を読んで、『日本浮世絵師』の全容を解明する手がかりにしたい[32]。

『日本浮世絵師』は、ジェジュ版四つ折二巻からなり、オランダのヴァン・ヘルデル紙に印刷される。本文の外に、和紙に摺って豪華な台紙に組まれた図版百葉（うち六十葉は色摺り）、および本文中には日本絵師の千の落款の復刻を加えて、充実した内容である。

この書物『日本浮世絵師』は、自然を描き、身分の低い人々を描くことで魅惑的な歴史家であった浮世絵師たちの生涯を語っている。身分の低い人々が、浮世絵の様々な流派の種をまき、水をやり、花咲かせたのである。時の流れとともに好みが洗練され、これらの魅力的な芸術家たちは、長い間認められてこなかった正当な評価を手に入れた。師宣、春信、清長、豊国、北斎、広重といった絵師たちの名前や、彼らほどの知名度はなくともかなり知られた絵師の名前は、その作品を目にしたことのある人々の記憶に残っている。しかしほとんどの場合、彼らの生涯についての詳細、受けた教育、彼らが弟子たちに与えた教育、先祖伝来の流儀、習得した技法について、つまり、彼らを彼らに成しえたもの、その実像については一切知られていない。浮世絵師のありのままの姿が書かれているこの書物は、日本最良の歴史家の著作の丹念な翻訳であり、今日まで未公開であった数多くの詳しい情報を含んでいる。

そのうえ、日本の絵師たちについて日本人によって書かれた、このように完成度の高い伝記がヨーロッパで出版されるのは初めてのことであり、これらの絵師の千におよぶ落款が復刻されるのも最初であろう。

本文の外に添えられている美しい図版が、この書物の芸術的な価値を高めていると言ってもよいであろうか。オリジナル版にもとづいて今日の日本で最高の木版術をもって制作されたこれらの版画は、今日の日本で最良の摺師たちによってオリジナルと同じ色摺り、同じ色調に摺られている。さらに、摺りに用いられた木版のなかに古い時代のものが二枚あり、そのうちの一枚は未使用の版であることも特筆すべきであろう。

巻末には、流派の一覧表と、絵師の名前と字《あざな》のアルファベット順のリストが、そして冒頭には、京都大学教授、織田萬の序文と日本美術の卓越した蒐集家であるアンリ・ヴェヴェールの序言が付けられる。

『日本浮世絵師』は、このように、日本美術に興味のあるすべての方々にとって必携の書であり、その方々の書架になくてはならない書物であろう。

刊行部数は三二五部の限定出版で、ナンバーと著者の印章が入る。

『日本浮世絵師』は三分冊で刊行の予定である。本文約四十頁とその外に絵師の名前の一覧、流派の一覧表、序文、序言他、さらに三十三葉の図版（第一分冊には三十四葉）が付けられる。

第一分冊は一九一四年四月二十八日、第二分冊は一九一四年十月に刊行の予定である。

刊行の完了は一九一五年を予定している。

予約出版とし、価格は三百フラン、各分冊の受け取り払いで三分割での支払いも可能である。

予約は、全三分冊一括予約のみ受け付ける。第二分冊の刊行後、価格は引き上げられる予定である。

予約申し込み先　ピエール・バルブトー
パリ、ボトゥレイ街一番

以上の記述には、当然のことながら、ミッテラン・サイト所蔵版、つまり「第一分冊」の冒頭に付けられた織田萬、アンリ・ヴェヴェール、そして著者自身による前書部分と重複する内容が多い。しかしリシュリュウ・サイトの資料にのみ記されている事実があるので、以下にあげておこう。

1 刊行部数は、三二五部に限定されていたこと
2 三分冊で販売し、全二巻で完成する構想の書物であったこと
3 一分冊に、本文約四十頁と図版三十三枚（第一分冊は三十四枚）が配分されていたこと
4 刊行日は、第一分冊が一九一四年四月二十八日、第二分冊は一九一四年十月、そして第三分冊（最終刊）には一九一五年が予定されていたこと
5 価格は、三分冊一括予約で三百フランであったこと

フランスには「ルリユール」（製本工芸、書物工芸）の伝統がある。「仮とじ本」を購入し、読後に蔵書として手元に残すために、その本がインテリアとしての鑑賞にも堪えるように、好みの材料を使用し、デザインを指定して製本をオーダーすることは現在でも時に見られる。「分冊」という形式の出版はそのような慣習に則ったものなのだろう。この書物に日本語とフランス語で序文を寄せている織田萬は、「第一分冊」をあくまでも予約出版を募るための「見本」と考えていた。何しろ本文が四十頁しかなく、しかも文章の途中で切れているのだから、当然であろう。しかしながら、

以上見てきた資料によって、フランス国立図書館所蔵版は、「第一分冊」の（頁不揃いはあるが）欠落のない版であることが判った。ちなみに、その他複数の図書館の所蔵している『日本浮世絵師』を検索すると、ハーヴァード大学図書館をはじめとして、「頁数は全四十、図版枚数は三十四」という書誌概要が圧倒的に多い。ただし、ディジョン市立図書館所蔵本は、頁数は他と同じであるが、図版数が三十七となっている。[33] そして、個人所蔵本のなかには、図版数六十という版もある。これらの図版数のばらつきは、図版はすべて完成していたという織田の証言を裏付けているのではないか。[34] とすると、四十頁以降の本文も、何処かに現存する可能性が否定できない。本文のほうもすでにほぼ完成していたからである。なぜならバルブトーは、織田萬によれば、第一次大戦の三年ほど前に、「多年苦心の原稿は略ぼ完結したが、挿畫の木版は（中略）日本で作る外ないので、その爲はるばる（日本に）やつて來た」のであるから。[35]

『日本浮世絵師』「第一分冊」の刊行年、一九一四年の夏には、第一次世界大戦が勃発している。ディジョン市立図書館の書誌ノートには、「戦争のため、本作品の刊行は中断された」との記載がある。[36] 「第二分冊」「第三分冊」の刊行は確認されていない。

浮世絵師への未完のオマージュ

無名無冠のオリエンタリストが生涯をかけて制作を試みた『日本浮世絵師』という書物には、未完成作品のもつ寂寥感がある。欠けている図版とともに、この書物の情報部分、つまり「第二分冊」「第三分冊」のテキストとなるはずであった原稿が見つかることを期待したい。「第一分冊」の密度の高い内容から推し量って、この書物は単なる日本語文献のフランス語訳ではなく、一介の東洋美術品「蒐集家」から本格的な「オリエンタリスト」へと変貌をとげるバルブトーの人生の集大成がかかっていたからである。一八九三年の『日本旅行関連美術品コレクション明細目録』に記載されているようなジャンルを問わない東洋美術品の蒐集から始まり、『ラ・フォンテーヌ寓話選』『フロリアン寓話選』などのハイブリッド挿絵本のプロデュース、その間に培ったであろう挿画木版についてのノウハウ、長い年月を費やした日本語文献の翻訳、度重なるコレクション売立てによる『日本浮世絵師』刊行のための原資の獲得、これらすべてをベースにして著者は、浮世絵師に焦点をあてて、とくに絵本に着目し、欧米人の美学や視点を極力排除しつつ、日本語資料の紹介に徹した編集方針を貫いている。さらに木版挿画に関しては、わざわざパリから京都まで二度も足を運んでいる。この書物は、「蒐集家」バルブトーにとってはコレクションを昇華させた高次のドキュメンテーションとして、(37) そして「オリエンタリスト」バルブトーにとっては、本格派「オリエンタリスト」として名前を残すためにも、生涯をかけた作品であったことは間違いない。著者には、格別の財力があったわけではない。門閥、学閥、派閥といったバックグラウンドがあったわけでもない。『日本浮世絵師』は、日本の美術《アート》を愛した庶民階層出身の無冠のフランス人が、日本の「ポップ・アーティスト」たち、つまり浮世絵師たちに捧げようとした精一杯のオマージュとなるはずの仕事であった。

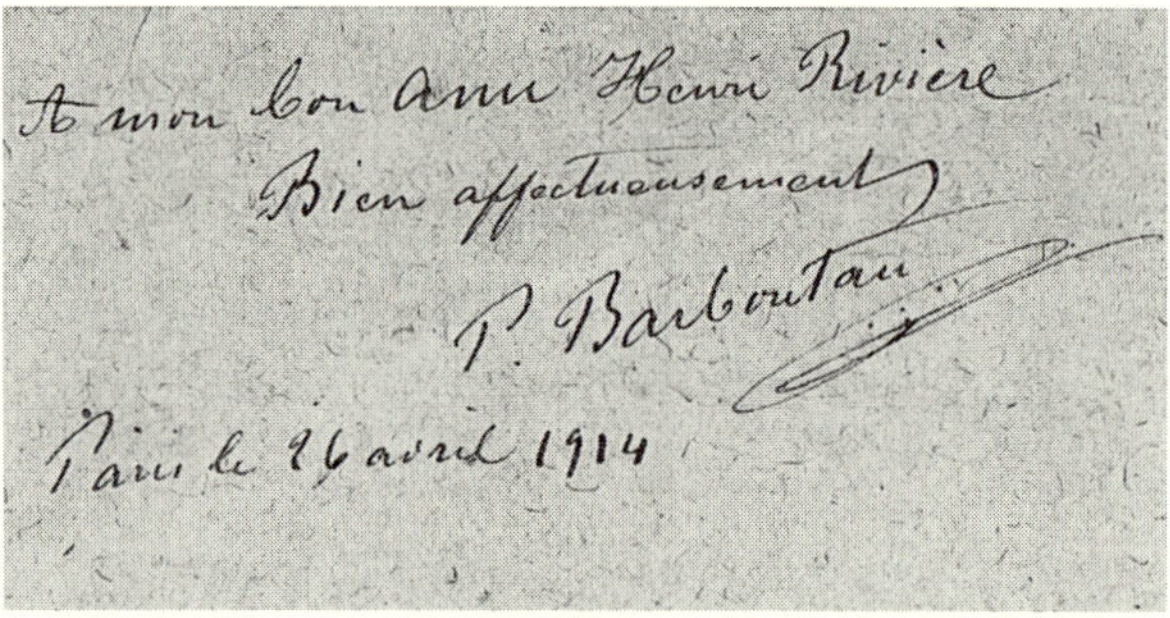

33 アンリ・リヴィエールへの献辞

表紙の裏に、「パリの浮世絵師」と呼ばれたアンリ・リヴィエールへの献辞が書きこまれている「第一分冊」が現存する。「パリの浮世絵師」に宛てた著者自筆の献辞は、「我が良き友／アンリ・リヴィエールへ／心より／P・バルブトー／パリ、一九一四年四月二十六日」と読むことができる[38]（図33）。

一九一六（大正五）年九月十五日　死去（享年五十四）

第一次世界大戦の最中、パリ、情況不詳。死亡証書は次のようになっている（図34）。

一九一六年九月十五日午前十時前後、ボトゥレイ街一番地自宅において、ピエール・バルブトー、古美術商、死去。ドミニック・バルブトーとマリー・ペルード、未婚、の息子として、一八六二年四月二十七日、サン＝スラン＝シュル＝リル（ジロンド県）にて出生。本証書は、一九一六年九月十六日午前十時、エドガール・バラ、四十歳、平役人、フランソワ＝ミロン街十二番地在住、および、デズィレ・コティ、六十二歳、平役人、

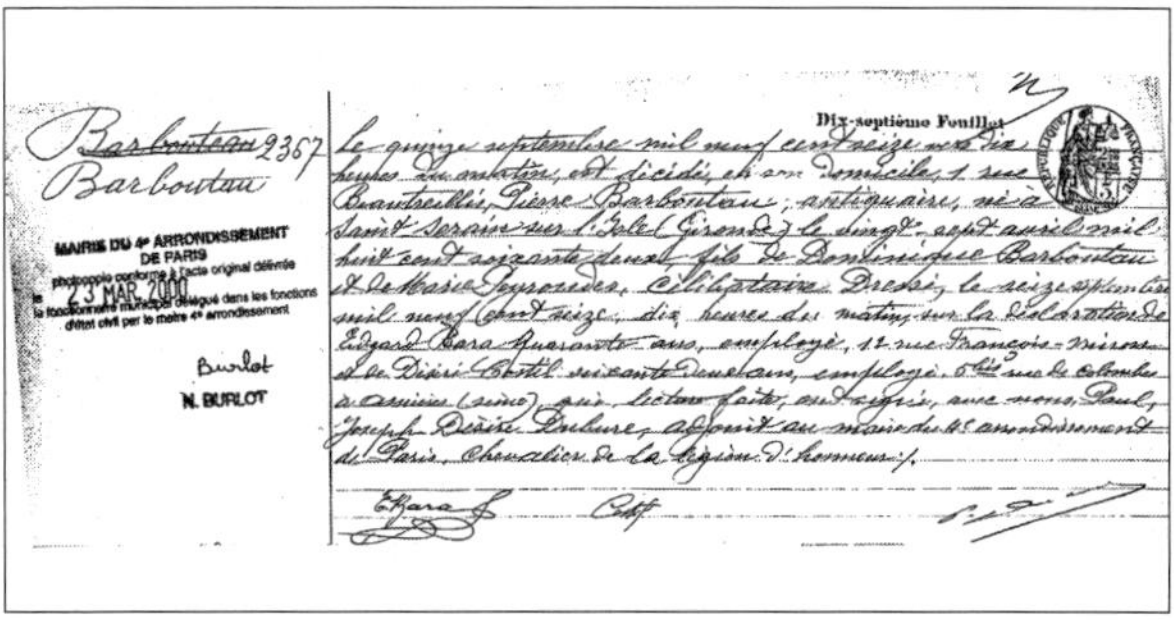
Barboutau 2357
Barboutau

Dix-septième Feuillet

Le quinze septembre mil neuf cent seize vers dix heures du matin, est décédé en son domicile, 1 rue Beautreillis, Pierre Barboutau, antiquaire, né à Saint-Seurin-sur-l'Isle (Gironde) le vingt-sept avril mil huit cent soixante deux, fils de Dominique Barboutau et de Marie Peyroudes, célibataire. Dressé, le seize septembre mil neuf cent seize, dix heures du matin, sur la déclaration de Edgard Bara quarante ans, employé, 12 rue François-Miron et de Désiré Bertil soixante deux ans, employé, 5bis rue de Colombes à Asnières (Seine) qui, lecture faite, ont signé, avec nous, Paul, Joseph Désiré Dubure, adjoint au maire du 4e arrondissement de Paris, chevalier de la Légion d'honneur.

E Bara　Bertil

MAIRIE DU 4e ARRONDISSEMENT DE PARIS
photocopie conforme à l'acte original délivrée
le 23 MAR. 2000
par le fonctionnaire municipal délégué dans les fonctions d'état civil par le maire 4e arrondissement
Burlot
N. BURLOT

34 ピエール・バルブトー「死亡証書」（パリ第４区役所）

アニエール（セーヌ県）コロンブ街五ノ二番地在住、上記両人の届出により作成。パリ第四区役所助役、レジオン・ドヌール勲章受勲者ポール＝ジョゼフ＝デズィレ・デュビュールにより確認、読み上げ後、全員署名。[39]

右記死亡証書の表記には訂正すべき箇所がある。ピエール・バルブトーの出生証書および両親の婚姻証書を参照すると、母親の姓は「ペルード」(Peyroudes) ではなく「ペロンデ」(Peyrondet)、生年月日は「一八六二年四月二十七日」ではなく「一八六二年五月二十七日」の方が、より信憑性が高いと考えられる。

日本美術の大蒐集家としてときに名前だけは出てくる「オリエンタリスト」ピエール・バルブトーだが、日本美術の外国人研究者としても、日仏文化交流史にも、表舞台にはかつて登場したことはない。しかし、すでにふれたユリウス・クルトの著書『写楽』（あるいはクルトの著書から引用のケース）以外にも、二十世紀初頭に西欧で出版された浮世絵関連の著作には、序、註あるいは参考文献として、時折そっと言及されている。(40) 日本語資料にあまりにも忠実で、しかも少ない記録の中に残された限りなく複雑な各絵師の呼称の変化を含めた情報と、その矛盾に到るまで丸ごと提示してしまったバルブトーの翻訳や著作は、『日本絵師の伝記・目録』にしても『日本浮世絵師』についても、概して整合性と明快な分類を尊び、独自の視点と分析を評価する外国人の浮世絵研究者にとっては、やっかいで度外れな、できたら避けて通りたいような資料だったかもしれない。

織田萬のエッセー「ピエール・バルブートー」最終段落は、『日本浮世絵師』について、そして著者のその後の消息について、次のように終わっている。

本人（バルブトー）はパリに歸つて直ちにその著述の豫約出版を企て、日本でも豫約を募つて欲しいとて、見本として初めの何十頁かを送つて來た。大學圖書館あたりでも、なかなか得難い出版物だとして、豫約に應じようと云ふ話になつてゐたところに、意外にも世界大戰争が勃發したので、音信が俄かに杜絶してしまひ、その後の消息を審かにする由なかつた。一九二〇年に萬國學士院聯合會の會議に參列することになつたので、それを好機會にパリに立寄つて、心當りを尋ねて見たが、本人の消息は杳として知り得る所なかつた。後で偶然の機會にその戰時中に幽界に入つたことを聞いたが、その遺業がどうなつたかは皆目判からなかつた。要するに素志を達し得ずして逝つたのであらうが、洵に惜しんでも猶ほ餘りあることである。今は只見本に送つてくれたゞけのものが空しく私の手許に殘つてゐる。

『日本浮世絵師』のほぼ完成していたはずの「第二分冊」「第三分冊」のテキスト、そして京都で制作させた木版挿画の散逸部分はいったいどこに消えてしまったのだろうか。「日本美術の発見者たち」の知られざる先駆者の一人が、生涯をかけて作り上げた著作である。欠けている部分が発見されて、その全容を現す日の来ることを切に願いたい。

ピエール・バルブトー略伝

一八六二（文久二）年
五月二十七日、ジロンド県サン＝スラン＝シュル＝リルに生まれる。父、ドミニック・バルブトー、大工、二十三歳　母、マリー・ペロンデ（ペルード？）、二十二歳。

一八六六（慶応二）年
十一月二十八日、弟ウジェーヌ誕生（パリ）。

一八七〇（明治三）年
六月十八日、両親がパリ第十二区役所に婚姻届を提出、受理される。ピエールは、弟ウジェーヌとともに両親から認知される。

一八八六（明治十九）年
初回来日。

一八九一（明治二十四）年
六月十九日―二十二日、匿名でコレクションの売立て（？）、オテル・ドゥルオ（パリ公営競売場）。

一八九三（明治二十六）年
『ピエール・バルブトー日本旅行関連美術品コレクション明細目録』刊行（パリ）。

一八九四（明治二十七）年　四月二十七日、二回目の来日。
『ラ・フォンテーヌ寓話選——東京最良の絵師団による挿絵付き』監修、刊行（東京）。

一八九五（明治二十八）年　『J・-P・クラリス・ド・フロリアン寓話選——日本人絵師による挿絵付き』監修、刊行（東京）。

一八九六（明治二十九）年　『日清戦争版画集——米僊、半古他による』刊行（東京）。

一九〇四（明治三十七）年　五月三十一日、横浜より出国、船中、織田萬と出会う。
『日本絵師の伝記——ピエール・バルブトー・コレクション所蔵作品による』刊行（パリ）。

一九〇五（明治三十八）年　六月三日—、コレクション売立て、オテル・ドゥルオ（パリ）。
十一月六日—八日、コレクション売立て（アムステルダム）。

一九〇八（明治四十一）年　三月三十一日—四月三日、コレクション売立て、オテル・ドゥルオ（パリ）。

一九一〇（明治四十三）年　四月二十七日—、コレクション売立て、オテル・ドゥルオ（パリ）。

一九一一（明治四十四）年　四月二十四日—二十五日、コレクション売立て、オテル・ドゥルオ（パリ）。
三回目の来日、『日本浮世絵師』挿画木版の発注（京都）。

一九一三（大正二）年　四回目の来日、京都滞在。
一九一四（大正三）年　『日本浮世絵師』第一分冊刊行（パリ）。
一九一六（大正五）年　九月十五日、死去（パリ）。享年五十四。

あとがき

「研究っていうより探偵だね」と言われた。妙に納得してしまった。そう、リサーチ以前のサーチ、依頼者のいない探偵かもしれない。

探偵は、けっこう歩き回った。パリ市公文書館の満員の閲覧室でマイクロフィルム・リーダーの立てるカラカラ（ガラガラ?）いう音。同じカラカラ音は、東京都公文書館にもあった。しかしここでは探し物はほとんど見つからなかった。飯倉の外務省外交資料館も同様であった。京都での探し物も、立命館大学を除いて、収穫は乏しかった。日本は草の根の記録をもう少ししっかりと保管するべきだと実感した。もちろん日本でも、横浜開港資料館など、詳しい細部の記録が残されていたところはあるのだが。

バルブトーの出版した『日清戦争版画集』の閲覧には、ロンドンにキャンバーウェル・カレッジ・オブ・アーツ（University of the Arts London）を訪れた。図書・教育資料部長リズ・カーさんは資料の取り置きに便宜をはかり、ロンドン地下鉄の乗り継ぎ方までメールを下さった。二〇〇四年当時のネット検索では、アメリカを除いてこの資料を所蔵している図書館はここしかなかったからである。しかし後に、これはフランスにもあることがわかった。このように、ある日突然ネット上に現れる情報には、当然のことながらずいぶんと書き直しを余儀なくされた。この本を準備している今現在も、時々刻々と新たな情報が現れていることだろう。楽しみではあるが、あまりの速度にどこで区切りを付けてよいものか戸惑いも感じる。ともかくこの未完成の報告書が新探偵登場のきっかけになってくれたら、と思う。

フランス国立東洋言語文化研究所（INALCO）、近現代出版アーカイブ研究所（IMEC）では、バルブトー関連資料を見つけることはできなかった。しかしこれら二つの研究所とフランス国立図書館には、まだ何か埋もれているのではないかと考えている。オテル・ドゥルオ資料室（Drouot Documentation）では、室長のマリー＝セシール・コメールさんからオークションのイロハを教わり、珍しい資料のコピーを許可していただいた。サン＝スラン＝シュル＝リルのマルセル・ベルトメ町長には、情報の確認と資料の提供にご助力いただいた。

数年にわたる探索の過程では、ほんとうに多くの方々のお世話になった。とくに、松原秀一先生（慶應義塾大学名誉教授）、馬渕明子先生（日本女子大学）、鈴木順二先生（慶應義塾大学）、クリストフ・マルケ先生（フランス国立極東学院）からは、有難いご指摘と助言を受け、重要な資料を教えていただいた。井上如氏、柏木加代子氏、近藤忠彦氏、寺田寅彦氏、原宏氏、森英樹氏、山田久美子氏、横井彬氏からは、様々な局面で貴重な情報とアドバイス、手がかりとエネルギーをいただいた。

ジャン＝ピエール・アブリアル氏、権丈善一氏、フィリップ・コミネッティ氏、佐野壬知子氏、鈴村直樹氏からは各種語学面でのサポートをいただき、フランス語公文書解読の作業には、アンリエット・アングラン氏、ポール・アングラン氏、エマニュエル・ボダン氏、ミシェル・ラフォルジュ氏に大変お世話になった。

ネット検索に関しては慶應義塾大学日吉情報センターの島田たかし氏、上岡真紀子氏、藤井康子氏のご助力があった。

お力添えをいただいた方々に、厚く御礼申し上げたい。

そして、慶應義塾大学出版会の小室佐絵さんなしにはこの本の刊行は覚束なかったことを報告しなければいけない。彼女は、旧字体の日本語と欠落の多いフランス語の入り組んだ、収まりのつかない原稿に付き合って下さった有難い編集者である。深く感謝している。

最後に、探偵を辛抱強く見守ってくれた家族と友人に、ささやかな謝意を表したい。

二〇〇八年一月十五日

高山　晶

著者紹介
高山　晶　TAKAYAMA, Aki
東京都出身。慶應義塾大学文学部フランス文学専攻卒業、同大学大学院文学研究科修士課程フランス文学専攻文学修士号取得。同大学大学院文学研究科博士課程フランス文学専攻単位取得退学。慶應義塾大学商学部助手、助教授を経て、同大学商学部教授。
著書：『フランス語手紙の12か月（改訂版）』（共著、白水社、2005年)、『新版フランス会話手帳』（白水社、1989年)、翻訳：F. ドルト著『ほんとうのお父さんがいたのよ──ドルト先生の心理相談2』（みすず書房、2002年)、M. ドニュジエール著『めいわく犬』（共訳、講談社、1982年）など。

ピエール・バルブトー
──知られざるオリエンタリスト

2008年３月27日　初版第１刷発行

著　者────高山　晶
発行者────坂上　弘
発行所────慶應義塾大学出版会株式会社
〒108-8346　東京都港区三田2-19-30
TEL〔編集部〕03-3451-0931
〔営業部〕03-3451-3584〈ご注文〉
〔　〃　〕03-3451-6926
FAX〔営業部〕03-3451-3122
振替　00190-8-155497
http://www.keio-up.co.jp/
装　丁────中垣信夫＋井川祥子
印刷・製本──萩原印刷株式会社
カバー印刷──株式会社太平印刷社

Printed in Japan ISBN 978-4-7664-1481-3

ピエール・バルブトー
知られざるオリエンタリスト
附録

Pierre Barboutau
un orientaliste méconnu
Appendice

Remerciements
(欧文謝辞)

J'aimerais saisir cette occasion pour exprimer ma profonde gratitude envers M. Jean-Pierre Abrial, M. Marcel Berthomé, Mme Emmanuelle Bodin, Mme Liz Karr, Mme Marie-Cécile Comerre, M. Philippe Cominetti, Mme Henriette Ingrand, M. Paul Ingrand et M. Christophe Marquet, qui m'ont généreusement fait profiter de leur aide, de leurs remarques ainsi que de leurs conseils, sur des études contenues dans ce livre. Pour son soutien et ses encouragements au fil des années, Mme Michèle Laforge a droit à ma reconnaissance toute particulière.

Repères biographiques de Pierre Barboutau
(欧文ピエール・バルブトー略伝)

1862 Naissance à Saint-Seurin-sur-l'Isle (Gironde), le 27 mai.
Père : Dominique Barboutau, charpentier, 23 ans.
Mère : Marie Peyrondet (ou Peyroudes), 22 ans.

1870 Mariage de ses parents à Paris dans le XIIe arrondissement, le 18 juin. Pierre a été légitimé avec son frère, Eugène (né à Paris, le 28 novembre 1866).

1886 Premier voyage au Japon.

1891 Vente d'une de ses collections à l'Hôtel Drouot, les 19-22 juin. (?)

1893 Publication : *Catalogue descriptif d'une collection d'objets d'art, rapportés de son voyage au Japon par Pierre Barboutau*, Paris, Chez l'auteur, 7, Rue Chaptal et Chez Leroux, Éditeur, 28, Rue Bonaparte.

1894 Deuxième voyage au Japon. Arrivée à Yokohama, le 27 avril.
Publication : *Choix de Fables de La Fontaine, illustrées par un groupe des meilleurs artistes de Tokio,* sous la direction de P. Barboutau, Tokio, Imprimerie de Tsoukidji-Tokio, S. Magata, Directeur.

1895 Publication: *Fables choisies de J.-P. Claris de Florian, illustrées par des artistes japonais*, sous la direction de P. Barboutau, Tokio, Librairie Marpon & Flammarion, E. Flammarion Succ^r, 26, Rue Racine, Près l'Odéon, Paris.

1896 Publication : *Guerre sino-japonaise, recueil d'estampes par Bei-sen, Han-ko etc.*, Tokio, Chez P. Barboutau, Tsoukidji N° 51.
Départ de Yokohama, le 31 mai.

1904 Publication : *Biographies des artistes japonais dont les œuvres figurent dans la collection Pierre Barboutau*, tome 1er, Peintures, tome II, Estampes et Objets d'art, Paris, Chez S. Bing, 22, Rue de Provence, 19, Rue Chauchat ; Chez l'auteur, 70, Rue Saint-Louis-en-l'Ile.
Vente d'une grande partie de ses collections à l'Hôtel Drouot, le 3

juin et les jours suivants.

1905 Vente d'une de ses collections à l'Hôtel De Brakke Grond (Amsterdam), les 6, 7 et 8 novembre.

1908 Vente d'une de ses collections à l'Hôtel Drouot du 31 mars au 3 avril.

1910 Vente d'une de ses collections à l'Hôtel Drouot, le 27 avril et les jours suivants.

1911 Vente d'une de ses collections à l'Hôtel Drouot, les 24 et 25 avril. Troisième voyage au Japon.

1913 Quatrième voyage au Japon. Séjour à Kyoto.

1914 Parution incomplète: *Les Peintres populaires du Japon*, tome 1er [1er fascicule], Paris, Chez l'auteur, 1, Rue Beautreillis, IVe.

1916 Mort à Paris, le 15 septembre.

初出一覧

「P. バルブトー著『日本浮世絵師』という書物」『慶應義塾大学商学部五十周年記念論文集』pp.195–202、2007年

「ピエール・バルブトー（1862–1916）——知られざる日本美術愛好家(5)」『慶應義塾大学日吉紀要フランス語フランス文学』第40号、pp.33–68、2005年

「ピエール・バルブトー（1862–1916）——知られざる日本美術愛好家(4)」前掲紀要、第39号、pp.29–55、2004年

「ピエール・バルブトー（1862–1916）——知られざる日本美術愛好家(3)」前掲紀要、第38号、pp.47–81、2004年

「ピエール・バルブトー（1862–1916）——知られざる日本美術愛好家(2)」前掲紀要、第37号、pp.1–28、2003年

「ピエール・バルブトー（1862–1916）——知られざる日本美術愛好家(1)」前掲紀要、第35号、pp.32–51、2002年

「『寓話選』—ある日本生まれの版（II）ジャン＝ピエール・クラリス・ド・フロリアン」前掲紀要、第33号、pp.49–75、2001年

「『寓話選』——ある日本生まれの版（I）ジャン・ド・ラ・フォンテーヌ」前掲紀要、第32号、pp.103–124、2001年

「セミとキリギリス——ラ・フォンテーヌ『寓話詩』初版本の版画をめぐって」前掲紀要、第20号、pp.23–45、1995年

参考文献

欧文

Barboutau (Pierre), *Catalogue descriptif d'une collection d'objets d'art, rapportés de son voyage au Japon par Pierre Barboutau*, Paris, Chez l'auteur, 7, Rue Chaptal et Chez Leroux, Éditeur, 28, Rue Bonaparte, 1893.

— *Choix de Fables de La Fontaine, illustrées par un groupe des meilleurs artistes de Tokio*, sous la direction de P. Barboutau, Tokio, Imprimerie de Tsoukidji-Tokio, S. Magata, Directeur, 1894.

— *Fables choisies de J.-P. Claris de Florian, illustrées par des artistes japonais*, sous la direction de P. Barboutau, Tokio, Librairie Marpon & Flammarion, E. Flammarion Succ^r, 26, Rue Racine, Près l'Odéon, Paris, 1895.

— *Guerre sino-japonaise, recueil d'estampes par Bei-sen, Hanko, etc.*, Tokio, Chez P. Barboutau, Tsoukidji N° 51, 1896.

— *Biographies des artistes japonais dont les œuvres figurent dans la collection Pierre Barboutau*, tome 1er, Peintures, tome II, Estampes et Objets d'art, Paris, Chez S. Bing, 22, Rue de Provence, 19, Rue Chauchat et Chez l'auteur, 70, Rue Saint-Louis-en-l'Ile, 1904.

— *Les Peintres populaires du Japon*, tome 1er [1er fascicule], Paris, Chez l'auteur, 1, Rue Beautreillis, 1914（日本語書名：『日本浮世絵師』）.

Aubert (Louis), *Les Maîtres de l'estampe japonaise*, Paris, Armand Colin, 1922.

Bassy (Alain-Marie), *Les Fables de La Fontaine — Quatre siècles d'illustration*, Paris, Promodis, 1986.

Belk (Russell W.), *Collecting in a Consumer Society*, London and New York, Routledge, 1995.

Carlson (Gregory I.), "Nice Great Moments in the History of Published Fable Illustration", *Les Animaux dans la littérature*, Tokyo, Keio University

Press, 1997.

Collinet (Jean-Pierre), "La Fontaine et ses illustrateurs", *Œuvres complètes, Fables, Contes et Nouvelles de La Fontaine*, Bibliothèque de la Pléiade, 1991, t.1.

Correspondance adressée à Hayashi Tadamasa, Centre national de recherche pour les propriétés culturelles, Tokyo, 2001（『林忠正宛書簡集』東京文化財研究所編、国書刊行会）.

Delay (Nelly), *L'Estampe japonaise*, Paris, Hazan, 1993.

Florian (J.-P. de), *Fables de M. de Florian*, Paris, Imprimerie de P. Didot l'aîné, 1792.

— *Fables de Florian*, mises dans un nouvel ordre, revues, corrigées et augmentées de plusieurs fables inédites par L. F. Jauffret, Paris, Librairie économique, AN IX. (1800–1801)

— *Fables de Florian*, illustrées par Victor Adam, Paris, Delloye, Desmé et Cie, 1838.

— *Fables de Florian* ; (suivies de) Tobie ; (et de) Ruth : poëmes tirés de l'Écriture sainte, illustrées par J.-J. Grandville, Paris, J.-J. Dubochet, 1842.

— *Florian, Fables choisies*, avec une notice biographique, une notice historique et littéraire par Pierre Chambry, Paris, Larousse, 1935.

— *Les Fables de Florian*, éd. établie par Jean-Noël Pascal, Ferney-Voltaire : Centre international d'étude du XVIIIe siècle, 2005.

Franklin (Alfred), *Dictionnaire historique des arts, métiers et professions, exercés dans Paris depuis le XIIIe siècle*, Marseille, Laffitte Reprints, 1987.

Goncourt (Edmond et Jules de), *Journal, Mémoires de la vie littéraire*, Robert Laffont, 1989.

Guimet (Emile), *Promenades japonaises : Tokio-Nikko*, G. Charpentier Éditeur, Paris, 1880.

The Japan Weekly Mail, a Review of Japanese Commerce, Politics, Literature, and Art, Yokohama, 1894, 1896.

Kœchlin (Raymond), "Avant-propos", *Estampes japonaises primitives*, Catalogue dressé par M. Vignier avec la collaboration de M. Inada, Paris, Des Ateliers Photo-Mécaniques D.-A. Longuet, 1909–1911. (Genève, Minkoff Reprint, 1973)

Kurth (Julius), *Utamaro*, Leipzig, F.-A. Bockhaus, 1907.
— *Sharaku*, München, R. Piper & Co., 1910.

La Fontaine (Jean de), *Fables choisies mises en vers par M. de La Fontaine*, Paris, Barbin et Thierry, 1668.
— *Œuvres complètes, Fables, Contes et Nouvelles de La Fontaine*, Bibliothèque de la Pléiade, 1991, t.1.

Lemoisne (P.-A.), *L'Estampe japonaise*, Paris, Henri Laurens, 1915.

Marquet (Christophe), "Images de la guerre sino-japonaise de 1894-1895 — Collection d'estampes de la Bibliothèque interuniversitaire des Langues Orientales", Institut national des langues et civilisations orientales, *CIPANGO, Cahiers d'études japonaises* n° 7, 1998.
—"Emmanuel Tronquois (1855–1918), un pionnier des études sur l'art japonais. Sa collection de peintures et de livres illustrés d'Edo et de Meiji", *Ebisu Études japonaises* 29, Maison Franco-japonaise, 2002.

Maupassant (Guy de), *Œuvres complètes de Guy de Maupassant, études, chroniques et correspondance*, Paris, Librairie de France, 1938.
— *Contes et Nouvelles*, Bibliothèque de la Pléiade, 1991, t.1.

Nadaud (Martin), *Mémoires de Léonard, ancien garçon maçon*, Bourganeuf, Duboueix, 1895.

Parinet (Elisabeth), *La Librairie Flammarion : 1875–1914*, Paris, IMEC, 1992.

Perdiguier (Agricol), *Mémoires d'un compagnon*, Paris, Imprimerie Nationale, 1992.

Poëmes de la Libellule, traduits du japonais, d'après la version littérale de M. Saionji, Conseiller d'État de S.M. l'Empereur du Japon, par Judith Gautier ; Illustrés par Yamamoto. Paris, Gravé et imprimé par Gillot, 1884.

Sainte-Beuve, *Les Grands Écrivains Français, XVIIIe siècle, Auteurs dramatiques et Poètes, Beaumarchais, Florian, André Chénier*, Paris, Garnier frères, 1930.

Seidlitz (W. von), *A History of Japanese Color-prints*, London, Heinemann, 1910.

Sharf (Frederic A.), *Takejiro Hasegawa, Meiji Japan's Preeminent Publisher of Wood-Block-Illustrated Crepe-Paper Books*, Massachusetts, Peabody Essex

Museum, 1994.
Toudouze (Georges), *Henri Rivière: peintre et imagier*, Paris, H. Flaury, 1907.

和文

浅野秀剛、諏訪春雄、山口桂三郎『東洲斎写楽　原寸大全作品』小学館、2002。

『アンリ・リヴィエール《エッフェル塔三十六景》』（展覧会図録）ニューオータニ美術館、1997。

石澤小枝子『ちりめん本のすべて——明治の欧文挿絵本』三弥井書店、2004。

稲賀繁美『絵画の東方——オリエンタリズムからジャポニスムへ』名古屋大学出版会、1999。

井上如「オブジェクツとコレクティング行動」『学術情報サービス——21世紀への展望』丸善、2000。

井上宗雄他編『日本古典籍書誌学辞典』岩波書店、1999。

今田洋三『江戸の本屋さん——近世文化史の側面』NHK ブックス、1977。

エルスナー，ジョン＆カーディナル，ロジャー編『蒐集』高山宏監修、高山宏、富島美子、浜口稔訳、研究社、1999。

及川茂『最後の浮世絵師——河鍋暁斎と反骨の美学』NHK ブックス、1998。

大島清次『ジャポニスム——印象派と浮世絵の周辺』美術公論社、1980。

織田萬「前世紀の留学（その 1 〜その 7）」『立命館学誌』、1936。

—『民族の辯』文藝春秋社、1940。

—『法と人』春秋社松柏館、1943。

尾本圭子、フランシス・マクワン『日本の開国——エミール・ギメ、あるフランス人の見た明治』創元社、1996。

柏木加代子「バルブトー編『ラ・フォンテーヌ寓話抄』の日本画挿絵について」『京都市立芸術大学美術学部研究紀要』46 号、2002。

『梶田半古の世界展』（展覧会図録）そごう美術館、1994。

狩野寿信編纂『本朝画家人名辞書』大倉書店、1893。

川崎晴朗『私の築地居留地研究』私家版、1995。

木々康子『林忠正とその時代——世紀末のパリと日本美術』筑摩書房、1987。

ギメ，エミール『ギメ東京日光散策——レガメ日本素描紀行』青木啓輔訳、

新異国叢書、第11輯8、雄松堂出版、1983。

クルト，ユリウス『写楽』定村忠士、蒲生潤二郎訳、アダチ版画研究所、1994。

小山ブリジット『夢見た日本――エドモン・ド・ゴンクールと林忠正』高頭麻子・三宅京子訳、平凡社、2006。

サイード，エドワード・W.『オリエンタリズム』板垣雄三、杉田英明監修、今沢紀子訳、平凡社、1986。

佐藤道信『明治国家と近代美術――美の政治学』吉川弘文館、1999。

―「日本美術の市場形成」『美術商の百年――東京美術倶楽部百年史』東京美術倶楽部百年史編纂委員会編、2006。

―『美術のアイデンティティー』吉川弘文館、2007。

澤護『お雇いフランス人の研究』敬愛大学経済文化研究所、1992。

沢田章『日本畫家辞典　人名編』思文閣出版、印刷1950、発行1987。

島本浣『美術カタログ論――記録・記憶・言説』三元社、2005。

清水徹『書物について――その形而下学と形而上学』岩波書店、2001。

『ジャポニスムの時代――19世紀後半の日本とフランス』（第2回日本研究日仏会議）日仏美術学会、1983。

シュヴァリエ，ルイ『労働階級と危険な階級』喜安朗、木下賢一、相良匡俊訳、みすず書房、1993。

定塚武敏『海を渡る浮世絵――林忠正の生涯』美術公論社、1981。

真銅正宏「永井荷風――墓地とオペラの巡礼者」『言語都市・パリ 1862–1945』藤原書店、2002。

瀬木慎一『真贋の世界』新潮社、1977。

―『ビッグ・コレクター』新潮選書、1979。

―『日本美術の流出』駸々堂、1985。

―『新版・写楽実像』美術公論社、1985。

―「レイモン・ケクランとコレクターたち」『ジャポネズリー研究会報』13号、1993。

―『浮世絵世界をめぐる』里文出版、1997。

竹原あき子『パリの職人』光人社、2001。

田中英道『光は東方より――西洋美術に与えた中国・日本の影響』河出書房新社、1986。

東京都編「築地外人居留地明細　附表」『都史紀要四　築地居留地』、1957。

谷崎潤一郎『幼少時代』(『谷崎潤一郎全集』第 17 巻)中央公論社、1987。

仲田勝之助編校『浮世絵類考』岩波文庫、1941。

仲田勝之助『絵本の研究』八潮書店、1977。

永井荷風『荷風全集』第 4 巻、第 10 巻、岩波書店、1992。

永田生慈『資料による近代浮世絵事情』三彩社、1992。

中野三敏『書誌学談義——江戸の板本』岩波書店、1995。

ナド，マルタン『ある出稼石工の回想』喜安朗訳、岩波文庫、1997。

西堀昭『日仏文化交流史の研究——日本の近代化とフランス』駿河台出版社、1988。

『林忠正コレクション』ゆまに書房、2000。

『パリ 1900 年・日本人留学生の交遊』(『パンテオン会雑誌』資料と研究)『パンテオン会雑誌』研究会編、ブリュッケ、2004。

樋口文山編纂『日本美術画家人名詳伝』優美館、1892。

ビング，サミュエル編、大島清次・瀬木慎一・芳賀徹・池上忠治翻訳・監修『藝術の日本　*Le Japon artistique 1888–1891*』美術公論社、1980。

ヘリング，アン「縮緬本雑考」(上)(中)(下)、「続縮緬本雑考」(1)—(12)『日本古書通信』第 457–652、昭和 57 年 5 月号— 58 年 11 月号(1982–1983)。

—「作品解説」『ちりめん本と草双紙—— 19 世紀後半の日本の絵入本』福生市郷土資料室編集、福生市教育委員会発行、1990。

本間光則編『新増補浮世絵類考』畏三堂、1889(新版、1890)。

『本という美術——大正期の装幀から現代のオブジェまで』(展覧会図録)うらわ美術館、2001。

ポミアン，クシシトフ『コレクション——趣味と好奇心の歴史人類学』吉田城、吉田典子訳、平凡社、1992。

馬渕明子『ジャポニスム　幻想の日本』ブリュッケ、1997。

『マルク・シャガール——ラ・フォンテーヌの寓話』(展覧会図録)川村記念美術館、2006。

マルケ，クリストフ「エマニュエル・トロンコワと明治中期の洋画壇」『美術研究』第 386 号、2005。

—「記録と記憶——日清戦争図像のなかの歴史」『記憶と歴史——日本における過去の視覚化をめぐって』(文部科学省オープン・リサーチセンター整備事業シンポジウム報告書)早稲田大学曾津八一記念博物館・明治美術学会、2007。

森銑三『書物の周囲』研文社、1988。

森銑三、柴田宵曲『書物』岩波文庫、1997。

矢島新、山下裕二、辻惟雄『日本美術の発見者たち』東京大学出版会、2003。

山田久美子「狩野友信——明治を生きた最後の奥絵師（1）生い立ち・修行・奥絵師時代・作品、（2）来日外国人画家との交友」日本フェノロサ学会機関誌 *LOTUS*、19 号 1999、22 号 2002。

—「狩野友信の明治——奥絵師から日本画教師へ」明治美術学会誌『近代画説』9 号、2000。

由良哲次編『総校日本浮世絵類考』画文堂、1979。

吉田暎二『東洲斎写楽』北光書房、1943。

図版リスト

20「2 匹の猫」（フロリアン B 版第 1 巻 XIV　梶田半古画）
21「兎とマガモ」（フロリアン B 版第 2 巻 III　狩野友信画）
22 右：「香具師」（フロリアン B 版第 2 巻 VI　梶田半古画）、左：テキスト頁
23「哲学者とフクロウ」（フロリアン B 版第 2 巻 XIII　狩野友信画）
24『日清戦争版画集――半古、米僊他による』（*Guerre sino-japonaise, Recueil d'estampes par Bei-sen, Han-ko, etc.*）1896年、表紙（梶田半古画）
25「金州城郭の景観」（日清戦争版画集 IX　久保田米僊画）
26 見返し絵（日清戦争版画集 巻尾　作者不詳［容斎派］）
27『日本浮世絵師』（*Les Peintres populaires du Japon*）1914 年、表紙

本文

第 I 部第 1 章

1 ラ・フォンテーヌ『韻文で書かれた寓話詩』1668 年初版、タイトル・ページ（慶應義塾大学図書館）
2『ラ・フォンテーヌ寓話選』1894 年、第 1 巻タイトル・ページ
3『ラ・フォンテーヌ寓話選』1894 年、第 1 巻目次、奥付
4「蝉と蟻」（ラ・フォンテーヌ初版、Livre I-I　ショヴォー画）
5「燕と小鳥たち」（ラ・フォンテーヌ初版、Livre I-VIII　ショヴォー画）
6「矢に傷ついた鳥」（ラ・フォンテーヌ初版、Livre II-VI　ショヴォー画）
7「鳩と蟻」（ラ・フォンテーヌ初版、Livre II-XII　ショヴォー画）
8「太陽と蛙たち」（ラ・フォンテーヌ初版、Livre VI-XII　ショヴォー画）
9「亀と 2 羽の鴨」（ラ・フォンテーヌ初版、Livre X-II　ショヴォー画）

第 I 部第 2 章

10 フロリアン『寓話選』1792 年初版、見返し絵、タイトル・ページ
11「寓話と真実」（フロリアン初版、Livre I-I）（フランス国立図書館 BnF）
12「母親と子供とオポッサム」（フロリアン初版、Livre II-I）（BnF）
13「猿と豹」（フロリアン初版、Livre III-I）（BnF）
14「物知りと農場主」（フロリアン初版、Livre IV-I）（BnF）
15「羊飼いとナイチンゲール」（フロリアン初版、Livre V-I）（BnF）
16 フロリアン『寓話選』共和暦 9 年（1800 年あるいは 1801 年）版、見

返し絵、タイトル・ページ

第Ⅱ部第１章

17『日本浮世絵師』1914年、織田萬自筆の序文

18 ピエール・バルブトー「出生証書」（サン＝スラン＝シュル＝リル町役場）

19 ドミニック・バルブトーとマリー・ペロンデの「婚姻証書」（パリ市文書館）

第Ⅱ部第２章

20『匿名コレクション　日本の絵画、版画目録』1891年、タイトル・ページ（ドゥルオ資料室）

21『ピエール・バルブトー日本旅行関連美術品コレクション明細目録』1893年、タイトル・ページ（BnF）

22『ピエール・バルブトー日本旅行関連美術品コレクション明細目録』作家名の日本文字一覧、Kの部（BnF）

23『日清戦争版画集――米僊、半古他による』1896年、版画解説一覧、奥付

24『日清戦争版画集――米僊、半古他による』に用いられたバルブトーの印章

第Ⅱ部第３章

25『日本絵師の伝記――ピエール・バルブトー・コレクション所蔵作品による』1904年、第1巻、タイトル・ページ

26『日本絵師の伝記――ピエール・バルブトー・コレクション所蔵作品による』1904年、第2巻（p.85）（INHA）

27『バルブトー・コレクション』1904年、小型売立て目録（p.186）（ドゥルオ資料室）

第Ⅱ部第４章

28『日本の芸術　絵画、デッサン、版画　バルブトー・コレクション』1905年、アムステルダム売立て目録、タイトル・ページ（慶應義塾大学図書館）

29『日本の芸術　P. バルブトー・コレクション　工芸品、版画、絵画、

古代裂』1908年、売立て目録（p.86）（INHA）

第II部第5章

30『日本浮世絵師』1914年、本文（p.15）（『絵本江戸土産』序）
31『日本浮世絵師』1914年、本文の最終頁（p.40）
32『日本浮世絵師』予約出版申込書の一部（BnF, Estampes et Photographie）
33 アンリ・リヴィエールへの献辞
34 ピエール・バルブトー「死亡証書」（パリ第4区役所）

註

第Ⅰ部

(1) Les Contes ont tous paru d'abord sans illustrations : ils n'en reçurent que par la suite. Il n'en va pas de même pour les Fables, qui se présentèrent d'emblée comme une œuvre illustrée. Les vignettes dont s'ornaient celles des six premiers livres dans le somptueux in-quarto de 1668 ne constituaient nullement une invention : en France, dès le Moyen Âge, les ysopets manuscrits comportaient des miniatures, dont la tradition se perpétue, après l'invention de l'imprimerie, [...] (Jean-Pierre Collinet, “La Fontaine et ses illustrateurs” in (*Œuvres complètes, Fables, Contes et Nouvelles de La Fontaine*, Bibl. de la Pléiade, 1991, t.1, p.LXIII).

(2) 書物を便宜上「読むもの」と極めて、(…) 叙述を続けて来たが、それには例外がある。「読む書物」の外に「見る書物」がある（森銑三「書物甲篇」『書物』岩波文庫、1997 年、p.138)。

(3) あらゆる書物は人の手に成ったものである。神意や天啓を伝えたものがあるにしても、書物に化する一段になれば人の手を煩わさなければならぬ。だから書物はなによりも人間に似ている。

人の書物を作る目的は一様ではない。しかしその目的の如何にかかわらず、書物は著者その人を現しているから妙である（柴田宵曲「書物乙篇」、*ibid.*, p.331)。

第Ⅰ部第１章

(4) *Fables choisies mises en vers par M. de La Fontaine*, Paris, Barbin et Thierry, 1668. Figures gravées par François Chauveau.

(5) Édition particulièrement originale des *Fables de La Fontaine*, réellement exécutée à Tokyo, pour le compte de la Librairie Flammarion (Alain-Marie Bassy, *Les Fables de La Fontaine — Quatre siècles d'illustration*, Paris, Promodis, 1986, p.272).

(6) Gregory I. Carlson の取りあげた9つの出版物のうち3つが、ラ・フォンテーヌの寓話集である。そのうち、ここに取り上げる版以外にあげられているのは、J.-J. Grandville の挿絵版と G. Doré の挿絵版である（“Nice Great Moments in the History of Published Fable Illustration” in *Les Animaux dans la littérature*, Tokyo, Keio University Press, 1997, pp.105–123）。

(7) フランス国立図書館（以下、BnF と略記する）所蔵の版（Rés. P–Ye–225）は縮緬本である。綴じられてはいないが2巻一緒に、固い厚表紙に挟み込み、さらに箱に入れられている。厚表紙、箱とも縮緬本と同じようにクレープ・ペーパー（縮緬紙）で覆われていて、その縮緬紙に描かれているのは「日本庭園に鳥」であったり、「前景に鳥、右上に花、川むこうの遠景には山」、あるいは「鶴を大きく2羽手前において波と舟、上方に花と松の枝」であったりする。この縮緬紙とそこに描かれた絵は明らかに日本のものである。しかし、固い厚表紙の見返し内側には、セーヌ河の橋と河岸のブキニストをモチーフにしたデッサンを背景に “PARIS SANS PAIR / BIBLIOTHÈQUE DE PAUL LACOMBE” と印刷された ex-libris（蔵書票）が貼られていて、BnF 所蔵になる前のかつての所有者を示している。

蔵書票の貼られている地の紙は紫に金の模様の入った洋紙で、箱の背には赤い皮素材の上に金文字で “FABLES DE LA FONTAINE / TOKIO 1894” とあり、その下に小さな金字で “PETITOT” と読むことができる。さらに、箱に貼られた縮緬紙の絵の折り返し部分に見られる絵師の名は判然としないが、この版に挿絵を描いた5人の誰とも一致しない。以上の理由から、これらの厚表紙と箱は（それを覆っているクレープ・ペーパーは日本のものであるが）日本で制作されたものではなく、フランスでオーダーされた一種の個人製本と考えられる。装丁家の名が PETITOT なのかもしれない。

事実フランスには、製本工芸の伝統があった。書物工芸の歴史上、「(Jean Grolier [1479–1565] のおかげで) ルネサンス期以後はフランスが製本工芸の発展の中心となり、現代美術の表現形式の1つと認められるまでに技術と芸術性を高めた。(そのため) フランスでは、ごく最近まで版元製本は一般的なことにならなかった。薄い1枚続きの紙で中身をくるんだだけの〈仮とじ本〉を買い、アンカットのページを自分で切り開きながら読み、読み終わったものを蔵書として個人的に皮製本に仕立てさせるという習慣は、20世紀に入っても続いていたし、現在でも文学書の多

くは仮とじ本のまま売られている」（栃折久美子「装丁」『世界大百科事典』、平凡社、1993、16-p.320）。このような背景を考えれば、この版を所有していたPaul Lacombeが、絹糸の束で綴じられただけの和装本を「仮綴じ本」と考えて自分の蔵書に加えるために、厚表紙と箱をフランスで特注したとしても不思議ではない。

(8) アン・ヘリング（「続・縮緬本雑考（1）」『日本古書通信』昭和57年9月号、pp.12–14）によれば、明治20年代になるとすでに、日本の出版社と外国の出版社との間には「共同出版」とも呼べる協力関係が成立していたケースがあるらしい。明治時代の欧文和装本としてよく知られている「日本昔噺」シリーズの発行者、長谷川武次郎の弘文社は、明治20–21年頃から英国のGriffith Farran社と「共同出版」をしており、その証拠として、「日本昔噺」シリーズの第15号*My Lord Bag-O-Rice*の裏表紙の絵が指摘されている。長谷川武次郎は、また、*Dichtergrüsse aus dem Osten*（明治27年）や*Terakoya und Asagao*（明治33年）などの訳者兼監修者であったKarl Florenz博士（ライプツィヒ大学出身）を通じて、ライプツィヒのAmelang社と、ドイツ語版の出版物に関して緊密な協力関係にあった（アン・ヘリング「作品解説」、『ちりめん本と草双紙―― 19世紀後半の日本の絵入本』福生市郷土資料室編集、福生市教育委員会発行、平成2年、p.44）。

『ラ・フォンテーヌ寓話選』の出版でFlammarion社の果した役割は判然としないが、「特別注文」か「特約販売」であろうか。①奥付にその社名が記されていないこと、②発行・印刷者が長谷川武次郎ではなく曲田成であること、③翌年の明治28年に出版された*Fables choisies de J.-P. Claris de Florian*, illustrées par des artistes japonaisには“LIBRAIRIE MARPON & FLAMMARION / E. FLAMMARION SUCC[r] / PARIS”と表紙および扉に記載があって、Flammarionの名は2ヶ所に入ってはいるが、日本側の発行者「金光正男」、印刷者「山本鉄次郎」はラ・フォンテーヌ『寓話選』とは別人の名前になっていること。以上の理由からこのケースは、長谷川武次郎の弘文社とGriffith Farran社のケースのような共同出版ではなく、むしろ「著作者　馬留武黨」とFlammarion社との個人的な連携から出版されたのではないかと考えられる。

しかし、少なくとも『ラ・フォンテーヌ寓話選』の場合は、Florenz博士とAmelang社の関係ほどの緊密さがあったかどうかは疑問である。その理由は、*Dichtergrüsse aus dem Osten*の表紙絵のAmelang社の社名の描き

込み方が、海に浮かぶヨットの帆に社名を入れる凝った図案なのに比べて、Flammarion 社のほうは、その社名がたった 1 カ所しか記されていないうえに、あとからゴム印で押したのかと勘違いしそうなくらいそっけない書込みになっているからである。

(9) Il a été fait de cet ouvrage un tirage sur/papier Japonais de luxe. /

150 exemplaires sur *Tori-no-ko.* (qualité extra.) N°s 1 à 150.

200 idem sur *Hô-sho.* . . . . . N°s 151 à 350.

350 exemplaires, numérotés.

Le texte de ces trois cent cinquante exemplaires a dû être imprimé sur papier, Hô-sho, le Tori-no-ko étant trop épais pour être plié. Le papier Japonais, à cause de sa composition, ne peut être imprimé que d'un côté.

「ナンバー入りの版は、鳥の子紙に 150 部（1–150)、奉書に 200 部（151–350)、計 350 部。鳥の子紙は厚すぎて折ることができず、これら 350 部のテキストは奉書に刷らざるをえなかった。和紙はその紙質のため、片面にしか印刷できない」とある。これらの記述には「鳥の子紙」に関して判然としない部分が残る。一方、鳥の子紙かと思われる上質紙に摺られたやや大型の平紙本（約 26.5 × 20cm.）が現存し、その表紙絵は他の版と同じ梶田半古のものであるが、縁取りがつけられている。

(10)「縮緬本雑考」(上)（中）(下)、「続縮緬本雑考」(1) – (12)『日本古書通信』第 457–652（昭和 57 年 5 月号 –58 年 11 月号)。アン・ヘリングは「国際出版の曙――明治の欧文草双紙」のなかで、次のように 2 つの『寓話選』にふれている「(…) ド・フローリアンとラ・フォンテーヌの仏文寓話に、梶田半古や河鍋暁斎の息女で、女子美術専門学校の教授となった河鍋暁翠らが日本風の挿絵をつけた大型和本は、明治 28 年頃に発行されている。ちょっと異色の 1 例であろう」(『ちりめん本と草双紙――19 世紀後半の日本の絵入本』福生市郷土資料室編集、福生市教育委員会発行、平成 2 年、p.25)。なお、縮緬本については、バルブトーの監修したラ・フォンテーヌとフロリアンの『寓話選』への言及はないが、石澤小枝子『ちりめん本のすべて――明治の欧文挿絵本』(三弥井書店、2004) に詳しい。

(11)「縮緬本雑考」(中)（第 458 号、p.3）

(12)「続縮緬本雑考」(1)（第 461 号、p.14）

(13) Le choix des fables de LA FONTAINE, que nous offrons au Public, est surtout basé sur la plus ou moins grande difficulté que nous avons rencontrée

à traduire le sens de ces fables aux artistes Japonais, qui ont bien voulu nous prêter leur concours pour les illustrer, chacun selon le style de l'École à laquelle il appartient, et qu'un long séjour, parmi eux, nous a permis d'apprécier. [...]

Est-il nécessaire d'ajouter que nous n'avons reculé devant aucun sacrifice pour offrir aux amateurs à qui ce premier essai s'adresse une œuvre digne de notre grand Fabuliste et des éminents artistes Japonais, qui ont bien voulu nous prêter leur concours ; nous leur adressons ici nos bien sincères remerciments (sic), et nos félicitations.

Notre but, en publiant cet ouvrage, est de faire connaîre à ceux qui s'occupent de cette branche si intéressante de l'Art du dessin, le genre dont nous sommes absolument redevables à cette pléiade d'Artistes Japonais dont les Séshiou, les Kanô, les Kôrin, dans le passé ; les Ôkio, les Outamaro, les Hokousaï, les Shiroshighé, dans une époque plus rapprochée de nous, sont les coryphées, et dont les œuvres remarquables sont de plus en plus appréciées par les Artistes de tous les pays et de toutes les écoles.

Tokio, Septembre 1894.

(14) 本文中で省略した部分には、この版に挿絵を描いた５人の絵師、河鍋暁翠、狩野友信、岡倉秋水、枝貞彦、梶田半古が紹介されている。

Kawa-nabé Kiyo-soui, (Fille et élève du fameux Kiyo-saï ; un des grands artistes du Japon moderne, célère par les dessins à l'encre de Chine qu'il a laissés, où il a fait une étude complète du corbeau), a tout naturellement choisi, entre autres fables ; LE CORBEAU ET LE RENARD.

Kanô Tomo-nobou, un des représentants de la grande famille des Kanô, suffisamment connue des Amateurs d'Art pour qu'il ne soit pas nécessaire d'en faire l'éloge ; nous montre dans les fables ; LA GRENOUILLE ET LE RAT, LE COQ ET LA PERLE, pour n'en pas citer d'autres, qu'il est bien de la famille.

LES DEUX TAUREAUX ET LA GRENOUILLE, LE DRAGON À PLUSIEURS TÊTES ET LE DRAGON À PLUSIEURS QUEUES ; et d'autres encore, ont été illustrées par Oka-koura Shiou-soui, qui appartient, lui aussi, par son genre de talent, à l'école de Kanô.

Eda Sada-shiko, paysagiste de talent a eu l'heureuse idée de placer la scène de la fable, LE RAT ET L'HUÎTRE en face de l'île de Enoshima, connue de

tous les collectionneurs d'estampes Japonaises, et ils sont nombreux, grâce au pinceau du célèbre Outa-maro, dont les œuvres sont tant recherchées aujourd'hui, particulièrement celle à laquelle nous faisons allusion.

Enfin Kadji-ta Han-ko, élève de Yô-saï ; celui qui fut déclaré de son vivant, par l'Empereur actuel, le plus grand peintre de son temps ; s'est chargé de nous peindre LA CIGALE allant implorer LA FOURMI sa voisine ; il nous la représente si malheureuse, elle semble dans un si présent (sic) besoin qu'on ne saurait s'empêcher d'être ému en présence de cette grande infortune. Nous ne pensons pas que le sujet puisse être mieux traité. Toutes Ies fables illustrées par ce maître de grand talent, bien que jeune encore, sont traitées avec le même sentiment artistic (sic), qu'il sait imprimer à toutes ces œuvres.

(15) Il y a vingt-huit ans lorsque, jeune et plein d'ardeur, l'auteur du présent ouvrage débarquait pour la première fois au Japon, il était loin de se douter que ce pays enchanteur exercerait sur lui son charme, au point de l'amener à modifier complètement ses occupations habituelles, ses projets et son genre de vie même, et de faire de lui, non seulement un japonisant, mais presque un Japonais. C'est qu'en 1886, à cette époque déjà lointaine où cette contrée merveilleuse se révélait a M. Pierre Barboutau, le Japon était encore le vieux Yamato. (Henri Vever, Préface in Pierre Barboutau, *Les Peintres populaires du Japon*, tome I, 1914, Paris, Chez l'auteur, 1, Rue Beautreillis, p.XIII) *Les Peintres populaires du Japon* は、以下 *Peintres* と略記する。この書物の日本語タイトルは『日本浮世絵師』である。

(16) [...] Enfin, il (P. Barboutau) est revenu au Japon pour la troisième fois (I) et s'y est mis en quête de documents nouveaux. (Yorodzou O-da, Introduction, *ibid.*, p.VII) このフランス語の序文 (Introduction) のすぐ後には、日本語で筆書きされた織田萬の序文が綴じ込まれていて、そのなかに次のような記述がある。「(…) 更にその（浮世絵師の伝記編纂の）完成を期せんが為めに三たび日本に渡来し新資料の捜索に努めたり」。しかし、「三たび」の部分は織田氏の思いちがいで「四回目」である、とフランス語の序文欄外の註でバルブトーによって訂正されている。

(I) Notre très honoré ami, Monsieur Oda, commet ici un lapsus. C'est durant notre « quatrième » voyage au Japon, en 1913, pendant notre séjour de plusieurs mois à Kyoto, qu'il nous a fait l'honneur d'écrire cette introduction. (note de P. Barboutau, *ibid.*, p.VII)

(17) [...] Ayant conçu depuis longtemps le projet d'écrire la vie et l'histoire de ses peintres préférés (de l'Ouki-yo-é), il n'avait jamais cessé de rechercher patiemment les documents graphiques et les éléments d'étude nécessaires, pendant les différents séjours qu'il fit au Japon, séjours équivalant à sept années de vie japonaise. (Henri Vever, Préface, *ibid.*, p.XIV)

(18) *Catalogue descriptif d'une collection d'objets d'art, rapportés de son voyage au Japon par Pierre Barboutau*, Paris, Chez l'auteur, 7, Rue Chaptal.

(19) *The Japan Weekly Mail : A REVIEW OF JAPANESE COMMERCE, POLITICS, LITERATURE, AND ART.* (YOKOHAMA, JUNE 6th, 1896) "LATEST SHIPPING" の 項 : DEPARTURES. Calédonien, French steamer, 2, 500, Blanc, 31st May — Shanghai viâ Kobe, Mails and General. — Messageries Maritimes Co. PASSENGERS DEPARTED. Per French steamer Calédonien, for Shanghai viâ Kobe : — [...] Messrs. J. Oda, [...], P. Barboutau, [...] in cabin.

この号にBarboutauの名前とともに載っている、"J. Oda"は*Peintres*に日本語とフランス語で序文をよせている「織田萬」を指していると考えられる。ファースト・ネームのイニシャルは異なっているが「序文」には船旅でバルブトーと一緒であったことが書かれているうえに、同氏の著書『法と人』(春秋社松柏館、1943)の「著者略歴」には「(明治)29年欧州に留学」と記されているからである。

なお、バルブトーが初めて来日したとされる1886年に発行された*The Japan Weekly Mail*のLATEST SHIPPINGには、Barboutauの名を見つけることはできなかった。しかし、同紙は「(…)欠号が多くShipping Intelligence (=Latest Shipping) といっても、1、2等客に限られ、乗客名簿が略されている号もあり、全体として誤植も少なくない。氏名があってもファースト・ネームが略されているような場合もある」(川崎晴朗、HOTEL REVIEW '94. 1–36『私の築地居留地研究』下–2、私家版、1995)とのことなので、バルブトーが同年に横浜から入国しなかったとは断言できない。

(20) TABLES DES FABLES.
CONTENUES DANS LE PREMIER VOLUME.
I... LA CIGALE ET LA FOURMI. Illustrée par Kadji-ta Han-ko.
II... LE CORBEAU ET LE RENARD. Illustrée par Kawa-nabé Kiyo-soui.
III... L'HIRONDELLE ET LES PETITS OISEAUX. Illustrée par Kawa-nabé

Kiyo-soui.
IV... LA GRENOUILLE QUI VEUT SE FAIRE AUSSI GROSSE QUE LE BŒUF. Illustrée par Oka-kouya Shiou-soui.
V... LE DRAGON À PLUSIEURS TÊTES ET LE DRAGON À PLUSIEURS QUEUES. Illustrée par Oka-koura Shiou-soui.
VI... LE RENARD ET LA CIGOGNE. Illustrée par Kadji-ta Han-ko.
VII... LE COQ ET LA PERLE. Illustrée par Kanô Tomo-nobou.
VIII... LE LOUP PLAIDANT CONTRE LE RANARD PAR-DEVANT LE SINGE. Illustrée par Oka-koura Shiou-soui.
IX... LE CHÊNE ET LE ROSEAU. Illustrée par Kadji-ta Han-ko.
X... LES DEUX TAUREAUX ET LA GRENOUILLE.Illustrée par Oka-koura Shiou-soui.
XI... L'OISEAU BLESSÉ D'UNE FLÈCHE. Illustrée par Kawa-nabé Kiyo-soui.
XII... CONSEIL TENU PAR LES RATS. Illustrée par Kadji-ta Han-ko.
XIII... LE RENARD ET LES RAISINS. Illustrée par Kadji-ta Han-ko.
XIV... GEAI PARÉ DES PLUMES DU PAON. Illustrée par Kano Tomo-nobou.

CONTENUES DANS LE SECOND VOLUME.
I... LE COQ ET LE RENARD. Illustrée par Kadji-ta Han-ko.
II... LE LIÈVRE ET LES GRENOUILLES. Illustrée par Oka-koura Shiou-soui.
III... LE SINGE ET LE DAUPHIN. Illustrée par Oka-koura Shiou-soui.
IV... LE LOUP ET LA CIGOGNE. Illustrée par Kadji-ta Han-ko.
V... LA COLOMBE ET LA FOURMI. Illustrée par Kawa-nabé Kiyo-soui.
VI... LA GRENOUILLE ET LE RAT. Illustrée par Kanô Tomo-nobou.
VII... LE RENARD AYANT LA QUEUE COUPÉE. Illustrée par Kadji-ta Han-ko.
VIII... LE SOLEIL ET LES GRENOUILLES. Illustrée par Kadji-ta Han-ko.
IX... LE RAT ET L'HUÎTRE. Illustrée par Eda Sada-Shiko.
X... LE HÉRON. Illustrée par Kano Tomo-nobou.
XI... L'ÉCREVISSE ET SA FILLE. Illustrée par Eda Sada-Shiko.
XII... LE RENARD ET LE CHAT. Illustrée par Kadji-ta Han-ko.

XIII... LA TORTUE ET LES DEUX CANARDS. Illustrée par Kadji-ta Hanko.
XIV... LES POISSONS ET LE CORMORAN. Illustrée par Kano Tomonobou.

各寓話に対応するプレイヤッド版の巻数と番号をカッコ内にあげる。Le premier volume : I (Livre I–1), II (I–2), III (I–8), IV (I–3), V (I–12), VI (I–18), VII (I–20), VIII (II–3), IX (I–22), X (II–4), XI (II–6), XII (II–2), XIII (III–11), XIV (IV–9)
Le second volume : I (Livre II–15), II (II–14), III (IV–7), IV (III–9), V (II–12, 後半のみ), VI (IV–11), VII (V–5), VIII (VI–12), IX (VIII–9), X (VII–4, LE HÉRON LA FILLE の前半のみ), XI (XII–10), XII (IX–14, LE RENARD ET LE CHAT と題名が逆になっている), XIII (X–2), XIV (X–3).
(21) J.-P. Collinet, *op.cit.*, p.LXIV.
(22) Que Chauveau ait placé l'homme au centre de l'univers de La Fontaine et au sommet incontesté de la hiérarchie naturelle des êtres, qu'il ait fait de l'ouvrage du fabuliste l'exercice d'un humanisme — sinon d'un anthropocentrisme — triomphant : cela risque d'étonner notre mentalité moderne [...] (A.-M. Bassy, *op.cit.*, p.109).
(23) *Ibid.*, pp.132–136.
(24) (…) 印象主義が色と光の純粋に芸術上の運動だけではないように、ジャポニスムもその核心には芸術を超えた社会のあり方と結びつく新しい発想を持っていたのである。
ジャポニスムを擁護する人々が、日本の美術のある側面を強調し、新しいものの見方、考え方の伝播に利用したのは、たとえば以下の点においてである。

基本的に人間表現が主流であったヨーロッパの美術とくらべて、日本の美術は自然の主題、モティーフを非常に重要なものとして扱った。ヨーロッパの眼から見れば、日本は「自然主義」の国に映ったろうが、逆の見方をすれば、ヨーロッパが「人間主義＝ユマニスム」の文化圏である、という言い方もできる。問題は、このユマニスムが根底にキリスト教思想を持っていて、世界の秩序を人間中心に考えていたことである。キリスト教思想において人間を統括するのは神であるが、神とは、人間の姿を基に作ら

れたイメージであり、世界は人間に近い順にヒエラルキーを構成していた。ヒエラルキーの低い動植物や山河などの自然物は、美術の中では軽んじられる歴史が長かった。このヒエラルキーを打ち壊すことは、すなわちキリスト教的な価値観を打ち壊すことに通じる。(…) 日本美術に見られる自然景観や動植物のモティーフは、古い秩序への疑問を持った人によって、意図的に賞賛されたのである（馬渕明子『ジャポニスム　幻想の日本』ブリュッケ、1997、pp. 24-25)。

(25) バルブトーについては、瀬木慎一著『浮世絵世界をめぐる』（里文出版、1997）の「海外の浮世絵　収集と展示3　レイモン・ケクランとフランスのコレクターたち」の章に次のように書かれている。

PIERRE BARBOUTEAU（[生没年] 不明）

この人物ほど何一つ知られていない例は他にはない。1886年以降1913年まで日本に滞在し、多数の美術品を収集したと伝えられるが、日本にはわたしが調べたかぎりでは裏付ける資料は皆無である。わたしの調べは『写楽実像』に収録してあるので、ここに引用する。

「さて、このバルブートーなる人物のコレクションであるが、写楽、歌麿、北斎の三人に重点があり、特に写楽の版画26点は驚異的である。ドイツの研究家JULIUS KURTHが刊行した最初を誇るモノグラフィSHARAKU（1910年）に掲載されている図版の多くはこれから転写されている。

総数約3千点と数えられる版画を主としたこのコレクションは、1904年にパリで売り立てられたものの、内容が不揃いなため失敗し、前記のように後にアムステルダムにまで運ぶなどして、全部が売却されるのに数年を要している。とはいえ、優れた部分もある大コレクションであったことは確かである。それにしても、所蔵家の実体が不明なのはどういう訳か、気になるところである。ケクランの広範囲の交際の中にもこの人は入っていないし、ビングが催した「日本の晩餐会」にもその名は見当らない」(pp.99–102)。

第I部第2章

(1) *Fables de M. de Florian*, Paris, impr. de P. Didot l'aîné, 1792. in–8º, 204p. この版の他にin–12の版もある。

ただし、BnFのカタログによれば、初版の出版される12年前の1780

年に *Bibliothèque pour cinq francs...* というシリーズの 1 冊に *Cinquante Fables choisies de La Fontaine, Florian et autres*, Paris, A. Rion, (s.d.) が出版されている。初版以前にいくつかの寓話がフロリアンのものとして印刷されていたようだ。

(2) La Fable et la Vérité (LIVRE I, FABLE 1), La Mère, l'Enfant et les Sarigues (LIVRE II, FABLE 1), Les Singes et le Léopard (LIVRE III, FABLE 1), Le Savant et le Fermier (LIVRE IV, FABLE 1), Le Berger et le Rossignol (LIVRE V, FABLE 1). これら 5 つの寓話は、ここでとりあげる日本版『フロリアン寓話選』には入っていない。

その他初版には見返し絵のフロリアンの肖像画の下に Le Lapin et la Sarcelle (LIVRE IV, FABLE 13) の挿絵が小さく横長に入っている。

(3) DE L'IMPRIMERIE DE GUILLEMINET, A PARIS, A LA LIBRAIRIE ÉCONOMIQUE, rue de la Harpe, nº 117. AN IX.（共和暦 9 年は 1800 年あるいは 1801 年にあたる）

(4) *Fables de Florian* illustrées par Victor Adam, Paris, Delloye, Desmé et Cie, 1838 (24 × 15cm). *Fables de Florian* ; (suivies de) Tobie ; (et de) Ruth : poëmes tirés de l'Écriture sainte, illustrées par J.-J. Grandville, Paris, J.-J. Dubochet, 1842. (23.5 × 15cm)

(5) BnF カタログ（Bn-Opale-plus）の件数を知名度、人気度のバロメーターにするのは少々乱暴かもしれないが、敢えて数字を出すと次のようになる。2007 年現在で、ラ・フォンテーヌは初版刊行（1668 年）から 339 年になる。1926 件の書誌（notices）を単純に年数で割るとラ・フォンテーヌは年に約 5.68 となる。フロリアンの場合は 286 件の書誌の数を初版からの年数 215 で割ると、年に約 1.33 となる。

(6) Nous tâcherons [...], d'apprécier à sa valeur ce talent qui ne fut ni très élevé, ni très énergique, ni très étendu, mais qui fut modeste, naturel, sincère, et qui se montra gai, vif, fertile, agréable, et fin, lorsqu'il osa être tout entier lui-même, et qu'il ne sortit pas de ses justes emplois. (Sainte-Beuve, *Les Grands Écrivains Français, XVIIIe siècle, Auteurs dramatiques et Poètes, Beaumarchais, Florian, André Chénier*, Paris, Garnier frères, 1930, p.67)

(7) *Les Fables de Florian*, éd.établie, par Jean-Noël Pascal, Ferney-Voltaire : Centre international d'étude de XVIIIe siècle, 2005.

(8) サイズに関しては、すべておおよその数値。とくに、この時代の和装本は 1 冊ごとにサイズが多少違っていることがある。

(9) BnF 請求番号 Rés P–YE–1187, 16–YE–4836.

(10) ただし、同じく長谷川武次郎の発行・印刷でも Karl Florenz 翻訳・監修の縮緬加工本 *Dichtergrüsse aus dem Osten*（明治 27 年）や *Terakoya und Asagao*（明治 33 年）などは、およそ 20 × 15cm で、ラ・フォンテーヌ縮緬本の版、およびフロリアン縮緬本（D）版のサイズとほぼ一致する。

(11)（A）版には、第 1 巻は青灰色に獅子と唐草模様の縁取り、第 2 巻には小豆色の地にブドウとリスの伝統的な模様の縁取りが付けられている。

(12) 扇子を手に笠をかぶった一番目立つ右上の人物から始めて、右まわりに特定してみる。まず、この目立つ人は III「兎とマガモ」（LE LAPIN ET LA SARCELLE）の「領主」で、この人物の前に座っている、2 人の子どもともう 1 人の子どもおよびその後の男は、VII「欲張りとその息子」（L'AVARE ET SON FILS）の「欲張りとその息子、そして息子の 2 人の友だち」、II「子どもと鏡」（L'ENFANT ET LE MIROIR）の「母親と子ども」、つづく 3 人の男は XI「百姓と川」（LE PAYSAN ET LA RIVIÈRE）の「友人と私と百姓」、斧を左に置いているのが XII「古木と庭師」（LE VIEUX ARBRE ET LE JARDINIER）の「庭師」、IV「2 人の百姓と雲」（LES DEUX PAYSANS ET LE NUAGE）の「2 人の百姓」、IX「2 人の旅人」（LES DEUX VOYAGEURS）の「追剥ぎ、リュバン、トマ」、その後に棒を持って立っているのは VI「香具師」（LE CHARLATAN）の「香具師」、I「2 人の禿頭」（LES DEUX CHAUVES）の「2 人の禿頭」、そして X「子どもたちとヤマウズラ」（LES ENFANTS ET LES PERDREAUX）の「子どもたちと農場主」、以上 23 人である。

(13) 例外が 1 つある。第 1 話「蝉と蟻」（LA CIGALE ET LA FOURMI）の挿絵では「蟻」が日本風の家のなかで「どてら（丹前）」のようなものを着ている。

(14) EXEMPLAIRES DE LUXE / Il a été fait de cet ouvrage un tirage de luxe / de cent quatre-vingt-dix exemplaires / numérotés (N°s 1 à 190) sur le / papier japonais Tori-no-ko.

EXEMPLAIRES DE LUXE / Il a été fait de cet ouvrage un tirage de luxe / de deux cents exemplaires / numérotés (N°s 1 à 200) sur le / papier japonais Hô-sho.

(15) L'accueil si favorable qu'a rencontré notre publication, la première de ce genre qui ait été faite, des *Fables choisies de La Fontaine* illustrées à la Japonaise par un groupe d'Artistes de Tokio, nous permet d'espérer que les *Fables choisies*

de Florian seront également appréciées du Public.

Nous avons été assez heureux pour pouvoir faire exécuter ce travail par deux des Artistes qui nous ont précédemment prêté leur concours : Messieurs Ka-no Tomo-nobou, un des représentants de l'école de Ka-no fondée par un de ses ancêtres et Kadji-ta Han-ko, un des coryphées de l'école réaliste de Yosaï, ce maître fameux que l'Empereur actuel autorisa à se nommer Ni-hon gwa-shi (日本畫士) c'est-à-dire le Peintre lettré du Japon, (il fut le premier à qui semblable honneur ait été décerné). Ces artistes dont le talent est très apprécié de leurs compatriotes ont bien voulu, avant de se mettre à l'œuvre, se pénétrer de l'esprit de ces fables, qui ont été traduites en Japonais pour la circonstance, de sorte que ces illustrations représentent réellement des scènes de la vie au Japon aussi bien que si le fabuliste, au lieu d'être Français, eût été Japonais.

Nous sommes heureux de rendre au talent de ces Artistes l'hommage qu'il mérite et que le Public s'est empressé de reconnaître dans notre première publication. Nous espérons que celle-ci, où les deux artistes, aussi bien que les graveurs et imprimeurs, se sont surpassés, sera également bien accueillie, et qu'elle contribuera, ne serait-ce que dans une faible mesure, à populariser, chez nous, l'art si intéressant de la peinture et du dessin japonais, dont les grands mérites ne sont connus encore que d'un petit nombre de personnes favorisées.

序文中では Public, Artistes, à la Japonaise, en Japonais など大文字が多用されている。

第２巻の序文は、この巻のみに挿絵を描いている久保田桃水の紹介が主な目的である。

Pour l'illustration de cette deuxième série de *FABLES CHOISIES DE FLORIAN*, nous avons eu la bonne fortune de pouvoir adjoindre à nos précédents collaborateurs un artiste des plus distingués. A côté des pages signées Ka-no Tomo-nobou, Kadji-ta Han-ko, les amateurs remarqueront les cinq compositions non moins délicates de Mr Kou-bo-ta To-soui : LES DEUX VOYAGEURS, L'ENFANT ET LE MIROIR, L'AVARE ET SON FILS, LES ENFANTS ET LES PERDREAUX, LE VIEUX ARBRE ET LE JARDINIER.

Kou-bo-ta To-soui appartient à l'école de O-kio (école de Shi-djo) en ce sens que son éducation artistique fut dirigée par les descendants directs de ce maître illustre. Toutefois les talents de cette valeur ne sauraient demeurer prisonniers d'une formule, ou d'une école. La personnalité de l'artiste s'est

affirmée dans ces œuvres qui ont depuis longtemps signalé Kou-bo-ta To-soui à l'attention de ses compatriotes. Il sera, nous l'espérons, apprécié de même en France.

(16) この1節は、de sorte que 以下の従属節の動詞 représentent を接続法と考えるか直説法と考えるかによって、que 以下が「目的」を表しているのか、「結果」なのか解釈が別れる。もしも直説法と取れば、以下のようになるだろう。「その才能が同国人から高い評価を得ているこれらの絵師は、仕事にとりかかる前に、このためにわざわざ日本語に訳されたこれらの寓話の精神を深く理解してくれた。(その結果) 寓話作家がフランス人ではなく日本人であったのと同じように巧みに、ありのままに日本の生活情景が挿絵に表現された」。

後述するように、いくつかの挿絵には、日本の日常生活の場面が細かい点にいたるまで、リアルに描かれているのは事実である。

(17) TABLES DES FABLES CONTENUES DANS CE VOLUME (PREMIÈRE SÉRIE)

I... L'AVEUGLE ET LE PARALYTIQUE. Illustrée par Ka-no Tomo-nobou.
II... LA COQUETTE ET L'ABEILLE. Illustrée par Kadji-ta Han-ko.
III... LE CHAT ET LE MIROIR. Illustrée par Kadji-ta Han-ko.
IV... LE JEUNE HOMME ET LE VIEILLARD. Illustrée par Ka-no Tomo-nobou.
V... LA TAUPE ET LES LAPINS. Illustrée par Kadji-ta Han-ko.
VI... LE ROSSIGNOL ET LE PRINCE. Illustrée par Ka-no Tomo-nobou.
VII... LE SINGE QUI MONTRE LA LANTERNE MAGIQUE. Illustrée par Kadji-ta Han-ko.
VIII... LA CARPE ET LES CARPILLONS. Illustrée par Kadji-ta Han-ko.
IX... LE GRILLON. Illustrée par Kadji-ta Han-ko.
X... LE PHÉNIX. Illustrée par Ka-no Tomo-nobou.
XI.... LE SANGLIER ET LES ROSSIGNOLS. Illustrée par Kadji-ta Hanko.
XII... LE DERVIS,LA CORNEILLE ET LE FAUCON. Illustrée par Ka-no Tomo-nobou.
XIII··· LE MILAN ET LE PIGEON. Illustrée par Ka-no Tomo-nobou.
XIV... LES DEUX CHATS. Illustrée par Kadji-ta Han-ko.

第 XII 話 "dervis" は、"derviche" (イスラムの托鉢僧) の意 (*Trésor de la Langue française*, Paris, 1978, t.6, p.1226)。

(DEUXIÈME SÉRIE)
I... LES DEUX CHAUVES. Illustrée par Kadji-ta Han-ko.
II... L'ENFANT ET LE MIROIR. Illustrée par Kou-bo-ta To-soui.
III... LE LAPIN ET LA SARCELLE. Illustrée par Ka-no Tomo-nobou.
IV... LES DEUX PAYSANS ET LE NUAGE. Illustrée par Kadji-ta Han-ko.
V... LE HIBOU ET LE PIGEON. Illustrée par Ka-no Tomo-nobou.
VI... LE CHARLATAN. Illustrée par Kadji-ta Han-ko.
VII... L'AVARE ET SON FILS. Illustrée par Kou-bo-ta To-soui.
VIII... LE PAON, LES DEUX OISONS ET LE PLONGEON. Illustrée par Ka-no Tomo-nobou.
IX... LES DEUX VOYAGEURS. Illustrée par Kou-bo-ta To-soui.
X... LES ENFANTS ET LES PERDREAUX. Illustrée par Kou-bo-ta To-soui.
XI... LE PAYSAN ET LA RIVIÈRE. Illustrée par Ka-no Tomo-nobou.
XII... LE VIEUX ARBRE ET LE JARDINIER. Illustrée par Kou-bo-ta To-soui.
XIII... LE PHILOSOPHE ET LE CHAT-HUANT. Illustrée par Ka-no Tomo-nobou.
XIV... LA GUENON, LE SINGE ET LA NOIX. Illustrée par Kadji-ta Han-ko.

(18)（A）（B）の版を基準にして（C）（D）版の目次をカッコ内にあげておく。

(PREMIÈRE SÉRIE) I(I), II(II), III(III), IV(XIV), V(VIII), VI(IX), VII(VII), VIII(IV), IX(V), X(VI), XI(XI), XII(XII), XIII(X), XIV(XIII).
(DEUXIÈME SÉRIE) I(XIII), II(VIII), III(IV), IV(I), V(IX), VI(III), VII(XIV), VIII(II), IX(X), X(VII), XI(VI), XII(XII), XIII(XI), XIV(V).

　このような寓話の順不同は、奥付の印刷・発行日付は同じであるにもかかわらず、（A）（B）版が（C）（D）版よりも先に刊行された可能性を示唆している。なぜなら、（A）（B）は紙面が広いので、左頁にテキスト、右頁に挿絵と入れて組むことができるが、紙面スペースの小さい（C）（D）版では、短い寓話は１頁に入るが、フランス語のテキスト部分が長いと２頁にわたってしまうので、「テキスト２頁、挿絵２頁、テキスト２頁、挿絵４頁、テキスト４頁、挿絵４頁、テキスト２頁……」という風に、テキストの長さに応じて配分を考える必要にせまられるのである。（A）（B）が先なら（C）（D）を制作するときに上記のような紙面割り当ての制約にぶつかり、調整が必要になるが、もし（C）（D）のコンセプトが

先にあったのなら、紙面に特に制約のない（A）（B）の目次は（C）（D）と同じになっていたにちがいないからである。

なお（A）（B）版、（C）（D）版のどちらもフランスで通常出版されている版の寓話の順と比べて著しく順不同である。

(19) Ses fables ne sont pas très nombreuses, bien que, d'après les lettres de Boissy d'Anglas à Mme de Vimeux, certaines aient circulé dès 1788 : elles sont au nombre de cent douze, divisées en cinq livres. Douze fables ont paru après sa mort, dont dix publiées en 1802 par Jauffret, et deux (l'Aigle et la Fourmi, les deux Sœurs) dans le tome IV des œuvres inédites recueillies par Pixérécourt (1824). Elles ont été réparties arbitrairement dans les cinq livres. (Pierre Chambry, *Florian, Fables choisies*, Paris, Larousse, 1935, p.7)

(20) 大文字で書くと神の名になりうるもの（例：la Mort＝死神）は「人間」イメージに含めたが、擬人化のみのもの（例：la Fable et la Vérité）は含んでいない。

(21) フランス人画家の挿絵と比較すると興味深い。例えば、グランヴィル（J.-J. Grandville）の描いた「2匹の猫」（Les deux Chats）の挿絵は実に風刺が効いている。グランヴィルの2匹の猫は擬人化されて、服を着ている。痩せた弟猫は、鼠を串刺しにした棒を携え、「鼠どもに死を」（MORT AUX RATS）と標語の書いてある箱を背中にぶらさげて忙しく働いている雰囲気。一方、でっぷりと太った兄猫のほうは肘掛椅子にすわって、『金利生活者ジャーナル』（*LE RENTIER JOURNAL*）紙を読んでいるのだ（Paris, J.-J. Dubochet, 1842, II.–9）。このように、グランヴィルはその挿絵で「動物」イメージの徹底的な擬人化をしているが、半古のように、猫の主人（「人物」イメージ）を前面に押し出したりはしていない。さらにアダン (Victor Adam, Paris, Delloyé, Desmé et Cie,1838, II.–9) の挿絵になると、擬人化すらされず、「動物」そのもの、ただの痩せ猫と太った猫である。

(22) 稲賀繁美『絵画の東方――オリエンタリズムからジャポニスムへ』名古屋大学出版会、1999、p.4。

(23) アン・ヘリング「作品解説」『ちりめん本と草双紙』p.25。

(24) 馬渕明子『ジャポニスム――幻想の日本』ブリュッケ、1997、pp.24–25。

(25) A.-M. Bassy, *op.cit.*, pp.132–136.

(26)（C）（D）版の日本語奥付ページの右半分には、奥付のフランス語訳

「『フロリアン寓話選』登録手続きのための翻訳」(Traduction de la formalité ci-contre pour l'enregistrement des *Fables choisies de Florian*) が付けられている。「版権所有」(Tous droits réservés) の文字を囲んで花をあしらったヴィニェット、そして印刷・発行の日付の下に "Auteur de la publication : P. Barboutau" と記されている。なお、奥付のフランス語訳は、フロリアン (C) (D) 版第1、2巻のみに付けられていて、『ラ・フォンテーヌ寓話選』にもフロリアン (A) (B) 版にも記載がない。

(27) *Catalogue descriptif d'une collectioin d'objets d'art, rapportés de son voyage au Japon par Pierre Barboutau*, Paris, Chez l'auteur, 1893.

(28) *Biographies des artistes japonais dont les œuvres figurent dans la Collection Pierre Barboutau*, Paris, Chez S. Bing, 22, Rue de Provence, 19, Rue Chauchat / Chez l'auteur, 70, Rue Saint-Louis-en-l'Ile, MCMIV.

第II部第1章

(1) 織田萬 (1868–1945)『法と人』春秋社松柏館、1943、p.329。『日本歴史人物辞典』朝日新聞社、1994、p.373。

(2) Pierre Barboutau, *Les Peintres populaires du Japon*, tome I, Paris, Chez l'auteur, 1, Rue Beautreillis, 1914. (以下、*Peintres* と略記する。日本語書名:『日本浮世絵師』) pp.VII–VIII には織田の序文の仏語訳が Introduction として入っており、そのすぐ後4頁にわたって、毛筆書きの日本語を複写した頁が続く。頁数は記されていないが、pp.IX–XII にあたる。

(3)「三たび日本に渡来し新資料の捜索に努めたり」この部分の仏語訳 « Enfin il est revenu au Japon pour la troisième fois et s'y est mis en quête de documents nouveaux » にはバルブトー自身によって註が付けられている。

　この註によって、バルブトーが1913年の4回目の来日のときに、数か月にわたって京都に滞在していたことがわかる。

(4) 第I部第1章註 (19)。

(5) Henri Vever, Préface, *Peintres*, p.XIV.

(6) 瀬木慎一『真贋の世界』新潮社、1977、p.124。サミュエル・ビング編、大島清次・瀬木慎一・芳賀徹・池上忠治翻訳・監修『藝術の日本』(*Le Japon artistique 1888–1891*) 美術公論社、1980、p.517。木々康子『林忠正とその時代——世紀末のパリと日本美術』筑摩書房、1987、p.142, p.280。Nelly Delay, *L'Estampe japonaise*, Paris, Hazan, 1993, p.318.

(7) 瀬木慎一『浮世絵世界をめぐる』里文出版、1997、pp.99–102。なお、瀬木慎一氏は『新版・写楽実像』（美術公論社、1985）の 1 章「肉筆の再検討」（pp.115–129）で、写楽の肉筆とされる役者版下絵のコレクションに関して、ピエール・バルブトーをこれらの版下絵を「制作」させた「印刷・出版者」としている。

(8) *Correspondance adressée à Hayashi Tadamasa*, Institut de Tokyo, Institution Administrative Indépendante, Centre National de Recherche pour les Propriétés Culturelles, Kokushokankôkai (『林忠正宛書簡集』独立行政法人文化財研究所東京文化財研究所編、国書刊行会), 2001, p.462.

(9)

Du 27 Mai 1862

N° 16

Barbouteau
pierre

⩚ Naturel
Albouy
Lalièvre
Barbouteau
W. Jackson

Du vingt sept mai mil huit cent soixante deux à huit heures du matin,

Acte de naissance de pierre Barbouteau, né ce matin fils⩚ de Dominique Barbouteau, charpentier, âgé de vingt-trois ans et de Marie Peyrondet, sans profession, âgée de vingt-deux ans, non mariée, et demeurant au Bourg de la présente commune de St-Seurin sur l'Isle.

Le sexe de l'enfant a été reconnu être Masculin. Témoins, Jean-pierre Albouy, instituteur, âgé de quarante huit ans et Louis Lalièvre boulanger âgé de trente neuf ans, demeurant, l'un et l'autre, au sus dit Bourg de St. Seurin.

Pierre Barbouteau
Légitimé par mariage
de Dominique Barbouteau
et de Marie Peyrondet
mariés à La Mairie
de Reuilly paris
le 18 juin mil huit
cent soixante dix.
Le Maire
Formely(?)
St Seurin-sur-l'Isle le deux

Sur la réquisition(?) et présentation à nous faite par le dit Dominique Barbouteau, lequel s'est déclaré père de l'enfant et a signé avec nous et les témoins, le tout après lecture faite, Constaté, suivant la loi par moi William Jackson, Maire, faisant les fonctions d'officier public de l'état civil.

Albouy Lalièvre Barbouteau

(10) 出生証書、両親の婚姻証書、死亡証書との間には矛盾した箇所がある。
[1] 生年月日について。出生証書：1862年5月27日、死亡証書：1862年4月27日。生年月日に関しては死亡証書よりも出生証書のほうが信憑性が高いと考えるのが自然であろう。さらに、両親の婚姻証書でも4月ではなく5月となっている。
[2] 母親の姓名について。出生証書：Marie Peyrondet、両親の婚姻証書：Marie Peyrondet、死亡証書：Marie Peyroudes。婚姻証書には1カ所、Marie ではなく Julie という表記もある。
[3] 父親の姓名について。出生証書：Dominique Barbouteau、死亡証書：Dominique Barboutau。出生証書では、Barbouteau が使われて、父親本人もこの綴りで署名している。しかしその後、両親の婚姻証書の文面のなかで、名前の綴りは Barbouteau から Barboutau に訂正されている。そして、ピエール・バルブトーは一貫して Barboutau を使用している。

出生証書の判読については、Michèle Laforge 氏、Paul Ingrand 氏、Henriette Ingrand 氏のご協力をいただいた。なお、この時代の証書類に綴り等、種々の間違いや矛盾点が見られるのは稀ではないとのことである。
(11) Guy de Maupassant, *Le Papa de Simon*. 1879年12月1日、*La Réforme politique et littéraire* 誌に発表の短篇。執筆された年代はそれより2年ほどさかのぼる1877年と考えられている（Maupassant, *Contes et Nouvelles* I., Bibliothèque de la Pléiade, 1977, p.1290）。
(12) 西堀昭『日仏文化交流史の研究——日本の近代化とフランス』駿河台出版社、1988、p.41, p.69.
(13) Acte de mariage du dix huit juin mil huit cent soixante dix à onze heures cinquante minutes du matin, dans la maison commune et devant nous Pierre Barthélémy Laforge adjoint au Maire du douzième arrondissement de Paris ont comparu et nous ont requis de procéder à la célébration de leur mariage Mr Dominique Barboutau, charpentier, âgé de trente ans, demeurant à Paris impasse Guillaumet 12, né en la commune de Sainte Eulalie en Born (Landes) le douze août, mil huit cent trente neuf, majeur, fils des époux Jean Barboutau, décédé à Saint Paul en Born, même département durant les premiers jours de juin mil huit cent cinquante neuf, ainsi que le constate un jugement du tribunal civil de première instance séant à Mont de Marsan (Landes) en date du vingt huit janvier dernier, depuis transcrit sur les registres de la commune

de Saint Paul en Born, et Elisabeth Janin décédé à Labouheyre même département le vingt et un avril, mil huit cent soixante et Melle Marie Peyrondet, couturière, âgée de trente ans, demeurant à Paris, impasse Guillaumet 12, née en la commune d'Escource (Landes) le quinze février mil huit cent quarante, majeure, fille des époux Jean Peyrondet, journalier, demeurant à Arjuzanx (?), même département, et Marie Duvigneau, journalière, demeurant à Labouheyre (Landes) ayant tous deux consenti à ce mariage par un acte passé davant Me Bacon, notaire en ce dernier lieu, le vingt sept septembre mil huit cent soixante neuf. Le contractant a affirmé par serment, à les témoins ci après nommés avec lui, que tous ses autres ascendants sont aussi décédés, mais que leurs derniers domiciles, n'ayant point été connus ils ignorent les lieux et les époques de leurs décès, et que c'est par erreur, dans le dit jugement, le consentement du père et de la mère de la future épouse, à la publication ci-après relaté,le nom patronymique Barboutau a été écrit de cette manière Barbouteau, et que c'est aussi par erreur si le nom de la mère du contractant a été écrit Jannin, au lieu de Janin. Les pièces produites dûment paraphées et annexées sont : l'extrait du registre des publications du mariage faites et affichées sans opposition à cette mairie, le dix et le dix sept avril dernier, l'acte de naissance du futur époux, le jugement constatant le décès de son père, l'acte de décès de sa mère, l'acte de naissance de la future épouse et le consentement de ses père et mère. Desquelles pièces et du chapitre six, livre cinq, livre premier du code Napoléon, concernant les droits et devoirs respectifs des époux, il a été présentement fait lecture aux parties et témoins par nous, officier de l'État civil, les futurs époux interpellés par nous en exécution de la loi du dix huit juillet mil huit cent cinquante, nous ont déclaré qu'il n'a point été fait de contrat de mariage. Interpellés de nouveau et séparément par nous, ils ont déclaré se prendre pour mari et femme et à l'instant les dits futurs epoux ont reconnu et légitimé étant nés d'eux 1° Pierre inscrit à la mairie de Saint Seurin sur l'Isle (Gironde) le vingt sept mai mil huit cent soixante deux comme fils de Dominique Barboutau et de Marie Peyrondet, 2° Eugène, inscrit à la mairie du douzième arrondissement de Paris, le vingt huit novembre mil huit cent soixante six comme fils de Dominique Barboutau et de Julie (sic) Peyrondet, après quoi, nous adjoint au Maire du douzième arrondissement de Paris, avons au nom de la loi prononcé

que Dominique Barboutau et Marie Peyrondet sont unis par le mariage le tout fait publiquement en présence de MM Jean Delage, charpentier, âgé de vingt neuf ans demeurant à Paris, rue de Charenton 194, ami, Léon Vilmot charpentier, âgé de vingt sept ans demeurant à Paris, rue de Cotte 15, ami, Pierre Michelon, employé âgé de cinquante deux ans demeurant à Paris rue Keller l8, ami, et Louis Flignault, serrurier, âgé de trente ans demeurant à Paris, Boulevard Richard Lenoir 104, ami ; le présent acte lu aux parties et témoins ils l'ont signé avec nous, à l'exception de l'épouse qui a déclaré ne le savoir. Signé : Barboutau, Flignault, Delage, Vilmot, Michelon, Laforge adjoint,

Pour copie conforme en remplacement de la minute détruite pendant l'insurrection de 1871.

Le Maire
Cofin(??)

パリ市文書館 Archives de Paris 提供（microfilm bobine 779, numéro d'enregistrement 310)。この証書の判読には Michèe Laforge 氏、Paul Ingrand 氏、Henriette Ingrand 氏のご協力をいただいた。

(14) 経済的理由も考えられる。大工 charpentier のような職人の結婚には女性の側からなにがしかの婚資を持参する習慣があったようだ。『ある出稼石工の回想』のなかでマルタン・ナドは自分の結婚をめぐって、妻となる娘の持ってくる持参金について次のように詳細に書きとめている。「婚資の額が話合われた。わたしの将来の義父になる人は 3000 フランを娘に与えることにし、毎年 400 フランずつを支払うとした。それに家具、たんすとシャツ、6 頭の雌羊と子羊も与えるとした」（喜安朗訳、岩波文庫、1997、pp.224–225)。

マルタン・ナドの結婚は 1839 年だが、1860 年代に入ってもそのような慣習はあったのではないだろうか。バルブトーのケースにもどると、ピエールの母方の祖父母の職業は「日雇い労働者」(journalier, journalière) である。あくまでも推測にすぎないが、このような職業についていた親が娘（ピエールの母親）に十分な婚資を与える余裕があったかどうか疑問がある。さらに、そのような娘を息子の結婚相手として、ドミニック・バルブトーの両親が承知したかどうかも疑問である。

(15) Littré, *Dictionnaire de la langue française*, tome 2, Paris, Gallimard Hachette, 1971, p.168.

(16) *Grand Dictionnaire Encyclopédique Larousse*, tome 2, Paris, 1982, p.2055.
(17) *Ibid*, tome 3, Paris, 1982, p.2446. compagnonnage の項。竹原あき子『パリの職人』光人社、2001、pp.73-81。
(18) Alfred Franklin, *Dictionnaire historique des arts, métiers et professions, exercés dans Paris depuis le XIIIe siècle*, Marseille, Laffitte Reprints, 1987, p.150.
(19) Agricol Perdiguier, *Mémoires d'un compagnon*, Paris, Imprimerie Nationale, 1992.（以下、*Mémoires* と略記する）なおこの回想録の初版は 2 巻本で 1854 年と 1855 年に Genève, Duchamp から出版された。*Livre du compagnonnage* (1839) の著者として有名になって、ジョルジュ・サンドに作品の着想を与え、代議士にもなったペルディギエは、1870 年 9 月 4 日にパリ第 12 区役所の助役 maire adjoint のポストについている。就任がもう 3 カ月早ければ、ピエール・バルブトーの両親の結婚に立ち合ったのは、この回想録の著者ペルディギエだったはずである（*Mémoires*, p.20, Présentation de Maurice Agulhon)。マルタン・ナド『ある出稼石工の回想』喜安朗訳、岩波文庫、1997（初版：Martin Nadaud, *Mémoires de Léonard, ancien garçon maçon*, Bourganeuf, Duboueix, 1895)。
(20) Perdiguier, *Mémoires*, pp.376–377. ナド『ある出稼石工の回想』（喜安訳）においても、職人組合間や労働者間の暴力的な争いが描かれている pp.130–137。
(21) 瀬木慎一氏が『新版・写楽実像』の中で述べているように、バルブトーを「印刷・出版者」の方向から考えると、役者版下絵を「制作」させたかどうかは別として、「職人」artisan というキーワードで「大工」と結びつくのかもしれない。
(22) Nous lisons maintement ces *Mémoires* avant tout comme une prise de vue involontaire et spontanée sur la France des années 1820, telle que la percevait un jeune garçon issu du peuple. [...]

Le récit nous fait vivre avec le peuple. Les classes supérieures sont loin. Ce qu'on entrevoit d'elles à travers Perdiguier, c'est la limite qui les sépare du milieu du narrateur — « la barrière », comme dira plus tard Edmond Goblot. Cette barrière sociale est plus visible par son aspect mental et culturel que par son aspect économique: sortir du peuple ce n'est pas tellement devenir riche — tous les romans du XIXe siècle nous ont amplement montré qu'il peut y avoir de l'indigence en habit noir et de l'aisance sous la blouse — sortir du peuple c'est devenir « Monsieur » (ou une « Dame »), c'est-à-dire faire des

études au collège, savoir bien parler, s'habiller de drap sombre et ne pas travailler de ses mains. C'est ce que les fils Perdiguier ne deviendront pas.

On rencontre en revanche à chaque détour de leur vie populaire des gens qui vivent à leur aise, bien loin de la pauvreté, tout en étant demeurés en deçа de cette fameuse ligne de classe. (Présentation de Maurice Agulhon, Perdiguier, *Mémoires*, p.8)

アグリコル・ペルディギエ（1805–1875）とピエール・バルブトーは世代が異なる。「ペルディギエの息子たち」がピエールの父親ドミニック・バルブトーの世代にあたるのではないか。したがって、ここに描かれている状況がそのままピエールの世代に当てはまったわけではないが、このような社会の因習はまだ多分に残っていたと考えられる。

(23) ピエール・バルブトーの母親マリー・ペロンデは婚姻証書に署名をしていない。その理由は、証書の最後の部分に次のように記されている。« ...le présent acte lu aux parties et témoins ils l'ont signé avec nous, à l'exception de l'épouse qui a déclaré ne le savoir. » マリー・ペロンデは署名できなかったのである。

識字率に関して、マルタン・ナドは「自分の氏名をサインできる労働者は100人に10人しかいなかった」（『ある出稼石工の回想』喜安朗、p.98）と書いているが、この箇所には次のような訳註がつけられている。「これはなんらかのデータにもとづいた数値であるとは思えない。都市と農村、職業ごとの違い、男性と女性、出稼石工の場合などで差異は大きく、簡単に平均を出せる状態には当時はなかった。(…) リムーザン地方の出稼地帯の識字率は、オート・ヴィエンヌ県では、19世紀半ばに男性で50%に近づいており、女性では15%に近かった（結婚証明書の署名率による)。この地帯での識字率は19世紀前半に急上昇していた」(p.399、訳注98)。訳註のように、婚姻証明書の署名率は識字率調査のデータとなっている。

(24) このような可能性のあること、および、18世紀のcharpentierの社会的地位についての情報は原宏氏からお教えいただいた。

(25) Le Japon est à la mode. Il n'est point une rue dans Paris qui n'ait sa boutique de japonneries (sic) ; il n'est point un boudoir ou un salon de jolie femme qui ne soit bondé de bibelots japonais. Vases du Japon, tentures du Japon, soieries du Japon, jouets du Japon, porte-allumettes, encriers, services à thé, assiettes, robes même, coiffures aussi, bijoux, sièges, tout vient du Japon

en ce moment. C'est plus qu'une invasion, c'est une décentralisation du goût ; et le bibelot japonais a pris une telle importance, nous arrive en telle quantité, qu'il a tué le bibelot français. *Le Gaulois*, 3 décembre 1880. (*Œuvres complètes de Guy de Maupassant, études, chroniques et correspondance*, Paris, Librairie de France, 1938, p.40)

モーパッサンはこの新聞記事を次のように書き始めている。« Une femme du monde des plus en vue donnait dernièrement une soirée qui fit du bruit et où deux voyageurs spirituels, l'un parlant, l'autre dessinant avec talent, exposèrent la vie au Japon, à la foule de spectateurs et d'auditeurs réunis autour d'eux. »

ここに登場する2人の旅行者（deux voyageurs）とは、エミール・ギメ（Émile Guimet）とフェリックス・レガメ（Félix Régamey）のことであろう。ギメがテキストを書き、レガメが挿絵をつけた *Promenades japonaises : Tokio-Nikko* (G. Charpentier Éditeur) は1880年にパリで刊行されて、評判になっている（青木啓輔訳『ギメ東京日光散策　レガメ日本素描紀行』新異国叢書、第11輯8、雄松堂出版、1983、p.285)。

第II部第2章

(1) Il y a vingt-huit ans lorsque, jeune et plein d'ardeur, l'auteur du présent ouvrage débarquait pour la première fois au Japon, il était loin de se douter que ce pays enchanteur exercerait sur lui son charme, au point de l'amener à modifier complètement ses occupations habituelles, ses projets et son genre de vie même, et de faire de lui, non seulement un japonisant, mais presque un Japonais.

C'est qu'en 1886, à cette époque déjà lointaine où cette contrée merveilleuse se révélait à M. Pierre Barboutau, le Japon était encore le vieux Yamato. A part quelques grandes villes et certains ports qui s'étaient déjà légèrement modifiés au contact des Européens, le pays, dans son ensemble, avait conservé presque intacts, comme aux temps des grands ancêtres, l'aspect de ses paysages et ses mœurs traditionnelles.

M. Barboutau fut d'abord séduit, comme tant d'autres, par les visions multiples et imprévues, aimables ou grandioses, qui frappaient ses regards ; mais il ne tarda pas à être complètemenent captivé par l'Art exquis et si

particulier de ce peuple raffiné. Pour mieux le connaître, il voulut en apprendre la langue, la parler, l'écrire. Adoptant entièrement la manière de vivre des habitants, pratiquant leurs usages, il se mit, pour ainsi dire, à l'unisson de l'âme japonaise ; et les artistes qu'il fréquentait, pris de sympathie pour ce Français passionné pour leurs œuvres et celles de leurs devanciers, l'accueillirent chaleureusement et lui facilitèrent, autant qu'il le purent, les études et les recherches qu'il avait entreprises sur l'histoire de l'Art de leur pays. (Henri Vever, Préface, *Peintres*, p.XIII)

(2) 井上如「オブジェクツとコレクティング行動」『学術情報サービス——21 世紀への展望』丸善、2000、pp.124–125。

(3) *Catalogue / de / Peintures & d'Estampes / Japonaises / Formant la / Collection d'un amateur* / Qui seront vendues / Hôtel des Commissaires-Priseurs, rue Drouot, 9 / Salle N° 3 / Du Vendredi 19 au Lundi 22 Juin 1891 / A deux heures précises / Par le ministère de Me Maurice Delestre, Commissaire-Priseur / Rue Drouot, 27 / Avec l'assistance de M. Ernest Leroux, Libraire-Expert / Rue Bonaparte, 28 / Expositions / Particulière Le Mercredi 17 Juin / Publique Le Jeudi 18 Juin / De deux heures à cinq heures / Salle N° 4/ Paris / Ernest Leroux, Éditeur / Rue Bonaparte, 28 / 1891.

(4) *Catalogue descriptif d'une collection d'objets d'art, rapportés de son voyage au Japon par Pierre Barboutau*, Paris, Chez l'auteur, 7, Rue Chaptal et Chez Leroux, Éditeur, 28, Rue Bonaparte.

BnF 請求番号 8–V–24509, M–14787.

(5) Avant-propos (pp.III–VI)

Répéter après tant d'autres que l'Europe et l'Amérique ont arraché du Japon toutes les manifestations mobiles de son art, pour les disperser dans leurs collections ; affirmer que ce *Pays du Soleil levant*, si riche, depuis plus de dix siècles, en productions de toute sorte, est une mine épuisée par nous complètement, de façon qu'on n'y trouve plus rien, qu'il n'y reste plus rien : ce serait reproduire une exagération bein des fois déjà proclamée et propagée dans l'intérêt de spéculations peu consciencieuses.

Non, le Japon n'est point vidé ; le Japon possède encore d'immenses trésors; seulement... il les garde.

Les riches habitants de cet archipel sont fort jaloux des collections merveilleuses qu'ils ont formées ou des agglomérations d'œuvres d'art

augmentées sans cesse, depuis des temps anciens déjà, par le goût et l'intelligence de leurs ascendants ; et ils ne se séparent de leurs richesses que lorsqu'ils y sont contraints par une absolue nécessité.

Les tremblements de terre et les incendies, si fréquents là-bas, ont détruit quantité de précieux chefs-d'œuvre; et les guerres intestines presque continuelles durant des siècles, en ce pays par essence batailleur, ont amené le pillage, la dispersion ou l'anéantissement de trésors plus nombreux encore.

La dernière guerre civile a peut-être été la plus funeste de toutes, à ce point de vue. Elle a ruiné des milliers de samuraïs, dont la fidélité à leurs anciens maîtres a été considérée par les nouveaux comme un crime impardonnable.

Ces vaincus, obligés de faire argent de tout, se sont séparés de leur richesses artistes: et les *Étrangers* ont pu faire d'amples et belles moissons, d'autant que, après la révolution, on s'est un peu engoué de l'Europe là-bas. Nos productions ont, par suite d'une vogue délirante, remplacé momentanément les anciennes productions indigènes, que nous avons alors obtenues à bon compte.

Mais les Japonais ont vite abjuré de leur erreur. Non seulement ils ne se séparent plus maintenant de leurs objets d'art que difficilement et à grand prix ; mais encore ils nous condamnent à chercher longtemps, à faire de nombreuses démarches, pour obtenir la seule vue de leurs précieux bibelots, conservés dans des chambres souterraines en pisé, à l'abri de l'incendie. [...]

Bien plus, il existe dans l'empire du Mikado des règlements de douane fort sévères, et qu'on ne saurait éluder, prohibant l'exportation des plus belles pièces et soumettant tous les colis embarqués à un rigoureux contrôle.

Ajouterai-je que les Japonais traversent les océans pour racheter, dans l'ancien monde et le nouveau, leurs œuvres d'art des temps passés, dont ils comprennent maintenant, plus que jamais, toute la valeur.

En outre, des collections publiques, conservées dans des musées, dont l'accès continuellement ouvert à tous, permet la diffusion de l'instruction artiste, ont rassemblé beaucoup de ces antiques trésors, enfouis jadis dans des temples à demi ruinés et que l'on n'était admis à contempler qu'à de rares et courts moments, séparés par de longs intervalles.

Il résulte de tout ceci que chacun maintenant, dans le *pays du soleil levant*, est à même de connaître l'œuvre qu'il possède et de faire payer cher cette

connaissance à l'acheteur.

Telles ont été les difficultés qu'il nous a fallu surmonter, pour former la collection que nous présentons aujourd'hui au public éclairé.

Le goût de l'art japonais est répandu chez nous depuis plusieurs années déjà ; son éloge n'est donc plus à faire ; et nous nous contenterons d'une rapide énumération de nos achats. [...]

Et maintenant, qu'il nous soit permis dire dans quel esprit nouveau nous avons réuni cet enemble d'objets.

Nous avons abandonné la routine d'une spéculation exclusivement restreinte aux œuvres de certains artistes en vogue, estimant que c'est une mode folle, celle qui place au pinacle et en pleine lumière quelques noms et étouffe tous les autres dans l'ombre. [...] Nous avons acquis ce qui nous semblait personnel, original, réellement documentaire au point de vue de l'art japonais. [...]

Après l'achat, souvent si pénible, des pièces composant actuellement notre collection, nous avons voulu classer ces pièces, pensant ainsi rendre service aux amateurs ; et nous avons commencé, poursuivi, mené à fin ce catalogue, destiné non seulement à nos acheteurs, mais à tous les acheteurs et même à tous ceux qui s'intéressent, ne fût-ce que platoniquement, aux produits de l'art japonais.

Pour cela, nous avons recherché les noms des artistes dont nous possédions les œuvres ; nous avons eu souvent le plaisir de déchiffrer ceux de maîtres anciens, de nos jours encore illustres dans leur pays.

Lorsque nous l'avons pu, nous avons classé chronologiquement ces objets, ou, tout au moins, nous avons indiqué l'époque à laquelle vivaient leurs auteurs.

Nous avons pris le plus grand soin pour autographier les noms et les autres indications gravés en caractères indigènes, pour traduire ces dernières et pour transcrire les noms en caractères européens, en nous écartant le moins possible des consonnances japonaises. [...]

(6)「何世紀もの間続いた内戦」とは徳川時代以前を指しているのだろうか。
(7) 西南戦争（1877 年）のことか。
(8)「鹿鳴館時代」の欧化主義。
(9)「税関」ではないが、古美術の保護と海外流出防止の目的で「古物商取

締条例」（明治 17 年）が公布されている。佐藤道信「日本美術の市場形成」『美術商の百年――東京美術倶楽部百年史』（歴史篇第 2 章）、2006、pp.104–106。

(10) Un mot encore (pp.VII–VIII).

Il nous semble nécessaire d'expliquer un terme — le plus mal défini qui soit au monde — dont on use et abuse sans cesse en matière de bibelots, et qui est souvent la cause de nombreuses discussions ou contestations.

Qu'est-ce qu'un objet japonais ANCIEN?

Tout objet antérieur au deuxième tiers du XIXe siècle est considéré actuellement comme *ancien* par les Japonais. [...]

En Europe et en Amérique on part d'un point de vue différent pour appliquer à un objet la qualification *d'ancien* :

Dès que la fabrication de cet objet est reconnue antérieure au traité qui ouvrit cinq ports du Japon à notre commerce, il est considéré comme *ancien.*

Et cette extension nous semble souverainement juste.

Nous devons en effet, nous, Européens, trancher nettement l'histoire de *l'Art japonais* en deux grandes périodes :

A la première nous rapportons tous les objets fabriqués *par des Japonais pour des Japonais.*

La seconde, l'actuelle, commence à notre invasion commerciale, à nos commandes excessives d'objets à notre usage et selon nos goûts.

Jusqu'à l'époque présente, les Hollandais, seuls exportateurs, n'influaient point sérieusement sur la fabrication japonaise et avaient le bon sens d'apporter en Europe des *objets japonais.*

On ne nous apporte plus maintenant, malheureusement, que des *objets européens fabriqués au Japon.*

A l'époque de nos acquisitions, nous avons toujours entendu l'ancienneté à la manière japonaise ; mais nous considérons comme juste la classification européenne.

(11) 原文は「19 世紀を 3 分割して 3 分の 2 経過時点より以前のもの」ということで、字義どおりには「1866–67 年頃より前」ということになる。この年代は、改税約書調印、大政奉還、兵庫開港と続く、維新前夜を指しているので、「およそ明治維新より前のものを古美術と見做す」のが日本人側の見解だったということだろうか。

(12) Explication des mots japonais employés dans ce catalogue. (pp.IX–XIII)
(13) Table en caractères japonais des noms inscrits sur les objets composant notre collection. (p.103–)
(14) バルブトー2回目の来日日付確定資料（横浜開港記念館、*The Japan Weekly Mail*, April 28, 1894）は Christophe Marquet 氏からご教示いただいた。この資料によると、バルブトーは、フランス人日本学者であり日本美術史学の先駆者であったエマニュエル・トロンコア（Emmanuel Tronquois, 1855–1918）と同じフランス汽船ナタル号で、1894年4月27日に横浜に到着している。トロンコワについては、クリストフ・マルケ「エマニュエル・トロンコワと明治中期の洋画壇」『美術研究』第386号、pp.19–58、2005。
(15) 柏木加代子「バルブトー編『ラ・フォンテーヌ寓話抄』の日本画挿絵について」『京都市立芸術大学美術学部研究紀要』46号、2002、pp.24–32。
(16) *Guerre sino-japonaise, Recueil d'estampes par Bei-sen, Hanko, etc.* (Camberwell College of Arts, London, Control Number : t 4109573). この資料の閲覧参照に際し Liz Kerr 氏（Head of Library & Learning Resources, University of the Arts London, Camberwell College of Arts）のご協力をいただいた。
(17) TABLE EXPLICATIVE DES DESSINS CONTENUS DANS CET ALBUM
I... O-tori, ministre du Japon à Séoul, discute avec les envoyés du gouvernement chinois en présence des ministres coréens pour obtenir l'indépendance de la Corée. (Cette entrevue a eu lieu en mai 1894). — Dessin de Taï-seki.
II... Vue du navire chinois le Ko-otsou-go à demi englouti. (La canonnière Ko-otsou-go était chargée de protéger le débarquement des troupes chinoises en Corée; poursuivie par plusieurs navires de l'escadre japonaise, elle alla s'échouer sur un banc de sable dans la mer de Hô-tô le 25 juillet 1894). — Dessin de Ken-saï Naga-toshi.
III... Patrouille japonaise à Ga-zan (Place forte de la Corée). — Dessin de Kou-bo-ta Beï-sen.
IV... Vue de Heï-djo avant sa chute. (Heï-djo est un chef-lieu de la Corée). — Dessin de Ken-saï Naga-toshi.

V... Le soldat japonais nommé Hara-da Djiou-kitchi escaladant le mur du château de Heï-djo afin d'ouvrir, de l'intérieur la porte nommée Ghen-bou-mon. (Ce fait a eu lieu le 15 septembre 1894). — Dessin de Kou-bo-ta Beï-sen.

VI... Grand combat naval dans la mer jaune. — Le 17 septembre 1894 l'escadre japonaise livra un grand combat à l'escadre chinoise dans lequel cette dernière perdit sept navires (Bataille du Yalou). — Dessin de Ken-saï Naga-toshi.

VII... Le 24 octobre 1894 le sous-officier japonais nommé Miya-ke Hiyo-zo traversa à la nage le fleuve Wo-riokou-ko afin d'amarrer à l'autre rive une corde pour faciliter le passage des bacs. — Dessin de Ken-saï Naga-toshi.

VIII... Le 29 octobre 1894, les soldats chinois quittent la citadelle de Ho-o-djo (Chine) après l'avoir incendiée. — Dessin de Ken-saï Naga-toshi.

IX... Vue d'un faubourg de Kïn-Shiou (Chine). — Dessin de Kou-bo-ta Beï-sen.

X... Grand combat dans la ville de Rio-djoun-ko (Port-Arthur). Ce combat commencé le 21 novembre 1894 ne s'est terminé que le lendemain matin. — Dessin de Aki-ka.

XI... Cavaliers de l'armée japonaise en reconnaissance à I-kaï-yeï (Weï-hai-wei). — Les troupes japonaises sont entrées à I-kaï-yeï sans coup férir, le 2 février 1895. — Dessin de Taï-seki.

XII... Pénible combat livré dans la ville de Niou-tchang (Chine) en février 1895. — Dessin de Ken-saï Naga-toshi.

XIII... Vue de Bo-ko-to (petite île située près de Formose). — La batterie qui se trouvait au nord-est de l'île Bo-ko-to a été prise le 22 mars 1895 ; les autres batteries tombèrent au pouvoir de l'armée japonaise peu de jours après. — Dessin de Sho-teï.

XIV... Les ministres japonais I-to et Mou-tsou discutant avec l'envoyé du gouvernement chinois Ri-ko-sho (Li-young-chang) les conditions de la paix à Simo-no-seki (Japon). La dernière entrevue a eu lieu le 16 avril 1895. — Dessin de Kou-bo-ta Beï-sen.

Le dessin de la couverture a été exécuté par Kadji-ta Han-ko. Ceux des estampes qui sont au commencement et à la fin de l'album sont dus à un artiste de l'école de Yo-saï.

(18) 容斎派の名も知られていない絵師の手による「荒波」の見返し絵は、2005年5月から7月にかけてフランス国立図書館とブレスト市の共催で企画された「海、恐怖と魅惑」(“La mer, terreur et fascination”) 展に出品された。その展示の解説は次のようなものであった。« À côté des représentations solennelles d’Hokusai, cette estampe japonaise, bien moins connue, surprend par la fluidité des ondulations de la mer et du jaillissement de l’écume. » 北斎の作品と比較して、高く評価されている。
(19) 谷崎潤一郎『幼少時代』(1955–1956) には、次のように書かれている。

　人形町の角の繪雙紙屋清水屋では、その頃盛んに三枚續きの戰爭の繪を仕入れて、店頭に吊るして賣ってゐた。畫家は水野年方、尾形月耕、小林清親の三人のものが多く、少年に取ってはどれもこれも欲しくないものは一つもなかったが、めったに買って貰ふ譯には行かないので、毎日のやうに清水屋の店の前に立って、眼を輝かして見惚れてばかりゐた。成歡の役に勇名を馳せた喇叭卒白神源次郎の戦死の圖、原田重吉の玄武門の門破り、北洋提督丁汝昌が鎭遠の艦上で毒を仰いでゐる光景、伊藤博文と陸奥宗光とが李鴻章と卓を挾んで媾和談判をしてゐる場面等々は、今も思ひ出すことが出來るが、分けても私は年方の繪が最も好きで、清水屋の店先で圖柄を覺え込んで來ては、熱心にその眞似をして描いた。私は又、活版所の久右衛門の叔父が、新しい三枚續きの出る度毎に皆買ひ集めてゐるのを見て、羨しくてならなかった(『谷崎潤一郎全集』第17巻、中央公論社、1987、p.112)。

Christophe Marquet, Images de la guerre sino-japonaise de 1894–1895 (Collection d’estampes de la Bibliothèque interuniversitaire des Langues Orientales), Institut national des langues et civilisations orientales, *CIPANGO, Cahiers d’études japonaises*, nº 7, 1998, pp.70–71, p.74.
(20) *Ibid.*, p.74.
(21) なお、この時の日本滞在期間に関しては次のような証言がある。「私が外國留學の鹿島立をしたのは明治29年の5月末であって、西暦の1896年に當たるので、教児の一人から『前世紀の留學ですね』と言はれたのも道理である。日清戰役の直後、漸く我が邦の海外發展期に入り、郵船會社の歐州航路もその年に初めて開かれたのであったが、旅客船はまだフランスのエム・エム會社の獨占の姿になってゐて、私共一行もやはりフランス船に乗込んだのであった。さうしてピエール・バルブートーと知合

ったのはこの船中での事であった。3年程日本に滞在してゐたさうで、私のフランス語程度には日本語が話せたので、何やかやと教はって、慣れない船中生活も大分助かった」（織田萬『民族の辯』文藝春秋社、1940、p.128）。

(22) Marquet, *op.cit.*, p.75.

(23) *Ibid.*, pp.69–70.

(24) *Peintres*, p.XX.

(25) BnF 請求番号 Est Od–313–Pet.

2004年に筆者の閲覧参照した University of the Arts London, Camberwell College of Arts 所蔵作品以外には、アメリカの4図書館（Univ. of California, Barkeley; Trinity College Hartford, Connecticut; Univ. of Central Florida; United States Military Academy at West Point）と、フランスでは BnF 以外に Bibliothèque municipale de Dijon がこの作品を所蔵している。日本国内の国公立図書館では、国立国会図書館に不完全な形で所蔵されている一部が確認されている。『日清戦争版画集——米僊、半古他による』については、クリストフ・マルケ「記録と記憶——日清戦争図像のなかの歴史」『記憶と歴史——日本における過去の視覚化をめぐって』（文部科学省オープン・リサーチセンター整備事業シンポジウム報告書）早稲田大学曾津八一記念博物館・明治美術学会、2007, pp.23–41 参照。

(26)『都史紀要四　築地居留地』東京都編、1957、「築地外人居留地明細附表 B」p.248。

(27) 当時のフラマリオン社の経営方針は、廉価版を大部に出版するものであった（Elisabeth Parinet, *La Librairie Flammarion : 1875–1914*, Paris, IMEC., 1992, pp.191–225）。フラマリオン社は1891年に Damase Jouaust から、その「のれん」とコレクションを買い取っているが、Jouaust コレクションも徐々に廉価本にシフトしていった（*ibid.*, p.200）。このように、美術書愛好家むけの出版は同社にとって稀なケースであり、流行の一つとしてのジャポニスムにのった『フロリアン寓話選』の出版はあったが（*ibid.*, p.204）、特に「日本趣味」が見られるわけではないとのことである。フラマリオン社についての情報は、寺田寅彦氏からご教示いただいた。美術書出版の然るべき出版社ではなく、フラマリオン社との関係を保っていたこと自体が、「蒐集家」バルブトーの、パリにおけるマージナルな存在を暗示しているのかもしれない。

(28) 本書第 II 部第1章、pp.71–75。

(29) 井上如、*op.cit.*, p.110。

(30) *Ibid.*, p.110.

(31) マルケ「記録と記憶――日清戦争図像のなかの歴史」p.27。

(32) バルブトー監修の欧文草双紙に多少共通点のある書物が、1884年にパリで出版されている。西園寺公望の協力でジュディト・ゴーチエが『古今和歌集』を翻訳し、山本芳翠が挿絵をつけた、有名な詩画帖『蜻蛉集』(*Poëmes de la Libellule*, traduits du japonais, d'après la version littérale de M. Saionji, Conseiller d'État de S.M. l'Empereur du Japon, par Judith Gautier ; Illustrés par Yamamoto. Gravé et imprimé par Gillot, 79, Rue Madame, Paris) である。両者には「フランス語のテキストに日本人絵師による挿絵付」という共通点がある。しかしその他の点を検討すると、①テキスト原文「フランス語／日本語」、②紙質「和紙／洋紙」、③製本「和装本／洋本」、④印刷・発行場所「東京／パリ」、⑤発行年「1894、95年／1884年」となって、共通点は意外に少ない。『蜻蛉集』は、この時代のパリの空気のなかにあったジャポニスムの一つとして影響を与えた可能性はあるが、欧文草双紙のアイディアをバルブトーに直接与えたのは、やはり「日本昔噺シリーズ」に代表される広義の「縮緬本」であろう。

なお、バルブトー著『日本浮世絵師』に序文をよせている織田萬はパリ留学中に、西園寺公望のお伴をしてジュディト・ゴーチエを訪れており、その随筆集のなかで『蜻蛉集』にも言及している(織田『法と人』pp.248–249)。

(33) 織田萬は1896(明治29)年の欧州留学時には、1898(明治31)年にベルリンに「転学」するまで、2年以上をパリですごしている(織田、*op.cit.*, p.221, pp.240–241)。織田はこの留学中、1897(明治30)年にフランス滞在中の西園寺公望のお相手をしているが、西園寺公望が体調を崩したときに、病後の保養の付き添いをしている。その折り織田とともに西園寺に同行してブルターニュに行ったのが、林忠正の弟で医師であった長崎千里であった。「ヂナールには私の外に長崎千里という人がお伴をしたのであったが、この人は巴里の日本古美術商で有名だった林忠正さんの弟で、かつては開業医をしていた経歴もあるので、まさかのときの用心かたがた附添うことになったわけである」(*ibid.*, pp.242–243)。織田と同行したのは、林忠正の晩年にパリの店の後継者と考えられていた末弟の萩原正倫(木々康子『林忠正とその時代』筑摩書房、1987、pp.267–268)ではなく、次弟の長崎千里のほうではあるが、パリの日本人人脈を通して、林

忠正とバルブトーの間接的な接点が皆無というわけでもなさそうだ。第3章で詳しくふれるエルネスト・グロセ（Ernst Grosse）の林忠正宛の書簡(『林忠正宛書簡集』*Correspondance adressée à Hayashi Tadamasa*、東京文化財研究所編、国書刊行会、2001、p.462）も間接的な接点ということができる。

なお、織田萬は1899（明治32）年に帰国しているが、「その後幾度かフランスの土を踏んでいる」（織田『法と人』p.216)。織田とバルブトーの交流がその後も長く続いていたことは、『日本浮世絵師』によせられた織田萬序文の日付1913（大正2）年が証明している。

第II部第3章

(1) *Biographies / des Artistes Japonais dont les Œuvres / figurent dans la / Collection / Pierre Barboutau* / Tome 1er / Peintures / Tome II / Estampes et Objets d'Art / À Paris / Chez S.Bing / 22, Rue de Provence / 19, Rue Chauchat / Chez l'Auteur / 70, Rue Saint-Louis-En-l'Ile / MCMIV.
BnF 請求番号 Est Rés YA5–5–4. INHA (Institut National d'Histoire de l'Art) 請求番号 GV/83–1, GV/83–2. 以下この書物のフランス語タイトルは *Biographies* と略記する。

(2) Achevé d'imprimer le trente avril mil neuf cent quatre, pour le compte de Monsieur Pierre Barboutau par Philippe Renouard, maître imprimeur, demeurant à Paris, 19, Rue des Saints-Pères, avec les caractères "Française Légère" et "Champlevé" dessinés par George Auriol, gravés et fondus par G. Peignot et fils, 68, Boulevard Edgar-Quinet. Les reproductions ont été exécutées par la Maison Fortier et Marotte, 35, Rue de Jussieu. La couverture dessinée par George Auriol, a été gravée par Vignerot, Demoulin et Cie, 118, Rue de Vaugirard.
Biographies（『日本絵師の伝記・目録』）には、1905年に出版された版(Amsterdam, R.W.P. De Vries Éditeur）もある。さらに、絵師の伝記や複製図版なしの、シンプルな小型売立て目録がある。

(3) 第2巻 No. 218 A–H, No. 728–743（735,736は各A, B 2点）計26点。Julius Kurth, *Sharaku*, München, R. Piper & Co., 1910 (初版), 1922 (増補改訂版). 日本語訳：ユリウス・クルト『写楽』定村忠士、蒲生潤二郎訳、アダチ版画研究所、1994（以下、クルト『写楽』と略記する)。

No. 218 A–H（いわゆる「役者版下絵」8 点）に関しては、バルブトーについて語るときに避けて通ることの許されない問題がある。現存する 9 点の役者版下絵のうち上記の 8 点は、『日本絵師の伝記・目録』ではじめてその存在が明らかになり、バルブトー・コレクションの売立てによって売立てられ、現在はボストン美術館、シカゴ美術館、ギメ美術館などに収められているという。クルトの著書には『日本絵師の伝記・目録』から多数の図版が転載されているが、役者版下絵についてクルトは「この本（役者版下絵シリーズ）は写楽が制作したもののうちでも、明らかに最も円熟期の、最も美しい作品の一つである」（クルト『写楽』pp.180–181）と書いている。このような見方は日本でも長年にわたって、吉田暎二説に代表される見解として踏襲されてきたが、その後、瀬木慎一『新版・写楽実像』（美術公論社 、1985）に、次のような仮説が載せられた。

（…）わたしのおもいは、（役者版下絵の）元所有者ピエール・バルブートーのうえへとおよぶ。（…）かれは、印刷、出版者であり、未完におわった「日本の大衆美術 」とラ・フォンテーヌの「寓話選」の刊行者である。わたしは、現物が行方不明になっているために、その内容を知ることができないが、かつて、国会図書館には、バルブートー編の「版画に描かれた日清戦争」（1896 年、東京刊）という一著があった。のこっているカードによると、画家が米僊、半古等である。こうした特殊な専門技術者であり、そのうえ、写楽の一大愛好家であったかれが、どうして、同じような興味ふかい野心的なこころみを写楽についてもおこなわないわけがあろうか。ちなみにバルブートー大型カタログには、版下絵 8 点の他に、26 点の版画が収められている。わたしの想像があっているならば、かれは、ラ・フォンテーヌの「寓話選」の挿絵を、あるいは、日清戦争の図を当時の日本の画家たちに描かせたように、日本の画家、もしくは職人を使って、写楽の現代版芝居絵本をつくろうとしたにちがいない。あの一連作は、その過程上の版下絵であり、結局は、未完成に終わったものだろうとおもわれるのである。そこにさまざまの理にあわない点が生じている。わたしがバルブートーに固執するのは、かれがその元所有者であるというばかりではなく、この再構成の技術が、明治 10 年代から 30 年代というその時代においてはじめて考えられる科学性をもっているためである。ヨーロッパで、エッチングやリトグラフ、あるいはもっと新しい写真印刷手段を身につけてきたものならば、あのようなモンタージュ的技法によって、写楽作品の現代的ヴァリエー

ションをつくろうとする考えを抱いても、すこしもおかしくはない。
右〔上〕のような理由から、わたしは、役者版下絵九図は、まったくの善意をもって、近年において制作されたものと推察する。それが、その後、いつの間にか市場にあらわれて、写楽その人の珍しい肉筆ではないかと、一部の人々によってみられるようになったものと考える。パッカードのいうような偽作だとは、わたしは考えない。というのは、写楽が外国人の間でよく知られるようになった明治においても、高価な版画の偽作ならばともかく、あのようなつぎはぎだらけの見栄えのしない版下絵を苦心して偽作する馬鹿もない、とおもわれるからである。もっと後代ならば、話は別だが。したがって、これは偽作ではないが、しかしいったん市場に出て、人目を欺いたからには、まぎれもない贋作である(pp.128–129)。

これらの役者版下絵に関しては、『東洲斎写楽　原寸大全作品』(小学館、2002) にも詳しい論考がある。①山口桂三郎「東洲斎写楽の作品とその研究」(pp.234–237)、②諏訪春雄「写楽の役者版下絵」(pp.293–300) である。
①『ジャポネズリー研究会報』13号 (平成5年12月) 掲載の瀬木慎一「レイモン・ケクランとコレクターたち」を中心に論考されているので、ここでもバルブトーは「明治19年に来日、大正2年まで、前後四回、計4年間日本に滞在した人物で、印刷・出版業を営んでいた」とされている。
②これまで踏襲されてきた吉田暎二説 (『東洲斎写楽』、1943) が、詳細な資料に基づいて再検討されている。その結果、結論はおよそ次のようになっている。役者版下絵は、すべてが架空の配役に基づく架空の場面で、その人物描写のモデルは写楽の版画にあり、同一の役者は2度と描かれていない。架空の場面設定に立川焉馬『花江都歌舞妓年代記』が文献資料に使われている等、写楽の版画の傾向とは顕著な相違があり、役者版下絵の作者は写楽とは考えられない。作者はかなりな筆力をもった浮世絵師であり、さらに、絵師に資料を提供し、描く役者の選定や構図の相談にのり、かなりの量の写楽の作品を所有しているスポンサーまたは軍師とでもいうべき人物が想定される。役者版下絵は写楽研究史上における第一級の資料であり、明治期の写楽享受について知ることのできる貴重な作品群である。
このように現在では、写楽の役者版下絵に関しては主として瀬木慎一説が (ときにはもとの文脈から切り離されて) 踏襲され、蒐集家バルブトーの人物像に影をおとしている。なお、この註に引用した文献の細部を補正

しておきたい。①バルブトーは、瀬木説で言及されている2点の欧文草双紙に加えて、フロリアンの『寓話選』を含めて、3点の欧文和装本をプロデュースしている。②「バルブートー大型カタログ」(つまり『日本絵師の伝記・目録』)に収められている写楽のものとされている作品は「版下絵8点の他に、26点の版画」ではなく、版下絵8点を含めて26点である。③バルブトーの日本滞在期間は、アンリ・ヴェヴェールの序文(*Peintres*, p.XIV)によれば、「計4年間」ではなく、「計7年間」である。

(4) Arsène Alexandre, La collection P. Barboutau, *Biographies*, tome I, pp.VII–XI.

Monsieur Pierre Barboutau conquiert d'emblée la célébrité dans le triple monde des amateurs, des savants, et des artistes, par la vente d'une collection admirable et par la publication d'un catalogue qui demeurera comme un document et un monument tout à la fois. L'honneur d'attacher son nom au livre est une haute compensation au chagrin de se séparer des œuvres. Il y a là un trait spécial d'une disposition d'esprit qu'il n'est pas exagéré de qualifier d'héroïque et qui vaut la peine d'être conté, devant que l'on tourne les feuillets du présent Vasari de l'Ouki-yo-é. [...]

Si nous ne craignions pas que l'on nous soupçonnât de chercher quelque paradoxe et que l'on nous reprochât de faire précéder un spectacle imposant d'une ouverture frivole, nous dirions volontiers qu'un des signes et un des garants de la beauté et de la valeur de cette collection est qu'elle avait été jusqu'ici à peu près complètement ignorée dans le monde qui s'agite autour des possesseurs d'œuvres d'art.

A Paris, il passe pour aussi impossible de posséder à soi seul une très belle femme qui ne devienne une proie pour tous les regards, que de faire sa joie, dans l'ombre, d'une riche collection qui ne soit longtemps à l'avance guettée par les marchands ou les rivaux, et, en attendant, explorée, disséquée, cataloguée, soupesée par les mains expertes de la Curiosité aux cent bras, analysée par les fouilleuses prunelles de la Concurrence aux cent-z-yeux. [...]

Eh bien, pourtant, ce prodige existe, car tout est possible en cette Ville, et de même que, dans des quartiers ignorés, il est d'admirables femmes, chèrement choyées, luxueusement parées, qui demeurent insoupçonnées du public des premières, des pesages, et des vernissages, de même il est des collections révélatrices, qui deviennent tout d'un coup des collections révélées.

La réunion que Monsieur Pierre Barboutau avait formée d'un nombre surprenant de peintures des plus grands maîtres japonais, d'un recueil des plus rares estampes, et d'un certain nombre d'objets de bon aloi, est une de ces déconcertantes exceptions, une de ces heureuses surprises. Pendant des années, celui qui avait été cueillir au jardin même des Hespérides une abondante récolte de ces pommes d'or, j'entends arracher au Japon même tant d'œuvres instructives ou magistrales, n'a pas éprouvé le besoin de les faire briller à d'autres yeux qu'à ceux d'un nombre très restreint de discrets amis, également capables de ressentir une admiration de la qualité de la sienne, et de garder la confidence de projets qu'il voulait ne faire connaître et réaliser qu'à son heure. Ces projets étaient louables entre tous, car ils consistaient en une œuvre d'enseignement et de diffusion particulièrement utile et profitable : écrire l'histoire détaillée, complète, précise et imagée des grands artistes des écoles populaires et classiques. Monsieur Barboutau, lors de ses voyages en Extrême-Orient, qui remontent déjà à un nombre d'années suffisant pour le mettre au rang des précurseurs, avait été frappé en même temps de la beauté, de la grandeur, de la diversité, de ces génies du mouvement et de la couleur, et de la rareté et de l'insuffisance des renseignements que nous possédons à leur sujet. La première remarque fit de lui un collectionneur heureux. La seconde l'a amené à devenir un historien opportun.

[...] De retour à Paris, il entra dans la méditation et la joie, au milieu de tant de bons souvenirs de voyage. Seulement, en voulant approfondir l'histoire de ces œuvres et celle de leurs auteurs, il vit que les travaux d'ailleurs si remarquables et si brillants des écrivains et des amateurs français sur la question présentaient de grandes lacunes. [...] Monsieur Barboutau résolut de doter la critique française d'un de ces instruments de précision. Il commença de rassembler les éléments d'une histoire des grandes écoles et de l'Ouki-yo-é, composée de matériaux exclusivement japonais, de même qu'il avait rassemblé les œuvres typiques, les exemples précieux capables d'illustrer merveilleusement cette histoire.

La traduction des documents japonais ne fut pas la plus grande difficulté pour cet homme passionné et courageux : il avait pris la précaution, pendant son séjour au Japon, d'en étudier la langue, idée bien simple, mais qui cependant ne vient pas à tout le monde. Il lui fallut plus de temps pour

introduire de l'ordre et de la clarté dans ces notices et pour les contraindre à se plier à nos méthodes d'esprit. [...] Mais il surgit, une fois ces premiers obstacles vaincus, des oppositions singulièrement plus cruelles, et c'est ici que commencent les faits que nous avons taxés de pur héroïsme. Monsieur Barboutau s'aperçut que la publication telle qu'il la rêvait, et qui ne pouvait rendre les services attendus qu'à la condition d'être exécutée telle qu'il la rêvait, nécessitait des dépenses considérables. Il constata aussi que les éditeurs français sont peu disposés à encourir de tels frais et de tels risques, même pour la gloire d'une des belles écoles qui aient enrichi d'œuvres précieuses le patrimoine humain. Mais ce n'étaient encore que les vérités les moins pénibles. Elles le menaient tout droit à cette troisième: qu'il ne pouvait réaliser son œuvre qu'en faisant le sacrifice de sa collection. Ainsi cette collection, qui lui avait donné les bonheurs que l'on comprendra lorsqu'on l'aura vue, lui fournissait à la fois les matériaux d'un travail qui sans doute était fort glorieux pour son auteur, et les moyens d'acquérir cette gloire en prenant malgré soi congé de compagnons profondément chers. Telle est la situation : elle se retrouve dans les poèmes antiques et dans les tragédies. [...]

Voici donc, et le livre, et la collection qui se présentent aux suffrages. De la collection, l'on peut dire, sans la plus légère emphase, que jamais on n'avait encore vu passer en vente un tel ensemble de peintures. Depuis la radieuse exposition du Temple d'Or en 1900, on a sans doute vu de très grandes ventes d'art japonais. Il est inutile de les rappeler. Mais nulle d'entre elles ne faisait à la peinture aussi ample et aussi opulente place.

La collection Barboutau ne nous montre pas de peintures des primitives écoles bouddhiques ou de Takouma. On ne fait de collections vraiment satisfaisantes et puissantes qu'en concentrant son effort sur un domaine déterminé. Ici ce sont les écoles aristocratiques et l'Ouki-yo-é qui règnent depuis les origines jusqu'aux derniers moments notables. [...]

Tels sont les éléments de ce grand ouvrage qu'est le catalogue Barboutau, et cet ouvrage est tel que vous voyez, composé par un homme instinctif et passionné, ouvrier de son propre et vaste savoir. Livre tout à fait exceptionnel par son contenu comme par son aspect, ses multiples notices entièrement neuves pour nous, son répertoire considérable de faits, de noms, de dates, d'explications de toute sorte. [...]

(5) VASARI, Giorgio (1511–1574). イタリアの画家、建築家、美術家伝記作者。とくにイタリア美術家の伝記『優れた画家、彫刻家、建築家の生涯』(1550) の作者で知られる。『岩波西洋人名辞典 (増補版)』1982、p.150。

(6) Avant-propos (pp.XIII–XV)

Parmi les ouvrages consacrés par les Japonais à l'histoire de leurs peintres, nous avons choisi, pour en faire les matétiaux de la présente compilation, les trois plus complets entre les plus résents dont nous ayons entendu parler.
Ces ouvrages sont:

A.-Le *HON TCHO GWA KA JIN MEI JI SHO* (Encyclopédie des peintres nationaux), ouvrage rédigé par Ka-no Hisa-nobou, en collaboration avec Ko-hitsou Ryo-etsou, expert en peintures anciennes — préface par les professeurs Ko-naka-moura Kyo-nori et Kouro-kava Ma-yori ; — édité le 6e mois de la 26e année de Meï-dji (juin 1894) (sic). 2 volumes.

B.-Le *NI-HON BI-JOUTSOU GWA-KA JIN MEI SHO DEN* (Beaux-arts du Japon ; précis historique sur les peintres), rédigé par Hi-goutchi Boun-zan — préface par Kava-moura Teï-zan — édité à la fin de l'automne de la 25e année de Meï-dji (1892). 2 volumes.

C.-Le *ZO-HO OUKI-YO-É ROUI-KO* (Essai sur les peintres vulgaires), revu et augmenté par Hon-ma Mitsou-mori (sic) ; édité à To-kio le 10e jour du 6e mois de la 22e année de Meï-dji (10 juin 1889). Nouvelle édition de mai 1890.

Nous avons traduit ces livres aussi littéralement que possible; puis nous les avons fondus ensemble, nous contentant d'éviter les répétitions. [...] Nous avons choisi pour base de notre travail le livre A, entre les phrases duquel nous avons intercalé, aux places que nous avons jugées les meilleures, les détails fournis par les autres ouvrages. Nous avions, pour nous laisser guider par le livre A, deux motifs vraiment sérieux : 1° Il est le dernier paru, et ses auteurs se sont certainement servis des deux autres. 2° Il est le mieux écrit et le plus clair; il est aussi le plus complet, et c'est même lui qui nous donne le plus grand nombre de noms de peintres vulgaires. [...]

Deux questions se posent ici, que nous ne prétendons point avoir résolues d'une façon définitive : nous voulons parler des dates et de l'orthographe adoptées par nous. Les dates ne semblent point avoir pour les Japonais

l'importance que nous y attachons. Parfois ils négligent complètement de les donner ; porfois, hélas ! ils les donnent sans les avoir assez rigoureusement contrôlées ; [...] Pour orthographier les mots japonais, nous avons naturellement choisi les lettres, les consonances de notre langue, qui nous ont semblé devoir traduire plus justement la prononciation japonaise à des oreilles françaises. [...] Prenons comme exemple le nom de Hokou-saï, devenu familier entre tous. Il est formé de deux caractères « Hokou » et « saï » ; nous l'écrivons donc en deux parties, reliées entre elles par un trait d'union: Hokou-saï. Cet usage graphique nous a permis parfois de différencier des noms d'artistes souvent confondus ; comme dans le cas de Mata-bé-è, et de Mata-heï. A l'encontre de plusieurs auteurs japonisants, dont nous respectons l'opinion sans pouvoir la partager, nous n'écrivons point ces deux noms de la même manière. Car si le premier caractère est le même pour les deux, le nom de l'illustre Mata-bé-è de To-sa (fondateur de l'"Ouki-yo-é", qui vivait au seizième siècle) compte trois caractères; et le nom du caricaturiste Mata-heï (artiste du dix-septième siècle, créateur du genre "O-tsou-yé" dessin de O-tsou) ne comporte, au contraire, que deux caractères. [...]

Il ne nous reste plus qu'à expliquer la manière dont nous avons cru devoir classer les différentes écoles de peinture du Japon. Ne possédant point d'œuvres sorties des écoles bouddhiques ou de celle de Takouma, nous commençons notre classification par l'école chinoise, représentée dans notre collection par deux artistes illustres : So Ses-shiou et Shïn-so So-a-mi.

[...] Notre rôle, assez modeste, est celui de traducteur et de compilateur consciencieux; nous serons sincèrement heureux de l'avoir rempli, si nous pouvons être utile ainsi ou seulement agréable aux personnes séduites par l'Art charmeur de l'Extrême-Orient. Il nous a semblé intéressant de leur rapporter dans un livre fidèle l'opinion des Japonais sur leurs peintres et leurs graveurs.

[...] Nous exprimons notre profonde graditude à nos chers amis du Japon, à Monsieur Ka-no Tomo-nobou, l'un des plus éminents représentants actuels de la grande école de Ka-no, et aussi à Monsieur Kané-mitsou Masa-o, dont les lumières nous ont si souvent éclairé et dont la constante sympathie nous fut si douce loin de notre pays. Nous regrettons sincèrement que nos excellents et fidèles amis de France, dont l'aide nous fut précieuse pour la mise au point de l'ouvrage, s'obstinent si résolument à ne vouloir pas être nommés. Nous

respectons scrupuleusement leur désir ; mais ils ne peuvent nous empêcher de leur dire notre cordiale reconnaissance.

(7) 浮世絵について断片的に触れられたものではなく、専門の単行本が刊行されはじめるのは、ちょうど版元や売買の世界が過渡期にさしかかっていた、明治20年代の初頭である。筆者の管見の範囲では、22年6月に刊行された『新増補浮世絵類考』(本間光則編、畏三堂)が、浮世絵専門の単行本として最も古い出版であるとみられる。その後、各年わずかに出版点数も増加をみせてゆくが、およそ明治30年代末頃までは意外と刊行数は少なく、また、したがって専門の研究者も少なかったのである(永田生慈『資料による近代浮世絵事情』三彩社、1992、p.124)。『浮世絵類考』の多数の異本・写本の編集・校合については、由良哲次「浮世絵類考成立史」『総校日本浮世絵類考』(画文堂、1979)に詳しい。それによると、月岑「浮世絵類考」稿本に補筆されたものがあり、そのうえ転写を許した異本がある。こうした異本から、簡略化された写本が生まれ、さらに、それが活字本として刊行されたものの1つが明治22年の畏三堂版である。この版が『新増補浮世絵類考』として、外国にも多数流布しており、ハンブルク大学にも所蔵されており、クルトの『写楽』もこれに因っている、という(*ibid.*, p.361)。

(8) Freiburg i/B 13 mai 1904

5 Mozartstrasse

[...]

Aujourd'hui Mr. Bing m'a envoyé le Catalogue de la Collection Pierre Barboutau qui sera vendue au mois de juin à l'hôtel Drouai(sic) : C'est un volume très grand qui ne contient que des kakémonos et des écrans japonais. Cette collection m'est restée parfaitement inconnue ; je n'en ai jamais entendu parler. Le catalogue est muni d'un grand nombre de reproductions; Mais il va sans dire qu'il m'est impossible ici de former une opinion sur la valeur artistique et surtout sur l'authenticité des tableaux. Vous avez sans doute reçu ce catalogue en même temps. Je vous serais très heureux si vous auriez la grande bonté de me renseigner sur la qualité de la collection. Inutile de vous assurer, que chaque information, que vous aurez à me donner sera gardée par moi avec la discrétion la plus absolue. Surtout, qui est-ce ce Mr. Pierre Barboutau? Et comment a-t-il pu obtenir un tas tellement énorme de soi-disant Sesshin, Korin, Shokwado etc.? Je dois vous avouer que la quantité à

elle seule m'en rend la qualité fort suspecte. Mais il est sans doute imprudent de juger d'après les photographies. En outre, je trouve dans ce volume quelques notices historiques des plus surprenantes; par exemple — serait-ce bien vrai, que le père de Kenzan a été un tisserand (Voir pag.37)?

[...] Ernst Grosse

（*Correspondance adressée à Hayashi Tadamasa*, p.462）

「掛物と屏風絵」のみ収められたカタログ（単数表記）という記述から、グロッセがこのときビングから入手したのは、第1巻であったことがわかる。第2巻についても1904年6月4日付の書簡に入手したことが書かれているが、グロッセはこのカタログについて「ただばかげている」と一蹴している（*ibid.*, p.470）。

(9) 雪深、あるいは雪岑、あるいは雪信のことか？　しかし、『日本絵師の伝記・目録』第1巻末の絵師名の索引（Table des noms d'artistes）には、「セッシン」(Sesshin）という名前は載っていない。

(10) *Biographies*, tome 1, p.37. なお、乾山の生年について、バルブトーは1662年としているが、資料A、Bともこの点についての記述はない。現在は1663年とされている。

(11) 資料B、p.123。

(12) 資料A下、pp.172–173。本書に引用するのは筆者の参照した明治34年第8版である。バルブトーの翻訳底本となった明治26年版とは相違点がある可能性もある。

(13) *Biographies*, tome 1, p.33, note (1).

(14) 資料A上、p.79。

(15)「コレクションの熟成」のあとには「コレクションの展示」がある。「展示」は「俯瞰と出版による認識」、②「公開／非公開」に分類される。「自分にだけは見せたい、自分だけは見たいというのは共通項だとして、他人に見せたがる動機と見せたがらない動機の中間が、実は大部分のコレクターが持ち合わせている心性である。つまり、自分のコレクションを評価できる眼力を備えた、特定のごく少数の仲間のコレクターになら見せてもよい、ぜひ見て貰いたいと思うものであり、そのためのコレクターズクラブが主なカテゴリーごとに発達している」（井上如、*op. cit.*, pp.110–112）。

具体的には、フランスでは1867年の万国博後に結成されたSociété du Jinglar, Société des Japonisants (1892)、ビング主催のle dîner japonaisなど

がこの場合の「コレクターズクラブ」にあたると考えられる。時期的にSociété du Jinglarは無理にしても、バルブトーがその他の「クラブ」のメンバーであったとしても不思議ないが、彼の名前は出てこないようだ。

(16)「バルブトー大型カタログ」と呼ばれることのある『日本絵師の伝記・目録』の刊行された年代は、島本浣『美術カタログ論——記録・記憶・言説』によると、「美術カタログ」がそのかたちを変えた時期にあたる。「19世紀にインデックス的空間となったカタログは、そのインデックス性を残しながら、また別のかたちへと変わっていく。この変質はカタログという用語の意味合いの変質とも関係している。プロローグでも書いたように、今日カタログといえば作品を分類・整理するという本来のカタログを意味するだけでなく、論文や記録、年譜等さまざまな文章を含めての書物（書籍）を指すことが一般的だと思われるからだ。このことは展覧会カタログで顕著だろう。ある程度の規模をもつ展覧会では、本来のカタログだけで構成されるものなどほとんどないという印象さえある。カタログはすでに本来的なカタログだけを指し示すのではなく、カタログという書物の名ともなっている」（三元社、2005、pp.311–312)。

(17) Heureusement pour les artistes populaires et pour nous, des écrivains japonais plus récents, historiens pourtant des grandes écoles officielles, ont consenti à leur tour à mentionner dans leurs traités ces peintres si longtemps dédaignés. Nous avons choisi deux de ces traités : le *Hon-tcho gwa ka jïn meï ji sho* (Encyclopédie des peintres nationaux) et le *Ni-hon bi-joutsou gwa ka jïn meï-sho dën* (Beaux-Arts du Japon, précis historique sur les peintres) ; nous les avons traduits aussi littéralement que possible, puis fondus ensemble avec le *Nouvel essai sur les peintres vulgaires* (édition de 1889). C'est de ces trois ouvrages, traduits par nous en 1887, que nous avons extrait les *Biographies d'artistes japonais*, publiées en 1904. (10) (*Peintres*, p.XVII)

note (10) : [...] Mais déjà depuis longtemps nous avions traduit complètement les biographies des maîtres de l'Ouki-yo-é. Nous les aurions données au public il y a quinze ans, si des circonstances diverses ne nous avaient, bien malgré nous, forcé d'en retarder jusqu'à cette année la publication. (*ibid.*, p.XVIII)

(18) クルト『写楽』、pp.175–186。

(19) *Ibid.*, p.204. Jurius Kurth, *Sharaku*, 1922, p.109. バルブトーが翻訳の底本としたこれらの資料は、まず クルトの *Utamaro* (Leipzig, F.A. Bockhaus,

1907, p.4) に、『日本絵師の伝記・目録』からの引用として記されている。資料 ABC は、その他の文献にもクルト、バルブトーの名前とともに重要な日本語資料として言及され、ギメ美術館が『浮世絵類考』（資料 C）を翻訳させようとしたエピソードが載っている文献もある。

One chief source of information is the *Ukiyoe ruiko*, which exists in the British Museum (in a MS. of 1844) and elsewhere, and which is said to have been afterwards printed as well. The original draft is said to date from the year 1800, and to have been gradually supplemented, among others by the painter Keisai Yeisen, in 1830. The musée Guimet in Paris intended to publish, in 1893, a French translation by Kawamura (see Deshayes, Considérations), but so far nothing seems to have come of it. It appears from Kurth's *Utamaro* that three Japanese sources, which have been made use of for Barboutau's Catalogue, are of special importance, viz.: (a) *Mon* (sic) *cho gwa ka jin mei ji sho*, by Kano Hisanobu, 1894, 2 vols.; (b) *Nihon bijutsu gwaka jin meisho den*, by Kigushi(sic) Bunzan, 1892, 2 vols.; (c) *Zoho ukiyoe ruiko*: Tokio, 1889 (new edition, 1901). (W. von Seidlitz, *A History of Japanese Color-prints*, London, Heinemann, 1910, p.28)

(20) 矢島新、山下裕二、辻惟雄『日本美術の発見者たち』東京大学出版会、2003。

外国人研究者は、まず浮世絵の分野で大きな役割を果たした。そもそも浮世絵の評価の高まりは、幕末から明治初期にかけて海外に大量に流出した浮世絵を眼にした欧米人が、その平明な色彩感覚と大胆な構図を評価したことをきっかけとする。その意味では、浮世絵そのものが（外国人によって）発見された美であったと言うことができる。

学術研究においても、当初フランスをはじめとするヨーロッパの研究者が日本の研究者に先行した。眼の革命という観点からとりわけ興味深いのは、ドイツ人研究者ユリウス・クルトの写楽研究である。今日写楽の人気には大変なものがあり、写楽を扱う書物も夥しい数にのぼるが、明治時代においては、29 名という多くの浮世絵師に言及する『稿本日本帝国美術略史』が何故か写楽を無視したように、ほとんど研究の対象となっていなかったのである。その研究の嚆矢となったのが、明治 43 年（1910）にミュンヘンで出版されたクルト著の『写楽』であった。研究の背景として、それまでに海外に充実した写楽画のコレクションが築かれていたことも見逃せない。この研究書に刺激された日本国内でのその後の写楽研究の盛り

上がりについては、あらためて述べるまでもないだろう（pp.107–108）。
(21) *Biographies*, tome II, p.56. この頁には次のような脚註が付けられている。

[1] C'est le livre A qui nous donne ce surnom (Ka-bou-ki-do) et le suivant. — Les trois premiers caractères "ka-bou-ki" de cette appellation signifient : théâtre. On peut supposer que la spécialisation de Sha-rakou dans la "peinture d'acteurs" lui avait fait donner ou prendre ce surnom. A ce propos, disons que l'on trouvera un peu plus loin une notice consacrée à un artiste qui porta exactement ce même surnom accompagné de Yën-kyo. On verra que ce dernier produisit des œuvres semblables à celles de Sha-rakou, tant au point de vue du choix du sujet que de la manière de le traiter, et qu'il ne travailla de même que durant une année à peine, son talent n'ayant pas été goûté du public, qui lui reprochait aussi de faire des portraits d'acteurs trop ressemblants. Ajoutons que Ka-bou-ki-do Yën-kyo vivait à la même époque que Sha-rakou. Fut-il le précurseur, le professeur de celui-ci ? Nous l'ignorons ; mais nous ne serions nullement surpris que ces deux artistes fussent la même personne.

[2] Les "no" sont des représentations théâtrales, composées de musique et de danse, dans lesquelles les acteurs sont masqués.

[3] Les principaux acteurs dont Sha-rakou a fait les portraits sont: Hakon-yën V^{e}, Koshi-rô, Han-shi-rô, Kikou-no-jô, Naka-zo, Tomi-jiou-ro, et Womi-ji.Tous sont représentés en buste sur fond de "ki-ra" (poudre à base de mica qui prend des tons de vieil argent. On appelle ces estampes des "Ki-ra-yé" peintures micacées).

上記 [1] で言及されている "Yën-kyo" の項目は p.57 にある。艶鏡は「寛政年間（1789–1800）の浮世絵師」とあり、さらにこの頁の脚註には「艶鏡と写楽は同一人物であったことも考えられるが、断定はできない」と記されている。底本の日本語資料としては、写楽の項の註［1］と同じく資料 A があげられている。
(22) 資料 A 下、p.229。
(23) 資料 B 下、p.480。
(24) 資料 C、仲田勝之助編校『浮世絵類考』岩波文庫、1941、pp.118–119（［新］および刊本［新増］部分）。
(25) クルト『写楽』、p.206。

(26) クルトは「別の文献」に東洲翁という異名があると書いているが、その文献名はあげていない（*ibid.*, p.75）。
瀬木慎一『真贋の世界』、新潮社、1977、p.103.
(27) 註 (21) [3] 参照。
(28) Collection P. Barboutau / Peintures, Estampes / et Objets d'Art / du Japon / dont la vente aura lieu le 3 juin et jours suivants / A l'Hôtel Drouot, Salle N° 8 / Commissaire-Priseur : Me P. Chevallier, 10, rue Grange-Batelière / Expert : M. S. Bing, 22, rue de Provence / Expositions / Particulières : Chez M. S. Bing, du 18 au 29 mai / et à l'l'Hôtel Drouot, le 1er juin / (Exposition) Publique : A l'Hôtel Drouot, le 2 juin / Salles 7 et 8, de 2 heures à 6 heures / Paris, 1904.
(29) Évolution du pouvoir d'achat du franc depuis 1901 (*Dictionnaire Permanent, Épargne et produits financiers*, INSEE, bulletin 316).
(30) 木々康子『林忠正とその時代』、筑摩書房、1987、p.155、p.193。
「COLLECTION HAYASHI の“売立て”について」『林忠正コレクション第5巻』別冊、ゆまに書房、2000、p.104。
(31) “B” なのか “R”（racheté ＝購入者なし買い戻し）なのか判読できない書き込みもある。
(32) Mr. Bing vieillit beaucoup et paraît très fatigué. Je crains que ce ne soit lui qui fasse ma vente après décès. (Paris, le 31 mai 1903, Henri Vever, *Correspondance adressée à Hayashi Tadamasa*, p.423)
(33) *Collection S. Bing / Objets d'art / et peintures / du Japon et de la Chine /* dont la vente aura lieu / du lundi 7 au samedi 12 mai 1906 inclus / dans les Galeries de MM.Durand=Ruel / Paris. このように、1906年には、ビングの3000点を越えるコレクション売立てが行われた。この目録は、バルブトーの『日本絵師の伝記・目録』より大型だが、シンプルな製本で、6分冊になっている。絵画も951点含まれているが、「絵師の伝記」のように詳細な資料部分は付けられていない。
(34) Dr. A.G.C. De Vries の序文（*Art japonais. Peintures, dessins, estampes. Collection P. Barboutau*, Amsterdam, R.W.P. De Vries, 1905). 本書第II部第4章註 (4) 参照。
(35) 馬渕明子『ジャポニスム——幻想の日本』、ブリュッケ、1997、p.12。
(36) 杉浦勉「『文化力』伸ばす戦略を」、日本経済新聞、2003年7月29日、丸紅経済研究所「(世界の潮流) 第三次ジャポニスム時代」ゼミナール、

文化力と企業戦略①日本経済新聞 2003 年 9 月 18 日。

第 II 部第 4 章

(1) A タイトル・ページ

BIOGRAPHIES / des ARTISTES JAPONAIS dont les Œuvres / figurent dans la / COLLECTION / PIERRE BARBOUTAU / Tome 1er / Peintures / Tome II / Estampes et Objets d'Art / Amsterdam / R.W.P. De Vries Éditeur / MCMV.

(2) PUBLICATION DE LA MAISON / R.W.P. DE VRIES / AMSTERDAM / PIERRE BARBOUTAU : *BOIGRAPHIES DES ARTISTES JAPONAIS DONT LES ŒUVRES FIGURENT DANS LA COLLECTION DE M. PIERRE BARBOUTAU.*

Deux forts volumes gr. in 4° imprimés avec caractères, fleurons et culs-de-lampe spéciaux, dessinés par George Auriol en vue de cette édition, et ornés de 115 très belles planches hors texte en héliogravure, comprenant environ 600 reproductions ; couverture en couleur et gauffrée par George Auriol ; préface de M. Arsène Alexandre.

Cet ouvrage contient non seulement de très nombreuses biographies d'artistes japonais, mais encore la description détaillée de l'admirable collection de M. Pierre Barboutau.

L'auteur pour qui la langue japonaise est familière, a écrit une histoire des principaux artistes de ce pays, d'après les meilleurs ouvrages des écrivains japonais. En outre, grâce à un séjour prolongé au pays du Soleil Levant, le fin observateur qu'est M. Barboutau, a su enrichir ce beau livre d'un très grand nombre de notes qui révèlent au lecteur un Japon jusqu'alors inconnu.

Tiré à 500 exemplaires numérotés sur beau papier vélin, le présent ouvrage est au point de vue du texte une merveille typographique ; les planches particulièrement soignées ont été imprimées sur un papier de fabrication spéciale, imitant le "tori-noko", qui est la première marque du papier Japon à la main.

Un tirage de grand luxe, limité à 15 exemplaires seulement a été fait sur papier de Hollande van Gelder, avec planches sur Japon véritable.

Édition vélin ...Prix Florins 60. _.

Édition de grand luxe ...Prix Florins 150. _.

Ce livre ne sera pas réimprimé.

(3) B 小型目録タイトル・ページ

ART JAPONAIS. / Peintures, Dessins, Estampes. / COLLECTION P. BARBOUTAU. / La vente aura lieu les 6e, 7 ^{e} et 8 ^{e} (sic) Novembre 1905 / à l'Hôtel "De Brakke Grond." / R.W.P. De Vries,/ (R.W.P. De Vries. — Dr. A. G.C. De Vries). / Singel 146, Amsterdam. / Téléphone Interc. 3553. / Adresse Télégr.: FRISIUS, Amsterdam.

(4) Les amateurs seront peut-être surpris d'apprendre, que Mr. P. Barboutau fait vendre à Amsterdam la seconde partie de sa collection, alors que la première vente a eu lieu à Paris. D'aucuns, se souvenant des conditions déplorables dans lesquelles celle-ci fut faite, de la campagne de dénigrement qui la précéda, penseront trouver là une raison plausible à cette expatriation. Il y a bien certes un peu de cela, mais nombreux sont encore les motifs, qui déterminèrent Mr. Barboutau à prendre cette décision. "Nul n'est prophète en son pays" dit un vieux proverbe. Ce dicton pourrait bien certainement s'appliquer à celui, qui, pour en avoir tenté bien modestement l'aventure, trouva un si mauvais accueil auprès de ses compatriotes.

Il nous a semblé intéressant de rechercher quelles ont pu être les causes de ce premier insuccès. Nous ne pouvons oublier l'opinion émise sur cette collection par Mr. Arsène Alexandre, dans la préface consacrée à l'ouvrage de Mr. P. Barboutau, qu'elle était la première de son espèce, car seule elle fut faite par un homme vraiment compétent en art japonais.

C'est précisément cette compétence, qui fut la cause de cet échec. En effet, il était tout naturel qu'on tint rigueur à Mr. P. Barboutau d'avoir suivi une autre voie que celle des habituels collectionneurs. Pouvait-on lui pardonner son ouvrage, qui bouleversait tant d'idées acquises, renversait tant d'idoles, et de plus, il faut bien le dire, blessait tant d'amours-propres.

Pourtant, l'homme ne méritait pas de déchaîner tant d'animosités. Travailleur acharné et consciencieux, il n'avait eu qu'une idée, qu'un but en faisant ce livre: être utile à ceux-là mêmes qui lui firent tant de mal. Son seul tort fut de vouloir répandre un peu de lumière sur cet art japonais, encore si mal connu des Européens. On lui fit payer bien cher cette outrecuidance.

Nous connaissons toutes les vilenies dont on abreuva et le collectionneur et la collection. Nous avons pu juger la campagne de calomnies qui fut menée

lors de cette vente, nous nous souvenons de ces propos tenus par des gens aux allures de pontifes, disant que le livre de Mr. P. Barboutau était une œuvre remarquable, que l'auteur s'y révélait un savant, un expert dans cet art si peu connu jusqu'alors. Et ils allaient même, les bons apôtres, jusqu'à déclarer que c'était là le premier ouvrage sérieux qui avait été fait sur cette matière.

Mais ajoutaient-ils, ce qui est vraiment fâcheux, c'est que Mr. Barboutau, qui s'est montré supérieur dans son ouvrage, paraît avoir été au-dessous de tout dans le choix des pièces de sa collection, ses peintures sont ou fausses ou de qualité inférieure. Voyez la subtilité de ce raisonnement: en disant du bien de l'ouvrage, ils paraissaient rendre justice à l'homme. C'est là où se montre la supériorité de ces ingénieux critiques, car étant donné que les objets de cette collection furent les matériaux mêmes dont se servit l'auteur pour faire son livre, il est bien naturel que s'ils ne valaient rien, l'ouvrage ne valait pas davantage. De cette façon s'écroulaient ensemble et l'homme et son œuvre. C'était comme on le voit d'un beau machiavélisme, bien qu'un peu grossier, et péchant fortement par la base. En effet, le simple bon sens établit que si Mr. Barboutau était incapable de discerner les qualités des œuvres des artistes japonais, il ne pouvait naturellement en faire la critique. Il semble que les gens auraient dû s'arrêter devant ce dilemme. Mais non, plus crédules que Saint Thomas, qui ne crut qu'après avoir vu, beaucoup n'eurent besoin que d'entendre pour être convaincus. Certes, il n'en eût pas été de même, si au lieu d'écouter ces beaux discours, les amateurs s'étaient donné la peine de regarder les pièces avec un peu d'attention. Ils auraient bientôt acquis la certitude de l'inanité de toutes ces accusations. Il semble bien cependant que Mr. Barboutau ait un reproche à se faire: celui d'avoir vécu trop en dehors du monde des amateurs. C'est qu'aussi, très absorbé par la nature de ses travaux, et il faut bien le dire également, quelque peu enclin à la misanthropie, il fréquentait peu de personnes. Il n'appartenait à aucune de ces petites "chapelles" qui sont le fond de la société moderne, et sans l'aide desquelles il est bien difficile de se faire connaître, car tous ceux qui n'en sont point, sont considérés à priori comme suspects.

Ajoutons que par le fait de sa compétence, Mr. Barboutau avait eu parfois à donner son avis sur des pièces d'art japonais ; et cela, à la demande expresse de certains amateurs qui voulaient, disaient-ils, son avis sans restriction. Le

malheur voulut que son appréciation ne fut pas toujours celle qu'on souhaitait, on ne lui pardonna pas ce manque d'amabilité.

Autre écueil, chacun sait combien est limité le nombre de ceux qui détiennent le privilège de la vente des objets venant d'Extrême-Orient, et aussi combien ils sont pour la plupart jaloux et glorieux des dits objets. Habituels fournisseurs des collectionneurs, ils ont le plus grand intérêt moral et matériel à défendre la marchandise qu'ils ont vendue. Aussi quand a lieu la vente de l'une de ces collections, ils sont tout disposés à dire le plus grand bien de ces objets et à les soutenir, pour ne pas déchoir aux yeux du public. Mais par contre, dès qu'il s'agit d'un amateur dont la collection ne rentre pas dans cette catégorie, le tableau change, il semble alors naturel d'en médire, comme d'un inconnu dont on doit se méfier.

Maintenant qu'il nous soit permis de dire, avant de terminer, que ce n'est pas sans de bonnes raisons que Mr. Barboutau a choisi la Hollande pour mettre en vente les admirables peintures et les estampes de choix qu'il tint à conserver, pensant avec juste raison, qu'un jour viendrait où les yeux se dessilleraient et où l'on en comprendrait enfin la valeur. En venant à Amsterdam, il ne fit, disons-nous, que se rappeler ce fait connu de tous, que la Hollande fut avant toute autre nation, mêlée à la vie de ce peuple du Ni-pon (sic), et cela autrement que pour les besoins de son commerce, car nombreux furent les Hollandais qui initièrent les Japonais aux sciences et aux arts des Occidentaux.

Il semble donc fort naturel que les Hollandais soient plus à même de comprendre les qualités artistiques d'un peuple, avec lequel ils ont été en communauté d'idées et en rapports constants. Voilà pourquoi Mr. Barboutau a préféré la Hollande à tout autre pays.

Nous voulons espérer que les vrais connaisseurs apprécieront toutes ces belles pièces, et rendront enfin justice à l'homme qui sut réunir cette superbe collection et nous doter, en outre, d'un ouvrage dont l'intérêt documentaire est universellement reconnu.

Dr. A.G.C. DE VRIES.

(5) *Biographies*, Paris, 1904, tome I, pp.VII–XI. 本書 pp.119–122 参照。

(6) 本書第 II 部第 3 章註 (15) 参照。

(7) 島本浣、*op.cit.*, pp.39–40。

(8) 織田萬『民族の辯』1940、pp.130–131。

(9) *Art Japonais / Collection / P. Barboutau / Objets d'Art / Estampes / Peintures / Tissus anciens.* / Vente publique / Hôtel Drouot, salle nº 7, Paris / du 31 mars au 3 avril 1908.

Commissaire-Priseur : Mᵉ F. Lair-Dubreuil/ Expert: Mᵉ Ernest Leroux.

(10) "Deux exemplaires sur papier Hollande, ornés de cent quinze planches sur Japon, des « *Biographies d'Artistes Japonais* » par P. Barboutau".

(11) INHA 請求番号 1908/170.

(12) Évolution du pouvoir d'achat du franc depuis 1901, *op.cit.*, bulletin 316.

(13) *Collection P. Barboutau / Peintures-Estampes-Livres / et Étoffes / du Japon /* Dont la Vente aura lieu le 27 Avril et jours suivants, / à l'Hôtel Drouot, salle nº 7.

Commissaire-Priseur : Mᵉ E. Fournier, 29, rue de Maubeuge. / Expert: M. A. Portier, 24, rue Chauchat.

Expositions/ Particulières : Chez MM. H. et A. Portier, les 21, 22 et 23 Avril./ Publique : A l'Hôtel Drouot, salle nº 7, le 26 Avril, de 2 heures à 6 heures./ Paris 1910.

(14) *Collection P. Barboutau / Estampes anciennes / du Japon /* La Vente aura lieu / les lundi 24 et mardi 25 avril 1911 / à l'Hôtel Drouot, salle nº 7.

Commissaire-Priseur : Mᵉ André Desvouges/ 26, rue de la Grange-Batelière / Expert: M. André Portier / 24, rue Chauchat.

(15) *Collection de Monsieur P. B... / Ivoires du Japon / Laques Bois sculptés / Inro en ivoire & en laque / Pierres dures / Jades Agates Cristaux / Flacons Tabatières / Bronzes & Émaux cloisonnés / Céramique de la Chine & du Japon / Meubles, etc.* / dont la vente, aux enchères publiques, aura lieu / à l'Hôtel Drouot, Salle nº 9/ les Vendredi 7 et Samedi 8 Mars 1924, à deux heures.

Commissaires-Priseurs : Mᵉ F. Lair-Dubreuil / 6, rue Favart / Mᵉ Léon Flagel / 1, rue Laffitte / assistés de / M. André Portier / Expert près le Tribunal Civil de la Seine / 24, rue Chauchat.

Exposition publique/ Hôtel Drouot, Salle nº 9, le Jeudi 6 Mars 1924, de 2 heures à 6 heures.

1924年「P. B氏コレクション売立て目録」の資料はクリストフ・マルケ氏にご教示いただいた。

(16) 井上如、*op.cit.*, p.124。

(17)『荷風全集』第 10 巻、岩波書店、1992、p.206。
(18) *Ibid.*, p.218.
(19) 真銅正宏「永井荷風――墓地とオペラの巡礼者」『言語都市・パリ 1862–1945』藤原書店、2002、pp.93–94。
(20)『荷風全集』第 4 巻、岩波書店、1992、pp.353–354, pp.386–387。

第 II 部第 5 章

(1) *Les Peintres populaires du Japon* (『日本浮世絵師』), Tome 1, Paris, Chez l'auteur, 1, Rue Beautreillis, MCMXIV.
(2)「前世紀の留学（その 1– その 7)」『立命館学誌』、1936。
(3) 織田『民族の辯』pp.128–133。「ピエール・バルブートー」と題された単行本のなかの 1 章は、『立命館学誌』掲載文に加筆訂正されたもので、細部の情報や文章のニュアンスが微妙に違っている部分がある。
(4) 雅邦、芳崖については上記単行本『民族の辯』に、次のような記述がある。「新美術としての日本畫を紹介する為め、面白い思付の出版物を發行したのも、日本滞在中の事であった。それはフェヌロンのファブルなどから何十篇かの韻文を抜萃し、その内容に相應した繪畫を芳崖、雅邦等を首め當代一流の畫家に描かせ、それを色刷木版の挿畫にしたのであるが、如何にも清麗で且つ雅趣に富んだ日本紙の贅澤版であって、オデオンの書肆フラマリヨンから出版させたのであった」(p.129)。
　文中の「フェヌロンのファブル」という記述は、織田の記憶違いではないかと考えられる。「フェヌロンのファブル」をバルブトーが発行させたという形跡は見つからない。さらに、「オデオンの書肆フラマリヨン」とあるので、芳崖、雅邦の挿画は付けられていないが、おそらく「フェヌロン」ではなく、フラマリオンから出版され、タイトル・ページに “Librairie Marpon & Flammarion ... Près l'Odéon” と記されている「フロリアン」の寓話選を指しているのではないか。
(5)『玉篇』とあるが、「日本で出来た」とあるので『和玉篇』のことか。
(6) 織田の「序文」(日本語版）については第 II 部第 1 章、pp.71–75 参照。以下に資料として、フランス語版「序文」Introduction を記しておく。
Introduction pp.VII–VIII.
　Lors de mon premier voyage d'études en Europe, il y a dix-sept ans, j'ai rencontré sur le bateau un Français d'un caractère droit, spirituel et volontiers

causeur. Quelle joie ce fut pour moi de trouver un bon compagnon de traversée! Mon unique plaisir fut de m'entretenir avec lui toute la journée. Ce voyageur était M. Barboutau, auteur du présent ouvrage. Je ne savais qu'une chose de lui, à cette époque : qu'il aimait le Japon. Après mon arrivée à Paris, les relations amicales continuèrent entre nous et je pus alors me convaincre de son goût pour les Beaux-Arts de mon pays, surtout pour les œuvres populaires, dont il avait laborieusement amassé une collection ; désireux qu'il était d'étudier le talent de leurs auteurs, l'origine et les évolutions des diverses écoles auxquelles ils avaient appartenu.

La langue japonaise est une des plus ardues qu'il soit au monde. Savoir lire un écrit quelconque est la difficulté des difficultés ; celle qui gêne toujours plus particulièrement les étrangers. M. Barboutau n'était pas resté au Japon assez longtemps pour posséder à fond notre langue ; et cependant, pour accomplir sa tâche, il lui avait fallu rassembler des documents concernant la peinture populaire, parmi des livres japonais très difficiles à comprendre. Il s'était efforcé néanmoins de les déchiffrer et, choisissant très judicieusement les articles dans les divers ouvrages spéciaux, il avait réuni les matériaux de ses biographies d'artistes. Très souvent d'ailleurs, durant mon séjour à Paris, il est venu me demander le renseignement nécessaire à l'intelligence parfaite d'un texte japoanis. On ne saurait imaginer le labeur et les dépenses consacrés par lui à son but; et jamais il ne les a regrettés. Enfin il est revenu au Japon pour la troisième fois(1) et s'y est mis en quête de documents nouveaux.

Ignorant en matière d'art, je reconnais mon incompétence dans la critique des peintures japonaises ; mais je ne suis pas cependant sans m'être fait une opinion. Oserais-je la donner, moi qui ne suis pas du métier ? Certaines peintures populaires, flattant des goûts trop vulgaires, me semblent détestables au point de vue de l'art ; et je tiens que l'estimation des étrangers, fondée pour moitié sur leur curiosité, dépasse souvent la valeur réelle des choses. Les Japonais, de leur côté, ont commis une erreur en méprisant ces œuvres et en n'appréciant que les peintures classiques. Celles-ci ne sont que l'imitation des peintures chinoises. Leurs personnages principaux sont des dieux et des fées ; leurs paysages représentent toujours la nature chinoise ; leurs fleurs, leurs plantes, leurs animaux, leurs oiseaux ne sont que chinois ; le tout sans rapport réel avec des choses du Japon. Le goût des peintures classiques a d'ailleurs été

limité aux familles aristocratiques. Il en a été autrement des peintures populaires qui s'accordaient aux goûts des bourgeois. Tout ce qu'elles représentaient était pris dans la nature et dans la vie des hommes de notre pays: les sujets comme les modèles. Le maniement du pinceau et le coloris manifestaient aussi leur originalité. Si les premières n'étaient qu'une importation de la civilisation chinoise, les secondes étaient véritablement nées de la civilisation japonaise. En effet, les mœurs et les institutions nationales, celles qui nous sont propres, se développèrent toutes à l'époque paisible du gouvernement de Tokou-gava. Les peintures populaires ne furent elles-mêmes qu'un produit de ce temps-là ; aussi serait-il injuste, non seulement de négliger la valeur d'art de ces peintures, mais encore de ne pas les considérer et les apprécier comme des œuvres représentant cette phase de notre histoire.

M. Barboutau a eu raison de chercher à éclaircir l'origine, les évolutions des diverses écoles auxquelles appartenaient ces peintures et de les étudier plus spécialement, malgré son large amour pour ce qui touche à l'art japonais, dont il connaît amplement toutes les branches. Je salue donc l'apparition de cet ouvrage, en admirant la persévérance patiente de l'auteur et en le remerciant, de la part des arts japonais, de publier une étude méthodique. Je dois avouer que je me sens, comme Japonais, un peu honteux. Évidemment il nous est difficile d'écrire un volume dans une langue européenne quelconque; mais tout cessera de nous être impossible quand nous voudrons imiter l'auteur de ce livre en son labeur assidu et patient. Si nous désirons faire concorder les civilisations d'Orient et d'Occident et contribuer ainsi à la propagation du progrès dans le monde entier, il faut que nous nous efforcions, nous Japonais, de faire connaître les choses de notre pays et de les soumettre à la critique des Européens, pour que nous puissions, les uns et les autres, bien connaître les deux faces de toutes les questions. Les peuples des deux extrémités du monde pourront ainsi se comprendre et s'entr'aider, ce qui rendra finalement l'entente facile sur les principes fondamentaux de la fraternité et de la justice.

C'est là ce que nous devrions faire, et c'est ce que nous ne faisons point. N'y a-t-il pas en cela négligence de notre part? Et voilà pourquoi celui qui, comme moi, s'occupe de recherches scientifiques éprouve quelque honte en voyant l'ardente et énergique volonté de M. Barboutau.

Peut-être me blâmera-t-on d'avoir, oubliant mon ignorance en matière

d'art, écrit indiscrètement pour cet ouvrage une préface qui, j'en suis certain, n'ajoutera rien à la valeur du livre. Mais je suis, je crois, seul à connaître parfaitement tout ce qu'il a fallu de persévérance à l'auteur pour mener à bien son travail. N'est-ce pas mon devoir alors de déclarer aux lecteurs japonais et européens une faible partie des sentiments de haute estime que m'inspire cette publication !

Kyoto, le 15 novembre 1913. YORODZOU O-DA.

(M. Yorodzou O-da, qui occupe une haute situation universitaire, est un des plus savants juristes du Japon.)

Nous donnons ci-contre le fac-similé de cette introduction, calligraphiée en japonais par Monsieur Yorodzou O-da, lui-même.

(1) Notre très honoré ami, Monsieur O-da, commet ici un lapsus. C'est durant notre « quatrième » voyage au Japon, en 1913, pendant notre séjour de plusieurs mois à Kyo-to, qu'il nous a fait l'honneur d'écrire cette introduction (p.VII 脚注).

(7) 織田『法と人』pp.235–237。

(8)「(…) 言葉の練習には成るべく多くのフランス人に接觸する機會を作るに越したことはないので、急に思ひついて、バルブートーの宿所を訪ふことにした」(織田『民族の辯』、p.129)。

(9)『本朝画人伝』とあるが、これは『本朝画家人名辞書』と『日本美術画家人名詳伝』の2つのタイトルが混同して記されたと考えられる。

(10) 第 II 部第 4 章、pp.154–155。

(11) *Peintres*, Introduction, p.VII, 脚註 .

(12) *Ibid.*, Avant-propos, p.XX 脚注 .

(13) 織田『民族の辯』p.133。

(14) Henri Vever (1854–1942). *Bijouterie française au XIXe siècle* (Paris, H. Floury éd., 1906) の著者。宝石商。日本美術の蒐集家であったアンリ・ヴェヴェールは 1904 年のバルブトー・コレクション売立て時に、かなりの点数を入札している。

(15) 第 II 部第 2 章、pp.90–91。

(16) Préface, pp.XIII–XV.

[...] Sans méconnaître la beauté des grandes Écoles classiques et traditionalistes, d'influence chinoise, bouddhique ou académique qui depuis des siècles constituaient la peinture officielle, M. Barboutau se sentit tout

particulièrement attiré par ces peintres admirables qui, avec une intensité de vie inconnue jusqu'alors, avaient reproduit, tantôt au naturel, tantôt en des caricatures pleines de gaîté, les scènes populaires qu'il voyait journellement se dérouler sous ses yeux : défilé dans la rue de la foule grouillante, simple et joviale ; petites gens, artisans, portefaix, marchands ambulants, acteurs, femmes du peuple, courtisanes et mousmés, vaquant avec tant de bonne humeur aux soins du ménage ou à leurs modestes occupations. C'étaient ces œuvres caractéristiques que M. Barboutau appréciait par-dessus tout ; car leurs auteurs y déployaient une si magistrale liberté de pinceau, une vérité d'observation, un esprit tels, qu'on pourrait, croyons-nous, les appeler sans invraisemblance les Daumiers et les Forains du Japon. [...]

Ce que nous venons de dire montre assez combien était difficile la tâche que M. Barboutau avait entreprise. Ayant conçu depuis longtemps le projet d'écrire la vie et l'histoire de ses peintres préférés, il n'avait jamais cessé de rechercher patiemment les documents graphiques et les éléments d'étude nécessaires, pendant les différents séjours qu'il fit au Japon, séjours équivalant à sept années de vie japonaise. A chaque nouveau voyage, il s'appliquait à combler les lacunes que ses notes pouvaient présenter encore. Aidé par les artistes qui étaient devenus ses amis, entre autres par un descendant des Kano, M. Kano Tomo-nobou, peintre fort habile et très au courant de la tradition des maîtres, M. Barboutau visita les Temples qui, là-bas, sont de véritables Musées; suivit avec beaucoup d'assiduité les expositions de peintures anciennes qu'on avait coutume, au Japon, d'organiser périodiquement dans les salles des restaurants réputés ; analysant, comparant, vérifiant, il poussa même le scrupule jusqu'à s'initier, par un long apprentissage personnel, aux procédés qu'emploient les Japonais pour peindre, graver, imprimer une estampe, et réussit à s'assimiler les secrets de leur technique, au point de pouvoir faire paraître lui-même au Japon des éditions des Fables de La Fontaine et des Fables de Florian illustrées par des artistes japonais.

Pour compléter encore et contrôler les très nombreux documents qu'il avait rassemblés; désireux aussi de rapporter fidèlement l'opinion des Japonais sur leurs propres artistes, M. Barboutau entreprit la traduction des quelques livres japonais consacrés aux peintres populaires. Malheureusement ces ouvrages présentaient des éléments de classification, non seulement très incomplets,

mais aussi parfois contradictoires. Avec une fantaisie déconcertante, on y faisait naître certains élèves avant leur maître, et même des fils cinquante ans plus tôt que leur père ! L'ignorance, et même l'indifférence des auteurs étaient manifestes et de nature à rendre plus ardu encore le travail de M. Barboutau. [...]

M. Barboutau, non content d'écrire un pareil ouvrage, voulut encore le compléter par une illustration importante et permettre ainsi aux lecteurs de voir eux-mêmes les œuvres des artistes dont il parle dans son livre. Les planches dont le texte est accompagné et agrémenté sont au nombre de cent, parmi lesquelles soixante en couleurs, gravées et imprimées avec les mêmes couleurs, dans les mêmes tonalités, par le même procédé et le même tour de main que les planches anciennes; ce sont, par conséquent, de véritables estampes japonaises, reproduisant les œuvres originales avec la plus grande fidélité.

Tous ceux qui aiment l'Art japonais liront cet ouvrage avec plaisir et profit ; car ils y trouveront plus de deux mille noms ou surnoms de peintres populaires et près de mille facsimile de signatures, qui ajoutent un intérêt documentaire spécial et inédit à un texte déjà très abondant en renseignements nouveaux puisés aux sources originales. [...] HENRI VEVER

(17) Avant-propos, pp.XVII–XX.

Les artistes officiellement révérés, principalement ceux des écoles de To-sa et de Ka-no, eurent de tout temps, au Japon, leurs annalistes et leurs panégyristes. Il n'en fut, hélas! pas de même des artistes populaires. Méprisés par les peintres classiques, qui ne pouvaient admettre l'existence d'un art autre que le leur ; à peu près ignorés des grands, que leur éducation trop aristocratique empêchait de s'intéresser aux détails de la vie des humbles, les maîtres de l'*Ouki-yo-é* n'eurent point d'historiens avant le dernier quart du XVIIIe siècle. [...]

Heureusement pour les artistes populaires et pour nous, des écrivains japonais plus récents, historiens pourtant des grandes écoles officielles, ont consenti à leur tour à mentionner dans leurs traités ces peintres si longtemps dédaignés. Nous avons choisi deux de ces traités : le *Hon-tcho gwa ka jïn meï ji sho* (Encyclopédie des peintres nationaux) et le *Ni-hon bi-joutsou gwa ka jïn meï-sho dën* (Beaux-Arts du Japon, précis hitorique sur les peintres) ; nous les

avons traduits aussi littéralement que possible, puis fondus ensemble avec le *Nouvel essai sur les peintres vulgaires* (C'est de ces trois ouvrages, traduits par nous en 1897, que nous avons extrait les *Biographies d'artistes japonais*, publiées en 1904*).

* [...] C'est ce travail revu, refondu, contrôlé avec le plus grand soin sur les récentes études locales recueillies par nous en 1913, augmenté de leurs trouvailles, que nous offrons aujourd'hui à ceux qu'intéresse la façon dont le Japon apprécie ses artistes (p.XVIII, 脚註).

[...]

Nous avons recherché avec soin les signatures des peintres populaires et nous avons réparti en leur place, au long de ce livre, celles que nous avons trouvées**. Parfois, lorsque nous avons rencontré des variantes d'un même nom, ou des signatures diverses d'un même artiste, nous les avons reproduites aussi, pour faciliter les recherches des amateurs. Enfin, dans les dernières pages, nous donnons, en caractères français, la liste alphabétique de tous les noms ou surnoms arrivés jusqu'à nous.

Nous avons choisi, dans un esprit par-sessus tout documentaire, les illustrations de cet ouvrage, que nous avons cependant souhaitées aussi belle que possible ; c'est pourquoi nous avons puisé beaucoup dans les livres. Désireux de faire suivre au lecteur les ramifications de certains arbres touffus (comme pour l'arbre de Hishi-kava par exemple), nous avons, à côté de quelques estampes, reproduit grand nombre de pages de livres ; les estampes étant généralement plus connues chez nous que les livres illustrés, dont un nombre trop restreint a obtenu, en Europe, la célébrité et l'admiration qu'ils méritent. Nous avons pensé, en agissant ainsi, être utile au public et lui être non moins agréable ; car c'est peut-être dans l'illustration des livres que les artistes vulgaires ont donné le plus et le mieux d'eux-mêmes, qu'ils se sont le moins imités mutuellement et qu'ils ont laissé courir davantage leur *idée de pinceau.* Beaucoup d'entre eux d'ailleurs, et non des moindres, n'ont jamais publié d'estampes, à notre connaissance ; et nous tenons à leur rendre, par eux-mêmes, témoignage de leur talent ou de leur génie.

Qu'il nous soit permis de dire, en terminant ce trop long avant-propos, que nous n'avons point entendu écrire personnellement une histoire des peintres populaires japonais. Notre rôle, modeste, a été de traduire et d'amalgamer.

Mais nous serons heureux néanmoins de l'avoir rempli, si nous avons pu être utile ainsi aux personnes qui s'intéressent à l'art du Japon. Nous avons pensé qu'il leur plairait de trouver dans un livre fidèle l'opinion des Japonais sur leurs artistes populaires.

** [...] Forcé de retourner ces temps derniers au Japon pour y presser et terminer la gravure et le tirage de nos illustrations, nous en avons prifité pour confronter notre travail avec les recherches des savants japonais publiées depuis notre précédent voyage. Une récente édition de l'histoire de l'Ouki-yo-é nous a révélé des noms d'artistes populaires que nous avons été heureux de pouvoir consigner dans ce livre.

Puisque nous venons de faire allusion à nos illustrations, nous ajouterons que pour empêcher que ces réimpressions, exécutées avec toute la fidélité possible, puissent être jamais vendues comme épreuves contemporaines des originaux, nous avons mis l'un de nos cachets :   sur chacune de nos gravures (p.XX, 脚注).

(18) 狩野寿信編纂『本朝画家人名辞書』、1893（明治 26）年。

(19) 樋口文山編纂『日本美術画家人名詳伝』、1892（明治 25）年。

(20) *Peintres*, Avant-propos, p.XVIII, 脚註 .

(21) *Ibid.*, p.XX, 脚註 .

(22) 永田生慈『資料による近代浮世絵事情』三彩社、1992、p.224。

(23) 井上宗雄他編『日本古典籍書誌学辞典』岩波書店、1999、p.325。

(24) 本章註 (17) 参照。

(25) バルブトーは 2 回目の来日時に、日本美術史学の先駆者であったフランス人エマニュエル・トロンコワと同船している。トロンコワは江戸・明治期の絵本の蒐集家で、そのコレクションは BnF、パリ装飾美術館、ギメ美術館に残されている（Christophe Marquet, Emmanuel Tronquois (1855–1918). Un Pionnier des études sur l'art japonais, *Ebisu Études japonaises* 29, Maison Franco-japonaise, 2002, pp.115–165）。絵本に関しては、トロンコワがバルブトーに与えた影響、あるいは相互の影響も考えられる。

(26) L'OUKI-YO-É ET SES PRÉCURSEURS

Épigraphe : « La *peinture nationale* a pour origine le pinceau fantaisiste de To-sa Mitsou-nobou (1433–1525). Cet artiste a interprété de nombreux sujets, depuis les élégances des gentilshommes, jusqu'à la rusticité des paysans ;

depuis ce qui constitue la vie simple des montagnards, jusqu'aux plantes rares des jardins les mieux entretenus. La peinture nationale, dont tels furent les débuts, étant encore en faveur après plusieurs générations, un homme d'aussi modeste importance que moi ne saurait qu'admirer cette manière de peindre.

« Plus récemment, un peintre nommé Iwa-sa Mata-bè-é, ayant représenté avec un naturel exquis, dans les costumes de son temps, des chanteuses et des danseuses, fut surnommé, à cause de cela, Ouki-yo Mata-bè-é (Mata-bè-é le vulgaire) ». Hanabousa It-tcho (Appendice des *Quatre saisons illustrées*).

pp.1–2: L'*Yama-to-é*, littéralement : Peinture du Yama-to (du Japon), est la mère de l'*Ouki-yo-é* ou peinture vulgaire.

L'expression *Ouki-yo-yé* peut se comprendre de plusieurs manières : le premier caractère *ouki* signifie à la fois : flottant, qui bouge, va, passe, en un mot : qui vit. Le second *yo* veut dire : mœurs, coutumes ; enfin le caractère *yé* ou *é* représente les mots : dessin, peinture. Cet ensemble peut se traduire par : peinture des mœurs, des coutumes existantes, de la vie qui passe ; si l'on veut: image de la vie réelle. On pourrait donc, s'arrêtant à cette dernière définition, appeler ce genre, ou plutôt cette école : *école réaliste*.

Pourtant, il ne faut pas donner aux mots plus de valeur qu'ils n'en ont ; pour que ceux-ci soient réputés justes, il faut qu'ils soient corroborés par des faits. C'est à leurs peintures que nous devons juger les peintres. Et quels sont les sujets de prédilection des peintres de l'*Ouki-yo-é* ? Chacun peut le constater, ce sont surtout des sujets populaires : acteurs, courtisanes, scènes du théâtre ou de la rue. On voit aussi des fleurs, des oiseaux, des paysages. Mais ce n'est point là la note dominante; la vie populaire l'emporte incontestablement. Aussi appliquons-nous à ces peintres, le seul nom qui nous semble convenable, celui de *peintres populaires*. Ce faisant, nous croyons qualifier plus respectueusement leur talent, qu'en les appelant *peintres vulgaires*, comme les Japonais d'autrefois. [...]

Tous ceux qui ont étudié les peintres japonais, ceux même qui n'ont fait qu'apercevoir distraitement leurs œuvres, ont été frappés immédiatement des différences que présentent leur esthétique et la nôtre. Européens ou Américains ont disserté souvent, et non sans talent, sur leurs peintures et leurs estampes. Les uns et les autres l'ont fait chacun avec son âme propre, selon son esthétique propre d'Européen ou Américain. Il nous a semblé particulièrement

intéressant de donner *la sensation des Japonais devant l'art japonais*, leur opinion sur cet art, l'opinion d'eux seuls. Et c'est ce qui nous a fait réserver notre sensation, notre sentiment, notre opinion personnselle, ne voulant confirmer ni infirmer la leur; ne voulant, comme nous l'avons dit à la fin de notre avant-propos, que traduire, lier intimement et présenter au lecteur des ouvrages sur les artistes japonais, écrits par leurs compatriotes et fort estimés dans leur pays. Ce sont des Japonais qui vont nous raconter eux-mêmes d'où naquit l'*Ouki-yo-é*, comment il s'est développé et quelle place il a fini par occuper dans leur art.

Nous allons commencer l'étude des peintres populaires par celle d'IWA-SA MATA-BÈ-É. [...]

(27) 仲田勝之助『絵本の研究』八潮書店、1977、pp.40–53。

(28) *Ibid.*, pp.79–80. *Peintres*, p.15, p.21.

(29) *Peintres*, p.13, p.33, p.37.

(30) *Ibid.*, pp.26–27. 仲田勝之助編校『浮世絵類考』岩波文庫、1941、pp.134–135。

(31) BnF (Site Mitterrand) 請求番号 FOL–V–5424 (Tome 1er, 1er fascicule), 法定納本 (Dépôt légal), N° 1910 / 1914.

(32) (Site Richelieu, Estampes et photographie) 請求番号 Ya–5–24. この資料にはじめて注目されたのは、クリストフ・マルケ氏である。

Les Peintres populaires du Japon par Pierre Barboutau, avec introduction et préface de MM. Yorodzou O-da et Henri Vever.

Les *Peintres populaires du Japon* formeront deux volumes grand in -4° Jésus, tirés sur papier de Hollande de Van Gelder et enrichis : 1° de *100 planches hors texte*, dont *60 en couleurs*, tirées sur Japon et montées sur papier de luxe ; 2° de *1000 fac-simile de signatures d'artistes japonais* dans le texte.

Ce livre, les *Peintres populaires du Japon*, nous raconte la vie des peintres de l'Ouki-yo-é, de ces hitoriens charmants de la nature et des petites gens qui ont semé, arrosé et fait fleurir les diverses écoles vulgaires. Le temps affinant le goût, ces délicieux artistes ont enfin conquis la juste admiration qui leur fut si longtemps refusée. Mais, si les nom de Moro-nobou, Harou-nobou, Kiyo-naga, Toyo-kouni, Hokou-saï, Hiro-shighé, de tant d'autres encore, non moindres quoique inférieurs en gloire, sont dans le souvenir de tous ceux qui ont vu quelqu'une de leurs œuvres, le plus souvent on ignore absolument tous

les détails de leur existence, l'enseignement reçu ou donné par eux, leurs goûts héréditaires ou acquis : en un mot, tout ce qui les a faits ce qu'ils ont été. Les existences intimes des artistes de l'Ouki-yo-é, racontées dans cet ouvrage traduit scrupuleusement des meilleurs hitoriens japonais, renferment de nombreux détails inédits jusqu'à ce jour.

C'est d'ailleurs la première fois, croyons-nous, qu'est publiée en Europe une biographie aussi complète des peintres japonais par des auteurs japonais ; et c'est certainement la première fois qu'est offerte au public une suite de mille signatures de ces artistes.

Nous est-il permis de dire qu'une haute valeur d'art est acquise à l'ouvrage par les belles *planches* hors texte dont il est illustré ? Ces planches, gravées par les plus habiles xylographes japonais de nos jours, d'après des épreuves originales, ont été tirées, avec les mêmes couleurs et dans les mêmes tonalités que celles-ci, par les meilleurs imprimeurs que le Japon possède à l'heure actuelle. De plus, parmi ces planches de bois qui ont servi à l'impression, il en est deux qui méritent une mention particulière, car elles sont anciennes et l'une des deux n'avait même jamais servi.

A la fin de ce travail, on trouvera des *tableaux synoptiques des écoles* et la *liste alphabétique des noms et surnoms des artistes.* En tête se liront une indroduction de M. Yorodzou O-da, professeur à l'École des Hautes Études de Kyo-to, et une préface de M. Henri Vever, le si distingué collectionneur d'art japonais.

Le livre des "*Peintres populaires du Japon*" est donc indispensable à tous ceux qui s'occupent de l'art japonais et doit trouver place dans leur bibliothèque.

Le tirage est strictement limité à 325 exemplaires, numérotés et paraphés par l'auteur.

Les *Peintres populaires du Japon* paraîtront en trois fascicules, contenant environ quarante pages de texte, non compris les tables des noms d'artstes, tableaux synoptiques, introduction, préface, etc... et trente-trois planches hors texte (le premier fascicule en contiendra trente-quatre).

Le premier fascicule paraîtra le 28 Avril 1914, le deuxième en Octobre 1914.

La publication sera terminée en 1915.

Le prix de l'ouvrage en souscription est de 300 francs, payables par tiers, au reçu de chaque fascicule.

On ne souscrit qu'à l'ouvrage complet. A l'apparition du deuxième fascicule, le prix sera augmenté.

Adresser les souscriptions à M. Pierre BARBOUTAU
1, rue Beautreillis, PARIS

(33) Bibliothèque municipale de Dijon, 請求番号 III–180.

(34) 織田『民族の辯』pp.132–133。

(35) *Ibid.*, p.132.

(36) Note générale : Par suite de la guerre, la publication de cet ouvrage a été interrompue: le texte est incomlpet. Les planches ont été tirées sans ordre déterminé et leur impression suspendue comme celle du texte.

(37) 井上如、*op. cit.*, p.114, pp.123–124.

(38) A mon bon ami, Henri Rivière / Bien affectueusement / P. Barboutau. / Paris, le 26 avril 1914.

Henri Rivière (1864–1951).

北斎「冨嶽三十六景」へのオマージュとして、「エッフェル塔三十六景」(Trente-six vues de la Tour Eiffel) を制作。

「パリの浮世絵師」と呼ばれるほど、浮世絵版画に傾倒し、その技法を学んで作品を制作した時期があり、浮世絵の蒐集もしていた。カフェ "Chat noir" の影絵芝居の舞台監督として有名。「パリの下層階級の刺繍品の商人の息子として生まれた」というリヴィエールには、大工職人の息子であったバルブトーと共通項がある。2人がかなり親しい間柄であったことは、献辞の "A mon bon ami Henri Rivière / Bien affectueusement" という親しい友人に宛てた表現にも表れているが、「大工」と「刺繍品の商人」という職人あるいはそれに近い階層出身の2人が、既成のヒエラルキーを静かに破壊する外来の「文化力」であったジャポニスムに親近感をおぼえたのは不思議ではない。

しかも、リヴィエールもバルブトーも、知識階級のブキッシュなジャポニスムでもなく、「純粋芸術」アーティストたちの美学的なジャポニスムでもなく、「応用芸術」「工芸」に近い、具体的で技術的な「浮世絵版画の技法の習得」というジャポニスムへの道を選び取っている。ただし、リヴィエールは、バルブトーのような「人間嫌い」ではなかったようで、"Chat noir" の他にも様々なグループに属していて、1906年頃を境にジャポニスムとは訣別したという(『アンリ・リヴィエール《エッフェル塔三十六景》』ニューオータニ美術館、1997、p.3, pp.37–38.)。

(39) バルブトー「死亡証書」(Acte de décès)
~~Barbouteau~~ 2367
Barboutau Dix-septième Feuillet

Le quinze septembre mil neuf cent seize vers dix heures du matin, est décédé en son domicile,1 rue Beautreillis, Pierre Barboutau, antiquaire, né à Saint Serain sur l'Isle (Gironde) le vingt sept avril mil huit cent soixante deux, fils de Dominique Barboutau et de Marie Peyroudes, célibataire. Dressé, le seize septembre mil neuf cent seize, dix heures du matin, sur la déclaration de Edgard Bara quarante ans, employé, 12 rue François-Miron et de Désiré Costil soixante deux ans, employé, 5bis rue de Colombes à Asnières (Seine), qui, lecture faite, ont signé avec nous, Paul, Joseph Désiré Dubure, adjoint au maire du 4e arrondissement de Paris, Chevalier de la légion d'honneur.

Signé : E.Bara, Costil, P.J. Dubure

なお、このパリ第4区役所提供の死亡証書には出生地が "Saint Serain sur l'Isle" とあるが、これは "Saint Seurin sur l'Isle" の誤記と考えられる。ピエール・バルブトーの出生月、母親の姓など、出生証書等との矛盾点に関しては、第II部第1章註 (10) 参照。

(40) たとえば次のような例がある。

Raymond Kœchlin, Avant-propos in *Estampes japonaises primitives tirées* des collections de : MM. Bing, Blondeau, Bullier, Comte de Camondo, Chialiva, M. et Mme Curtis, J. Doucet, Mme Gillot, Haviland, Hubert, Issac, Jacquin, R. Kœchlin, Mme Langweil, Manzi, Marteau, Migeon, G. Moreau, Mutiaux, Du Pré de Saint-Maur, H. Rivière, A. Rouart, Léonce Rosengerg, Ch. Salomon, Comte de Tressan, H. Vever, Vignier, et exposées au Musée des Arts Décoratifs en février 1909. Catalogue dressé par M. Vignier avec la collaboration de M. Inada, Paris, Des ateliers Photos-Mécaniques D.-A. Longuet, 1909–1911.

W. von Seidlitz, *A History of Japanese Color-prints*, London, Heinemann, 1910.

P.-A. Lemoisne, *L'Estampe japonaise*, Paris, Henri Laurens, 1915.

Louis Aubert, *Les Maîtres de l'estampe japonaise*, Paris, Armand Colin, 1922.